Thomas Böhm

Schulrechtliche Fallbeispiele

7., vollständig überarbeitete Auflage

Thomas Böhm

Schulrechtliche Fallbeispiele

Eine fallorientierte Einführung in das Schulrecht

7., vollständig überarbeitete Auflage

Carl Link

Abgeschlossen nach dem Rechtsstand vom 1. September 2016

Bibliographische Information der Deutschen Nationalbibliothek
Die Deutsche Nationalbibliothek verzeichnet diese Publikation in der Deutschen Nationalbibliografie; detaillierte bibliografische Daten sind im Internet über **http://dnb.d-nb.de** abrufbar.

Art.-Nr. **07060000** – (ISBN 978-3-556-07060-4)

Verantwortlich:
Carl Link
Güterstraße 8, 96317 Kronach
E-Mail: info@wolterskluwer.de
Internet: www.wolterskluwer.de
www.schulverwaltung.de
www.carllink.de

Satz: MainTypo, Reutlingen
Druck: Williams Lea & Tag GmbH, München

Vorwort

In einem Rechtsstaat beruht schulisches Handeln auf rechtlichen Grundlagen. Pädagogisches Handeln ist immer auch Rechtsanwendung, und Rechtsanwendung ist im Schulrecht ohne pädagogische Überlegungen und Entscheidungen unmöglich. Trotz der unauflösbaren Verbindung von Schule und Recht wird das Schulrecht in der Lehrerausbildung vernachlässigt, und viele Pädagogen verdrängen seine Bedeutung für die schulische Praxis, da sie sich unsicher fühlen beim Umgang mit dem Recht. Die Schulrechtlichen Fallbeispiele möchten daher an den Umgang mit Normen und Rechtsbegriffen heranführen und zugleich die bundesweit geltenden Regelungen, Grundbegriffe und Grundstrukturen des Schulrechts vermitteln. Dieses Vorhaben wird erleichtert durch die weitgehende Übereinstimmung der Grundlagen des Schulrechts in Deutschland. Eine vereinheitlichende Wirkung üben dabei insbesondere die Grundrechte, die Grundbegriffe des Verwaltungsrechts und die Rechtsprechung aus. Die zitierten Gerichtsentscheidungen entsprechen dabei unabhängig vom Sitz des jeweiligen Gerichts der Rechtslage in allen Bundesländern. Die teilweise erheblichen Abweichungen bei den Schulformen und Schularten sowie Unterschiede bei der inhaltlichen Gestaltung des Unterrichts spielen bei der Erörterung schulrechtlicher Grundlagen keine Rolle.

Ziel der Schulrechtlichen Fallbeispiele ist nicht eine möglichst umfassende Darstellung des gesamten deutschen Schulrechts, sondern eine Einführung in das Schulrecht und die Förderung des Verständnisses der Pädagogen für die rechtliche Dimension ihres Handelns. Eine Dimension, die sich von der pädagogischen durch die Bindung an auslegungsbedürftige Normen, vorgegebene Strukturen der Fallbearbeitung und eine nicht speziell für die Beurteilung schulischen Handelns entwickelte verwaltungsrechtliche Begrifflichkeit unterscheidet. Pädagogik und Schulrecht werden dabei nicht als zwei unterschiedliche Welten oder sogar als unversöhnliche Gegensätze aufgefasst, sondern als sich ergänzende und gegenseitig bereichernde Perspektiven schulischen Handelns.

Die fallorientierte Darstellung dient der Anschaulichkeit, vor allem aber der aktiven Bearbeitung durch die Leser. Die Fallschilderungen sind durch den Rückgriff auf von der Rechtsprechung entschiedene Fälle praxisnah, und die Zitate aus den Urteilsgründen bieten einen unmittelbaren Einblick in juristische Denk- und Argumentationsweisen.

Die Leser sollen mit den Methoden der juristischen Fallbearbeitung und der Gesetzesauslegung vertraut gemacht werden, um bei schulrechtlichen Problemen in der schulischen Praxis handlungsfähig zu werden. Die Begründungen der Gerichtsentscheidungen bieten Argumente für den Umgang mit vergleichbaren Problemen in der schulischen Praxis. Die Einführung in die Gesetzesauslegung und die Begründungen der Gerichtsentscheidungen fördern auch ein angemessenes Rechtsverständnis, indem sie sowohl dem Missverständnis entgegenwirken, das Recht sei eine Art mathematisches System, das bei richtiger Anwendung zwangsläufig zu bestimmten Ergebnissen führt, als auch den spiegelbildlichen Irrtum als unhaltbar erweisen, das Recht sei beliebig manipulierbar, man müsse Rechtsbegriffe eben nur geschickt nutzen können.

Die angestrebte Vermittlung eines angemessenen Rechtsverständnisses ermöglicht nicht nur die Lösung praktischer Probleme, sondern bereichert und vertieft das pädagogische Denken und Handeln und erleichtert damit auch Gespräche mit Eltern und anderen am schulischen Leben Beteiligten.

Allen, die über die aktuelle Entwicklung der Rechtsprechung zum Schulrecht informiert sein wollen, sei die Zeitschrift „SchulRecht" empfohlen, der nahezu jede in den Fallbeispielen zitierte Gerichtsentscheidung entnommen wurde.

Das Erscheinen einer 7. Auflage belegt die Offenheit der Pädagogen für die rechtliche Dimension ihres Handelns und ihr Interesse an einem vertieften Verständnis der Wechselwirkungen von Pädagogik und Schulrecht.

Dr. Thomas Böhm
Hattingen, im September 2016

Hinweise zur Benutzung dieses Buches:

F = Ausgangsfall/Praxisfall zur Erläuterung eines Rechtsproblems

Rechtslage: Der geschilderte Fall kann z. B. auf der Grundlage einer Gerichtsentscheidung eindeutig beurteilt werden.
Lösung: Ein Sachverhalt wird nicht rechtlich beurteilt, sondern eine anderweitige Aufgabenstellung, z. B. eine methodische Übung, bearbeitet.
Lösungshinweise: Es sind Alternativen zu der angebotenen Lösung vertretbar.
Aufgabe: Die eigenständige Bearbeitung einer komplexen Problematik wird angeregt.

Inhaltsverzeichnis

Vorwort ... VII

Inhaltsverzeichnis ... IX

Verzeichnis der Fälle ... XIII

I. Die Auslegung von Rechtsnormen ... 1
1. Formulierung von Rechtsnormen ... 1
2. Struktur gesetzlicher Normen ... 3
3. Grammatische und systematische Auslegung ... 4
4. Sinn und Zweck der Norm ... 5
5. Auslegung und schulische Praxis ... 9
6. Gesetzliche Standardformulierungen ... 15
7. Schulrechtskenntnisse und Praxisfälle ... 16

II. Die Aufsicht des Staates über das Schulwesen und die Grundrechte der Eltern und Schüler ... 19
1. Schulpflicht ... 19
2. Aufsicht des Staates ... 20
3. Elternrecht ... 24
4. Informationsrecht der Eltern ... 31
5. Neutralitätsgebot ... 35
6. Grundrechte der Schüler ... 37
7. Inklusion ... 44

III. Das Recht der Schulen in freier Trägerschaft ... 50
1. Privatrechtliches Schulverhältnis ... 50
2. Ersatz- und Ergänzungsschulen ... 52
3. Genehmigung und Finanzierung von Schulen in freier Trägerschaft ... 54
4. Staatliche Schulaufsicht über die Schulen in freier Trägerschaft ... 58
5. Genehmigung privater Volksschulen ... 62

IV. Das Schulverhältnis als Rechtsverhältnis ... 66
1. Normenhierarchie ... 66
2. Gesetzesvorbehalt ... 67

V. Die Weisungsgebundenheit der Lehrer ... 69
1. Pädagogische Freiheit und Weisungsgebundenheit ... 69
2. Vorgesetzte und Dienstvorgesetzte der Lehrer ... 74
3. Remonstrationspflicht ... 75
4. Pädagogische Freiheit und Konferenzbeschlüsse ... 77
5. Pädagogische Freiheit gegenüber Eltern und Schülern ... 78
6. Fälle und Lösungen zur pädagogischen Freiheit ... 80

a) Der Klassenwechsel des Lehrers ... 80
b) Die Zeugnisanrede ... 81

VI. Leistungsbewertung und schulische Prüfungsentscheidungen ... 83
1. Umfang der gerichtlichen Überprüfung ... 83
2. Kriterien der gerichtlichen Überprüfung ... 85
a) Zutreffende Tatsachen ... 86
b) Ordnungsgemäßes Verfahren ... 87
c) Allgemein anerkannte Bewertungsmaßstäbe ... 92
d) Sachfremde Erwägungen ... 92
e) Vertretbare Antworten und Lösungen ... 93
3. Nachteilsausgleich und Notenschutz ... 95
4. Umfang der schulaufsichtlichen Überprüfung ... 97
5. Fälle und Lösungen ... 104

VII. Aufsicht und Haftung ... 109
1. Anforderungen an die Aufsicht ... 109
a) Regelungsgehalt einschlägiger Normen ... 109
b) Kontinuierliche Aufsicht ... 111
c) Präventive und aktive Aufsicht ... 111
d) Umfang und Übertragung der Aufsichtspflicht ... 114
2. Haftung bei Verletzung der Aufsichtspflicht ... 116
3. Schülerunfall ... 120
4. Elternunfall ... 123
5. Fälle und Lösungen ... 124

VIII. Erzieherische Einwirkungen und Ordnungsmaßnahmen 129
1. Erzieherische Einwirkungen ... 129
2. Ermessensentscheidung ... 130
3. Verhältnismäßigkeit ... 136
4. Verfahren ... 137
5. Fälle und Lösungen ... 139

IX. Die Schulmitwirkung ... 146
1. Verfassungsrechtliche und gesetzliche Grenzen ... 146
2. Entscheidungsbefugnisse der Schulkonferenz ... 151
3. Beanstandungspflicht des Schulleiters, schulaufsichtliche Kontrolle und Klagebefugnis der Konferenzen ... 153
5. Eltern- und Schülervertretung ... 154
6. Fälle und Lösungen ... 155

X. Rechtsschutz 162
1. Gewährung des Rechtsschutzes 162
2. Formen schulischen Handelns 163
3. Formen des Rechtsschutzes 166
4. Umfang des Rechtsschutzes 173
5. Rechtsschutz im Beamtenverhältnis 175
a) Weisungsrecht und Ausführungspflicht 175
b) Außergerichtliche Rechtsbehelfe 176
c) Gerichtliche Rechtsbehelfe 176
d) Pädagogische Freiheit und Klagebefugnis 180
6. Fälle und Lösungen 182

Abkürzungsverzeichnis 189

Hinweise zur schulrechtlichen Literatur 191

Stichwortverzeichnis 193

Verzeichnis der Fälle

Seite:

Formulierung von Rechtsnormen 1
Die Laptop-Klasse 23
Die Zuweisung zu G8 26
Der Schulbezirk 26
Der unverkürzte Unterricht 28
Befreiung von der Filmvorführung 30
Die E-Mail 32
Der Elternsprechtag 32
Die Zulassung des Volljährigen 34
Die unliebsame Kleidung 38
Die Demonstrationsteilnahme 40
Islamisches rituelles Gebet 42
Befreiung vom Schwimmunterricht 43
Die Integration 44
Wechsel zur Regelschule 47
Vertragskündigung nach Meinungsverschiedenheiten 51
Das Grundschuldogma 53
Monoedukation 54
Die „überflüssige" Schule 57
Die abweichenden Regelungen 59
Konzept und Lernerfolg 61
Die sechsjährige Grundschule 63
Die Aufsätze 69
Die Unterrichtsplanung 72
Der unsportliche Lehrer 75
Das nichtssagende Zeugnis 79
Der Klassenwechsel des Lehrers 80
Die Zeugnisanrede 81
Das zurückhaltende Gericht (I) 83
Der Sachverständige (II) 83
Die Nichtversetzung 85
Krankheit und Prüfungsunfähigkeit 87
Fairness bei mündlichen Prüfungen 90
Sachlichkeit bei mündlichen Prüfungen 93

LRS und Dyskalkulie ... 95
Die strenge Benotung ... 97
Neubewertung einer mündlichen Prüfung ... 101
Mängel der individuellen Förderung ... 103
Der Beschwerdebrief ... 104
Die verkürzte Prüfung ... 105
Attest und Glaubwürdigkeit ... 106
Auswendig gelernte Übungsklausur ... 107
Die Schulordnung ... 109
Die Wanderung ... 110
Aufsicht und Körperverletzung ... 111
Steinwürfe vom Schulhof ... 113
Unfall im Chemieunterricht ... 116
Diebstahl aus der Sportumkleide ... 119
Tätlichkeit und Schmerzensgeld ... 120
Der Tritt gegen das Knie ... 122
Die gefährliche Coladose ... 123
Der Stich mit dem Drahtstern ... 124
Die eingeschlossenen Schüler ... 126
Die stürzende Matte ... 127
Der Aufsatz ... 129
Das Geltungsbedürfnis ... 130
Die beanspruchte Ordnungsmaßnahme ... 133
Die Tätlichkeit ... 139
Die Erniedrigung ... 141
Die Beleidigung der Referendarin ... 142
Angriff auf eine Mitschülerin ... 143
Grundlegende Beschlüsse ... 146
Die Teilnahmepflicht ... 152
Tagesordnung einer Gesamtlehrerkonferenz ... 155
Die spendable Konferenz ... 160
Die Garderobe ... 162
Die Klassenarbeiten ... 162
Der Schläger ... 162
Fehlstunden auf dem Zeugnis ... 164
Die Erziehungsmaßnahme ... 165
Die Unterrichtsteilnahme I ... 170

Die Unterrichtsteilnahme II ... 171
Die Pausenaufsicht ... 175
Die Notenüberprüfung ... 179
Die Notenänderung ... 180
Klage gegen Aufnahme eines anderen Schülers ... 182
Die Kursabschlussnoten ... 183
Die erledigte Überweisung in die parallele Klasse ... 184
Klassenfahrt einer Privatschule und Rechtsweg ... 187

I. Die Auslegung von Rechtsnormen

1. Formulierung von Rechtsnormen

Fall 1:
Ein Lehrer gibt Schülern die Hausaufgabe auf, für die nächste Unterrichtsstunde Blätter verschiedener Baumarten zu sammeln.
Fall 2:
Der Hausmeister schickt einen Schüler zum Kiosk an der Ecke, um dort für ihn Zigaretten zu holen.
Fall 3:
Ein Lehrer verbietet Schülern in der Pause die Benutzung der Spielgeräte auf dem Schulhof.
Fall 4:
Ein Lehrer verbietet Schülern, auf dem Schulweg an einem in der Nähe der Schule gelegenen Kiosk Boulevardzeitungen und Magazine zu kaufen.

Aufgabe:
Formulieren Sie eine Vorschrift, die das Verhalten des Hausmeisters und des Lehrers in den Fällen 2 und 4 nicht erlaubt, das Verhalten in den Fällen 1 und 3 dagegen rechtlich absichert.

Lösungshinweise: 1

Die Aufgabenstellung entspricht der des Gesetzgebers bei der Formulierung eines Gesetzes und der Aufgabe der Schulleitung bei der Abfassung eines Konferenzbeschlusses oder einer schriftlichen Weisung.

Bei der Regelung von Lebenssachverhalten durch Rechtsnormen steht der Gesetzgeber vor dem Problem, bestimmte Fälle zu erfassen, andere aber vom Geltungsbereich der Norm auszunehmen. Die Norm muss daher so weit und abstrakt formuliert sein, dass sie alle bei der Gesetzgebung bekannten regelungsbedürftigen und auch die in Zukunft auftretenden, vergleichbaren Fälle erfasst. Sie ist aber auch so eng zu formulieren, dass sie nicht beliebig anwendbar ist und keine Fälle auf unerwünschte Weise regelt. Versteht man diese Problematik bei der Formulierung von Rechtsnormen, wächst auch das Verständnis für die Auslegungsbedürftigkeit von Rechtsnormen und die dabei anzuwendenden Auslegungsmethoden.

Eine Aufzählung von Fällen ist nicht praktikabel. Rechtsnormen sind daher immer generell und abstrakt formuliert. Sie sind generell, weil sie nicht bestimmte Personen (z. B. die Lehrerin Verena Müller), sondern lediglich eine nach generellen Merkmalen (z. B. Lehrer) bestimmte

Mehrzahl von Personen erfassen. Sie sind abstrakt, weil sie die zu regelnden Situationen nicht konkret (Frau Müller schickt Schüler Egon zum Kiosk.), sondern mithilfe abstrakter Merkmale (Der Hausmeister erteilt dem Schüler eine Weisung.) erfassen.

Berücksichtigen Sie bei der Formulierung Ihrer Norm die folgenden Schwierigkeiten:

- Die Formulierung kann zu weit und unbestimmt sein. Hätte man die obigen Fälle beispielsweise mit einer Vorschrift wie „Schüler müssen Weisungen befolgen" regeln wollen, hätte man alle Fälle erfasst und weder den Personenkreis der weisungsberechtigten Personen noch die Art der Weisungen begrenzt.
- Die Formulierung kann zu eng sein. Eine Vorschrift wie „Schüler müssen Weisungen von Lehrern befolgen, wenn diese im Zusammenhang mit dem Unterricht stehen" würde weder Weisungen von Hausmeistern noch der Weisung eines Lehrers in der Pause auf dem Schulhof eine rechtliche Grundlage bieten.
- Es kann eine Überregelung vorliegen, d.h. es werden auch selbstverständliche Dinge ausdrücklich geregelt. So wäre etwa die Definition „eines an einer öffentlichen Schule auf der Grundlage eines Arbeitsvertrages tätigen Hausmeisters" ebenso überflüssig wie die Einschränkung „Schüler, die eine öffentliche Schule besuchen", da es auf die rechtliche Grundlage des Beschäftigungsverhältnisses des Hausmeisters nicht ankommt und sich schon aus der bloßen Tatsache der Regelung in einem Schulgesetz der Bezug zur öffentlichen Schule ergibt.
- Es kann eine Aufzählung von Einzelfällen vorliegen, die zu lang und doch lückenhaft ist. Das wäre der Fall bei Formulierungen wie „Lehrer dürfen Hausaufgaben aufgeben, aber nicht private Einkäufe verbieten, und Hausmeister dürfen Schüler nicht zu privaten Einkäufen heranziehen."
- Die Formulierung kann zu kompliziert und undurchschaubar sein. Wer könnte eine Vorschrift verstehen, die von „im Beamtenverhältnis, im Tarifbeschäftigungsverhältnis oder auf anderweitiger rechtlicher Grundlage tätige Personen, die in einer rechtlichen Beziehung zum Schulträger oder zum Land oder einer anderen öffentlichen Einrichtung stehen" sprechen würde, um das an der Schule tätige weisungsberechtigte Personal zu erfassen?

Aufgabe:
Vergleichen Sie Ihre Formulierung mit folgender Norm: „Schüler haben ... die Anordnungen der Lehrer, der Schulleitung und anderer dazu befugter Personen zu befolgen." (§ 42 Abs. 3 Satz 3 SchulG NRW und vergleichbare Normen anderer Länder)

Bei dem Vergleich sollten Sie die genannten Beurteilungsmaßstäbe für die Formulierung von Normen und Vorschriften anwenden. Bezieht sich Ihre Formulierung beispielsweise nur auf „Lehrer und Hausmeister", haben Sie Weisungen der Schulsekretärin ausgeschlossen, welche die gesetzliche Formulierung „dazu befugter Personen" ebenso erfasst wie die Weisungen von Lehramtsanwärtern, Sozialarbeitern und anderen an der Schule tätigen Personen.

Die Formulierung „in der Schule erteilte Anordnungen" wäre zugleich zu eng und zu weit, da sie einerseits Anordnungen ausschließt, die außerhalb der Schule, also z. B. auf einer Klassenfahrt, getroffen werden, andererseits Weisungen gestattet, die zwar in der Schule, aber zu außerschulischen Zwecken wie dem Einkauf von Zigaretten erteilt werden.

2. Struktur gesetzlicher Normen

Die gesetzlichen Normen bestehen in der Regel aus zwei Teilen: dem 2
Tatbestand und der Rechtsfolge. Im Tatbestand werden die Voraussetzungen genannt, die erfüllt sein müssen, damit eine bestimmte rechtliche Wirkung, die Rechtsfolge, eintritt. Aus Tatbestand und Rechtsfolge bestehen beispielsweise Vorschriften zur Versetzung – „Ein Schüler wird versetzt (Rechtsfolge), wenn er die Leistungsanforderungen der bisherigen Klasse erfüllt hat (Tatbestand)" – oder zu den Ordnungsmaßnahmen: „Ordnungsmaßnahmen können angewandt werden (Rechtsfolge), wenn Schüler ihre Pflichten verletzen (Tatbestand)." Ganz konsequent nach dem Modell von Tatbestand und Rechtsfolge sind die Normen des Strafgesetzbuches formuliert, so zum Beispiel § 340 Abs. 1 Satz 1 StGB: „Ein Amtsträger, der während der Ausübung seines Dienstes oder in Beziehung auf seinen Dienst eine Körperverletzung begeht oder begehen lässt (Tatbestand), wird mit Freiheitsstrafe von drei Monaten bis zu fünf Jahren bestraft (Rechtsfolge)."

Im Gegensatz zum Strafrecht und zu anderen Rechtsgebieten ist die Zahl der so strukturierten Normen im Schulrecht allerdings geringer. Trotzdem steht hinter nahezu jedem Rechtsproblem die Frage, welche rechtlichen Voraussetzungen erfüllt sein müssen, damit eine bestimmte rechtliche Folge eintritt oder verhindert wird. Auch wenn Tatbestand und Rechtsfolge sich aus verschiedenen Normen ergeben oder gar nicht ausdrücklich in einem Gesetz geregelt sein sollten, handelt es sich um eine Grundstruktur rechtlichen Denkens.

Das Schulrecht unterscheidet sich von zahlreichen anderen Rechts- 3
gebieten durch die hohe Zahl unbestimmter Rechtsbegriffe und Ermes-

sensnormen. Ein Rechtsbegriff wird als unbestimmt bezeichnet, wenn sich kein klarer Sachverhalt angeben lässt, der den Inhalt des Begriffes ausmacht. Vielmehr muss der Begriffsinhalt jeweils bei der Anwendung auf einen konkreten Sachverhalt festgestellt werden. Bei einer Ermessensnorm liegt die Entscheidung, ob und ggf. auch wie gehandelt wird, bei der Schule (zu Ermessensnormen siehe Kapitel II. 6. Gesetzliche Standardformulierungen).

Beispielhaft für unbestimmte Rechtsbegriffe und ein schulisches Ermessen sind die Regelungen zu den Ordnungsmaßnahmen. In den entsprechenden Normen der Länder wird nicht ein bestimmtes Fehlverhalten beschrieben, auf das die Schule mit festgelegten Ordnungsmaßnahmen zu reagieren hat, sondern als Voraussetzung wird z. B. die „Gefährdung der Sicherheit von Personen" (unbestimmter Rechtsbegriff) genannt und die Schule „kann" (Ermessen) mit Ordnungsmaßnahmen reagieren.

Die Unbestimmtheit dieser und anderer schulrechtlicher Regelungen erschwert gelegentlich die Anwendung und erfordert bei einzelnen Entscheidungen einen höheren Begründungsaufwand. Sie stellt aber die einzige Möglichkeit dar, angesichts der unüberschaubaren Vielfalt schulischer Situationen und der Notwendigkeit, pädagogische Gesichtspunkte berücksichtigen zu müssen, die erforderliche Entscheidungsfreiheit der Schulen zu sichern.

Anwendungsprobleme bei Gesetzestexten ergeben sich entgegen einer gelegentlich anzutreffenden Auffassung nicht aus zu komplizierten und undurchschaubaren Formulierungen, auch wenn sich der Stil der Gesetzessprache sicherlich an einigen Stellen deutlich verbessern ließe, sondern aus der Unkenntnis der Struktur gesetzlicher Normen und ihrer Auslegungsbedürftigkeit *(→ Ingo Warnke: Warum sind Gesetzestexte schwer verständlich? In: SchulRecht 9/2000, S. 147–150)* sowie der Unkenntnis der Festlegung des Normverständnisses durch die Rechtsprechung.

3. Grammatische und systematische Auslegung

4 Der generelle und abstrakte Charakter rechtlicher Normen und Vorschriften bedingt die Notwendigkeit, bei der Beurteilung eines konkreten Falles die Einzelheiten des konkreten Lebenssachverhalts und die generellen und abstrakten Merkmale der Norm in Übereinstimmung zu bringen. Diese Prüfung, ob der Lebenssachverhalt von der Norm erfasst wird, bezeichnet man als Subsumtion. Bei dieser Anwendung des Gesetzes auf einen konkreten Fall entscheidet sich, ob der Gesetz-

geber die in einer Norm verwendeten Begriffe sowohl weit als auch eng genug gefasst hat, um sinnvolle Entscheidungen zu ermöglichen.

Ausgangspunkt der Auslegung sind der Wortlaut der Vorschrift und die Wortbedeutung der einzelnen Merkmale des Tatbestandes. Bei der Wortbedeutung geht man zunächst von der Umgangssprache aus, es sei denn, das Tatbestandsmerkmal wäre in einem Gesetz ausdrücklich definiert. Stellt sich z. B. die Frage, ob die Ohrfeige, die ein Lehrer einem Schüler gegeben hat, eine Körperverletzung darstellt, ist der **§ 223 Absatz 1 StGB** zu beachten, der den Begriff der Körperverletzung näher definiert: „Wer einen anderen körperlich misshandelt oder an der Gesundheit beschädigt, wird … bestraft." **5**

Auch wenn die systematische Auslegung, also die Auslegung nach dem Normzusammenhang, hier eine Hilfestellung beim Verständnis des Begriffs der Körperverletzung bietet, indem sie zu § 223 Absatz 1 StGB führt und damit entweder eine körperliche Misshandlung oder eine Gesundheitsbeschädigung als Voraussetzung für eine Körperverletzung nennt, sind diese beiden Merkmale nun ihrerseits wieder auslegungsbedürftig. In vielen Fällen führt die systematische Auslegung nicht zu einer Begriffsdefinition in einer Gesetzesnorm, z. B. ist der Begriff der „Gefährdung der Sicherheit von Personen oder der schulischen Ordnung" als Voraussetzung für eine Ordnungsmaßnahme in keiner Norm der Schulgesetze der Länder näher definiert. **6**

Bei der Auslegung eines Begriffes sind in der Regel eine engere und eine weitere Wortbedeutung zu unterscheiden. So wird man auch bei einer sehr engen Auslegung bei einem Faustschlag, der das Nasenbein eines anderen bricht, ohne Zweifel von einer körperlichen Misshandlung und einer Gesundheitsbeeinträchtigung sprechen. Ist es aber auch noch als körperliche Misshandlung anzusehen, wenn jemandem ein heftiger Schlag auf die Schulter versetzt wird, der weder Schmerzen verursacht noch zu sichtbaren körperlichen Reaktionen wie blauen Flecken führt, trotzdem aber vom Betroffenen als unerwünschte körperliche Einwirkung empfunden wird?

Noch schwieriger wird die Entscheidung über die Wortbedeutung bei den im Schulrecht häufigen unbestimmten Rechtsbegriffen wie „Sicherheit", „Gefahr" und „schulische Ordnung".

4. Sinn und Zweck der Norm

Über die Wahl einer engen oder weiten Wortbedeutung entscheidet – falls sich in anderen Normen keine Definitionen oder sonstige Hinweise auf das richtige Verständnis des Tatbestandsmerkmals finden – der **7**

Sinn und Zweck der Norm. Der Sinn und Zweck erschließt sich häufig erst nach längerer, eingehender Prüfung.

So führt das Verwaltungsgericht Braunschweig zum Begriff der Gefährdung der Sicherheit von Menschen anlässlich der Verhängung einer Ordnungsmaßnahme wegen Erpressung von Mitschülern aus *(→ Az.: 6 B 61542/96; SchulRecht 2/1997, S. 26)*: „Nach § 61 NSchG kann bei einer groben Pflichtverletzung eines Schülers als Ordnungsmaßnahme auch ein Ausschluss vom Unterricht verhängt werden, wenn der Schüler die Sicherheit von Menschen ernstlich gefährdet hat … das Gesetz (will) insoweit nicht lediglich die körperliche Integrität von Menschen schützen. Eine dahingehende Begrenzung des Schutzobjekts ist weder von der sprachlichen Fassung noch vom Sinn des Gesetzes nahegelegt. Die Sicherheit von Menschen umfasst nach allgemeinem Sprachgebrauch insbesondere auch ein entsprechendes (Sicherheits-)Gefühl, das jedenfalls in dem Maße nicht mehr gewahrt ist, wie Gefahr besteht, persönlich Opfer krimineller Machenschaften zu werden. Zumindest bei Erpressungsopfern ist diese Sicherheit regelmäßig erschüttert. In diesem Sinne hat der Schüler bereits durch seine erste Geldforderung die Sicherheit seines Mitschülers … ernsthaft nicht nur gefährdet, sondern beeinträchtigt."

Ordnungsmaßnahmen sollen die Erfüllung des schulischen Bildungs- und Erziehungsauftrages sicherstellen. Ein enges Verständnis der Wortbedeutung der Begriffe „Sicherheit" und „Gefahr" entspräche offensichtlich nicht diesem Sinn und Zweck der Ordnungsmaßnahmen.

In bestimmten Fällen ist es sogar denkbar, dass sich die Auslegung über den eindeutigen Wortlaut einer Vorschrift unter Berufung auf den Sinn und Zweck der Norm hinwegsetzt.

8 Unter Berufung auf eine Auslegung nach dem Sinn und Zweck einer Norm darf aber nicht der Versuch unternommen werden, die eigenen Überzeugungen einfach in das Gesetz hineinzuinterpretieren. Vielmehr sollte ein Zusammenwirken aller Auslegungsmethoden zu einer mehrfach abgesicherten und gut begründeten Entscheidung führen.

9 **Aufgabe:**
Entscheiden Sie bei den in der folgenden Übersicht geschilderten Situationen, ob das Tatbestandsmerkmal „körperliche Misshandlung" bei der Wahl einer engen oder nur bei einer weiten Wortbedeutung zu bejahen ist und ob die Wahl einer weiten Wortbedeutung dem Sinn und Zweck der Norm – die körperliche Unversehrtheit und die Gesundheit zu schützen – entspricht.

Situation:	Wortbedeutung körperliche Misshandlung		Zweck: Schutz der körperl. Unversehrtheit	Ergebnis: Körperverletzung
	eng	weit		
1) Lehrer L hält den an ihm vorbeilaufenden Schüler S am Arm fest. S, dem der Griff unangenehm ist, versucht, sich zu befreien.				
2) Lehrer L ohrfeigt den Schüler S.				
3) L packt den S am Arm und schüttelt ihn heftig. S erleidet einen Bluterguss.				
4) L schlägt S während des Unterrichts mit seinem Notenbuch leicht auf den Kopf und sagt: „Stell Deine Privatgespräche ein!"				
5) L prüft den S während des Unterrichts und tippt dabei immer wieder leicht mit dem Zeigefinger an den Oberarm des S. Diese Gesten begleitet er mit ironischen Bemerkungen, die den S dem Gespött seiner Mitschüler aussetzen.				

Lösungshinweise:

Liegt ein Tatbestandsmerkmal schon bei der Wahl einer engen Wortbedeutung vor, erübrigen sich in aller Regel nähere Überlegungen zum Sinn und Zweck einer Norm. So liegt in den Fällen 2 und 3 auch bei einer engen Wortbedeutung eine Körperverletzung vor.

Ist wie in Situation Nummer 1 auch bei weiter Wortbedeutung das Verhalten des L nicht als körperliche Misshandlung zu werten, scheidet die Anwendung einer strafrechtlichen Norm aus, da im Strafrecht der Grundsatz gilt: „Eine Tat kann nur bestraft werden, wenn die Strafbarkeit gesetzlich bestimmt war, bevor die Tat begangen wurde." (Artikel 103 Absatz 2 GG). Wegen des Artikels 103 Absatz 2 Grundgesetz verstößt eine über den Wortlaut einer Strafrechtsnorm hinausgehende Auslegung gegen das Grundgesetz.

10 In anderen Rechtsgebieten – so auch dem Schulrecht – kann eine Norm dagegen auch dann auf einen Sachverhalt angewandt werden, wenn sie ihrem Wortlaut nach nicht anwendbar ist, falls die Anwendung dem Sinn und Zweck der Norm entspricht. Pädagogen sollten sich in der Regel nur zu einer vom Gesetzeswortlaut nicht gedeckten Anwendung eines Gesetzes entschließen, wenn sie sich dabei auf schulrechtliche Lehrbücher oder Kommentare stützen können. An die Begründung sind dabei hohe Anforderungen zu stellen.

11 In den Situationen 4 und 5 ist es fraglich, ob eine körperliche Misshandlung bei weiter Wortbedeutung zu bejahen ist. Wünschenswert wäre eine genauere Definition des Begriffs der körperlichen Misshandlung. Eine solche Definition ist von der Rechtsprechung entwickelt worden: „Unter körperlicher Misshandlung ist eine üble unangemessene Behandlung, durch die das Opfer in seinem körperlichen Wohlbefinden in mehr als nur unerheblichem Grade beeinträchtigt wird, zu verstehen“ *(BGHZ 25, 277).*

Auch bei einer solchen Definition ist wie bei einer gesetzlichen Norm das Vorliegen eines jeden Merkmals anhand des Sachverhaltes zu überprüfen. In Situation Nummer 4 ist der leichte Schlag mit dem Notenbuch sicherlich keine üble und unangemessene Behandlung, und er beeinträchtigt den S auch keineswegs mehr als nur unerheblich in seinem körperlichen Wohlbefinden. Eine Körperverletzung liegt daher auch dann nicht vor, wenn man eine weite Wortbedeutung zu Grunde legt.

In der Situation Nummer 5 könnte man eine üble, unangemessene Behandlung bejahen, müsste aber wohl davon ausgehen, dass sie den S nicht mehr als nur unerheblich in seinem körperlichen Wohlbefinden beeinträchtigt. Ob in diesem Falle eine Körperverletzung zu bejahen ist, ist umstritten.

Eine in der juristischen Literatur vertretene Auffassung geht davon aus, Misshandlung sei auch bei einer objektiv ganz unerheblichen Einwirkung auf den Körper anzunehmen, sofern sie von einer Gesinnung getragen sei, die den Vorgang als üble, unangemessene Behandlung charakterisiere (z.B. absichtliches Anrempeln).

Die Gegenmeinung weist darauf hin, dass rein seelisches Misshandeln nach dem eindeutigen Wortlaut des Gesetzes keine Körperverletzung sei, die eine nicht unerhebliche Störung des körperlichen Wohlbefindens oder der körperlichen Unversehrtheit voraussetze.

Bei der Entscheidung dieser Streitfrage spricht für die zweite Auffassung, dass sie die Wortbedeutung nicht über die Grenze der Alltagssprache ausdehnt und dem Zweck des § 223 StGB, vor körperlicher Misshandlung zu schützen, entspricht. Schutz vor unerheblichen körperlichen Einwirkungen, die den Betroffenen bloßstellen und lächerlich machen sollen, bietet ggf. § 185 StGB, der die Beleidigung unter Strafe stellt.

In der Situation Nummer 5 liegt daher nach der hier vertretenen Auffassung keine Körperverletzung im Amt gemäß § 340 Absatz 1 Satz 1 StGB vor.

Lösung:

Situation:	**Wortbedeutung körperliche Misshandlung**		Zweck: Schutz der körperl. Unversehrtheit	Ergebnis: Körperverletzung
	eng	weit		
1) Lehrer L hält den an ihm vorbeilaufenden Schüler S am Arm fest. S, dem der Griff unangenehm ist, versucht, sich zu befreien.	nein	nein	nein	nein
2) Lehrer L ohrfeigt den Schüler S.	Ja	ja	ja	ja
3) L packt den S am Arm und schüttelt ihn heftig. S. erleidet einen Bluterguss.	Ja	ja	ja	ja
4) L schlägt S während des Unterrichts mit seinem Notenbuch leicht auf den Kopf und sagt: „Stell Deine Privatgespräche ein!“	nein	nein	nein	nein
5) L prüft den S während des Unterrichts und tippt dabei immer wieder leicht mit dem Zeigefinger an den Oberarm des S. Diese Gesten begleitet er mit ironischen Bemerkungen, die den S. dem Gespött seiner Mitschüler aussetzen.	nein	umstritten	nein	nein

5. Auslegung und schulische Praxis

Zum Verständnis gesetzlicher Normen bleibt festzuhalten: 12

- Gesetzliche Normen sind immer generell und abstrakt.
- Gesetzliche Normen bestehen in der Regel aus Tatbestand und Rechtsfolge.
- Grundsätzlich ist jede Norm auslegungsbedürftig.

- Ausgangspunkt der Auslegung ist die Bedeutung der Tatbestandsmerkmale im allgemeinen Sprachgebrauch.
- Die Systematik des Gesetzes und der Rechtsordnung sind zu beachten. Andere Normen können Definitionen der Tatbestandsmerkmale enthalten, und es darf keine sich widersprechenden Normen geben.
- Der Sinn und Zweck einer Norm entscheidet letztlich über die Wahl der engen oder weiten Wortbedeutung eines Tatbestandsmerkmals. In allen Rechtsgebieten mit Ausnahme des Strafrechts ist es in Ausnahmefällen sogar möglich, sich über den Wortlaut einer Vorschrift hinwegzusetzen, wenn die Entscheidung dem Sinn und Zweck der Norm entspricht.

13 Der Wille des historischen Gesetzgebers, wie er sich in Ausschussberatungen, Parlamentsdebatten und Begründungen der Gesetzentwürfe niedergeschlagen hat, wird ebenfalls zur Auslegung herangezogen, hat aber nur eine untergeordnete Bedeutung, da er häufig nicht eindeutig feststellbar ist und im Laufe der Zeit an Bedeutung verliert. Bei umfangreichen Änderungen eines Schulgesetzes oder der Verabschiedung eines neuen Schulgesetzes kann er wichtige Anhaltspunkte für das Verständnis einer Neuregelung bieten.

So argumentiert das Verwaltungsgericht Trier (Az.: 5 L 259/12; SchulRecht 3-4/2014, S. 47 f.) bei der Frage, ob ein Schüler, der den Besuch eines neunjährigen Gymnasiums wünscht, gegen seinen Willen einem achtjährigen Gymnasium mit freien Kapazitäten zugewiesen werden kann, mit der Gesetzesbegründung: „Ausweislich der Gesetzesbegründung vermeidet das gewählte Modell bewusst eine flächendeckende Einführung des achtjährigen Gymnasiums und setzt auf Parallelität von acht- und neunjährigen Gymnasien, um den unterschiedlichen Fähigkeiten und Bedürfnissen der Kinder und Jugendlichen gerecht zu werden und die Eltern darin zu unterstützen, den für ihr Kind geeigneten Weg zu wählen. Demnach ist es erklärter Wille des Gesetzgebers, die auf entsprechenden Antrag von Schule und Schulträger erst als sogenannte „G8GTS“ zu genehmigenden Gymnasien nicht als reguläre, sondern lediglich als ausdrücklich zu wählende Schulart einzuführen, … Eine – wie vorliegend – im Rahmen der Auswahlentscheidung erfolgte Umlenkung an ein sogenanntes G8GTS-Gymnasium entgegen dem ausdrücklich erklärten elterlichen Willen widerspricht damit den Zielvorgaben des Gesetzgebers.“

Die Kenntnis der Auslegungsmethoden hilft Pädagogen, gesetzlichen Normen nicht mehr vorschnell und vorbehaltlos eine dem allgemeinen Sprachgebrauch entsprechende Bedeutung zu unterstellen und bei der Suche nach Auslegungshilfen die Darstellungen und Argumente in der juristischen Literatur durch eine Zuordnung zu den Auslegungsmethoden besser verstehen zu können.

Schließlich werden Pädagogen bei juristischen Problemen gesprächs- und diskussionsfähiger. Ein vertieftes Rechtsverständnis verbessert nicht nur die Verständigung mit der Schulaufsicht, dem Schulträger und anderen Behörden, sondern kann auch im Gespräch mit Eltern und Schülern Argumentationshilfen geben, wenn die Bedeutung rechtlicher Regelungen für das pädagogische Handeln geklärt werden muss oder wenn Beteiligte der Versuchung erliegen, vermeintliche Rechtspositionen als Druckmittel einzusetzen. **14**

Juristische Kommentare sind ein unentbehrliches Hilfsmittel bei der Normauslegung. Sie geben Aufschluss über von der Rechtsprechung entwickelte Definitionen einzelner Tatbestandsmerkmale, den systematischen Zusammenhang einer Norm, den Sinn und Zweck der Norm, wichtige Gerichtsurteile, insbesondere der Obergerichte des jeweiligen Landes, und den Stand der juristischen Diskussion. **15**

Aufgabe:
Ordnen Sie die folgenden Argumente aus der juristischen Literatur den Auslegungsmethoden zu.

	Wortsinn	Zweck	Systematik	Absicht des historischen Gesetzgebers
1) Durch die Verwendung des Wortes „grundsätzlich“ lässt Artikel 34 GG von der Regel, dass die Haftung öffentlicher Bediensteter für Amtspflichtverletzungen im hoheitlichen Bereich auf ihren Dienstherrn verlagert wird, Ausnahmen zu.				
2) Diese Konsequenz hat der Gesetzgeber gesehen und gewollt (vgl. BT-Drucks. VI/1333, S. 5).				

	Wortsinn	Zweck	Systematik	Absicht des historischen Gesetzgebers
3) Die Regresshaftung nach den §§ 110, 111 Sozialgesetzbuch VII stellt die Kehrseite des Haftungsausschlusses nach den §§ 104 bis 107 SGB VII dar und bildet zusammen mit diesen Vorschriften eine Einheit.				
4) Ersatz soll dem Sozialversicherungsträger im Wesentlichen aus präventiven, erzieherischen Gründen gewährt werden.				
5) Durch ein Anhörungsrecht soll der Sachverstand der beteiligten Verbände und Organisationen in die Entscheidung des Kultusministers einfließen.				
6) § 77 Abs. 1 SchulG NRW verpflichtet das Ministerium, die Verbände zu beteiligen. § 77 Abs. 2 SchulG NRW definiert die wichtigsten Bereiche der Beteiligung.				
7) Der Landesgesetzgeber muss das Grundrecht der betroffenen Eltern und Kinder aus Artikel 4 Absatz 1 GG berücksichtigen.				
8) Einer unbegrenzten Vertretungsmacht des Schulleiters steht die Regelung des § 55 Gemeindeordnung entgegen.				
9) Der Vollständigkeitsgrundsatz dient dem Schutz des Beamten.				

	Wortsinn	Zweck	Systematik	Absicht des historischen Gesetzgebers
10) Das kollektive Elternrecht bezieht sich nach Artikel 10 Absatz 2 der Landesverfassung (LV) auf die „Gestaltung des Schulwesens“.				

Lösung:

	Wortsinn	Zweck	Systematik	Absicht des historischen Gesetzgebers
1) Durch die Verwendung des Wortes „grundsätzlich“ lässt Artikel 34 GG von der Regel, dass die Haftung öffentlicher Bediensteter für Amtspflichtverletzungen im hoheitlichen Bereich auf ihren Dienstherrn verlagert wird, Ausnahmen zu.	x			
2) Diese Konsequenz hat der Gesetzgeber gesehen und gewollt (vgl. BT-Drucks. VI/1333, S. 5).				x
3) Die Regresshaftung nach den §§ 110, 111 Sozialgesetzbuch VII stellt die Kehrseite des Haftungsausschlusses nach den §§ 104 bis 107 SGB VII dar und bildet zusammen mit diesen Vorschriften eine Einheit.			x	
4) Ersatz soll dem Sozialversicherungsträger im Wesentlichen aus präventiven, erzieherischen Gründen gewährt werden.		x		

	Wortsinn	Zweck	Systematik	Absicht des historischen Gesetzgebers
5) Durch ein Anhörungsrecht soll der Sachverstand der beteiligten Verbände und Organisationen in die Entscheidung des Kultusministers einfließen.		x		
6) § 77 Abs. 1 SchulG NRW verpflichtet das Ministerium, die Verbände zu beteiligen. § 77 Abs. 2 SchulG NRW definiert die wichtigsten Bereiche der Beteiligung.			x	
7) Der Landesgesetzgeber muss das Grundrecht der betroffenen Eltern und Kinder aus Artikel 4 Absatz 1 GG berücksichtigen.			x	
8) Einer unbegrenzten Vertretungsmacht des Schulleiters steht die Regelung des § 55 Gemeindeordnung entgegen.			x	
9) Der Vollständigkeitsgrundsatz dient dem Schutz des Beamten.		x		
10) Das kollektive Elternrecht bezieht sich nach Artikel 10 Absatz 2 der Landesverfassung (LV) auf die „Gestaltung des Schulwesens".	x			

6. Gesetzliche Standardformulierungen

16 Dem Verständnis gesetzlicher Normen dient neben der Kenntnis der Auslegungsmethoden auch die Kenntnis einiger Standardformulierungen mit festgelegter Bedeutung.

Benehmen/Einvernehmen

Die Schule kann im Benehmen/Einvernehmen mit dem Schulträger Art und Umfang des Angebots an Speisen und Getränken in der Schule festlegen. 17

„... im Benehmen ..." bedeutet, dass ein Vorgang im Planungsstadium zur Stellungnahme zugeleitet wird, ein Einverständnis aber nicht Voraussetzung für die Wirksamkeit und Rechtmäßigkeit der Maßnahme ist. Angestrebt ist eine Erörterung mit dem Ziel, zu einer Einigung zu gelangen. Die Schule ist verpflichtet, den Schulträger über Art und Umfang des geplanten Angebots an Speisen und Getränken zu informieren, sie kann aber auch ohne Zustimmung des Schulträgers eine Entscheidung treffen.

Die Rechtslage wäre anders, wenn die Schule nur „im Einvernehmen" mit dem Schulträger entscheiden könnte. Die Maßnahme wäre dann nur bei Zustimmung des Schulträgers wirksam und rechtmäßig. Eine Entscheidung kann die Schule daher nur treffen, wenn der Schulträger zustimmt.

Ermessen

Die Schule „kann" eine eigene Schulordnung erlassen. 18

Kann-Vorschriften eröffnen die Möglichkeit, darüber zu entscheiden, ob und wie gehandelt wird. Juristisch spricht man von einer Ermessensentscheidung. Die Schule ist also nicht verpflichtet, eine Schulordnung zu erlassen, sie ist aber dazu berechtigt.

Soll-Vorschriften

Einen höheren Verbindlichkeitsgrad hätte die Formulierung: „Die Schule soll eine eigene Schulordnung erlassen." 19

Soll-Vorschriften verpflichten den Adressaten, lassen aber Ausnahmen in atypischen Fällen zu. Ein Schulträger wird durch eine Soll-Vorschrift verpflichtet, eine Hausordnung zu erlassen, kann aber in Ausnahmefällen davon absehen. Der Umfang dieser Ausnahmen ist für jede Soll-Vorschrift gesondert durch Auslegung, insbesondere unter Berücksichtigung des Sinns und Zwecks der Vorschrift zu ermitteln.

Dieses hohe Maß an Verbindlichkeit einer Soll-Vorschrift gilt für Gesetzestexte. In Verwaltungsvorschriften hat „soll" dagegen den Charakter einer Beurteilungsrichtlinie von geringerer Verbindlichkeit.

Muss-Vorschriften

"Die Erziehungsberechtigten ... haben die Anmeldung zur Schule vorzunehmen ..." ist ein Beispiel für eine Muss-Vorschrift, die strikt zu 20 beachten ist. Muss-Vorschriften gelten ausnahmslos, es sei denn, der Gesetzgeber hätte Ausnahmen ausdrücklich zugelassen. Muss-Vorschriften können auch negativ formuliert sein: „Schulfremde Druckschriften dürfen auf dem Schulgrundstück nicht verteilt werde." (§ 56 Satz 1SchulG NRW)

7. Schulrechtskenntnisse und Praxisfälle

21 Einen guten Ansatzpunkt für die Lösung der in der schulischen Praxis auftretenden Schulrechtsfälle bietet die Zuordnung des jeweiligen Falles zu einer der folgenden Kategorien:

- Den klaren Fällen, deren Lösung sich ohne weiteres aus dem Wortlaut des Gesetzes ergibt: Stellt sich die Frage, wer über die Erteilung der Ordnungsmaßnahme Überweisung in eine Parallelklasse entscheidet, geben die Schulgesetze der Länder eine eindeutige Antwort, indem sie die Zuständigkeit z. B. dem Schulleiter oder einer Konferenz zuweisen.
- Den durch Auslegung eindeutig beantwortbaren Fällen: Nach den Schulgesetzen der Länder ist der Schulleiter Vorgesetzter aller an der Schule tätigen Personen. Die Beamtengesetze der Länder definieren den Vorgesetzten als jemanden, der einem Beamten für seine dienstliche Tätigkeit Anordnungen erteilen kann. Der Schulleiter kann daher einen Lehrer anweisen, Vertretungsunterricht zu übernehmen oder Aufsicht zu führen, da er Vorgesetzter des Lehrers ist und der Vertretungsunterricht eine dienstliche Tätigkeit darstellt.
- Den rechtlich umstrittenen Fällen: So wird die Frage, inwieweit genehmigte oder anerkannte Ersatzschulen sich in ihren Lehrzielen und Einrichtungen an entsprechende staatliche Schulen anpassen müssen, in der Literatur und Rechtsprechung unterschiedlich beantwortet.
- Den neuartigen, rechtlich ungeklärten Fällen: Zu dieser Kategorie gehört eine unbegrenzte Vielzahl möglicher Fälle. Im schulischen Alltag auftretende Situationen werden erst dann rechtlich bedeutsam, wenn Beteiligte nach der rechtlichen Beurteilung der Situation fragen. Kann die Situation nicht den Kategorien der klaren, der durch Auslegung eindeutig beantwortbaren oder der rechtlich umstrittenen Fälle zugeordnet werden, bleibt nur der Versuch, eine rechtliche Lösung zu erarbeiten, die aber lediglich die fachliche Stellungnahme des befragten Juristen ist.

Sollte es sich um ein Problem handeln, das häufiger auftritt, wird die Rechtslage zunächst durch die juristische Fachdiskussion, letztlich aber durch die Rechtsprechung geklärt. Eine Rechtsanwendung ohne Kenntnis der Auslegung des Gesetzes durch die Rechtsprechung ist im Schulrecht wie in anderen Rechtsgebieten nahezu unmöglich. Im Bereich der Schule wie in der gesamten öffentlichen Verwaltung geben Verwaltungsvorschriften Beamten und Angestellten verbindliche Weisungen für die rechtliche Beurteilung ungeklärter Fälle, die zu zahlreichen Anfragen bei der Schulaufsicht geführt haben.

Verwaltungsvorschriften sind keine Rechtsnormen, da sie lediglich behördeninterne Geltung haben und nur die Beamten und Angestellten behördenintern binden. Sie bedürfen aber häufig ebenso der Auslegung wie gesetzliche Normen. 22

Schulrechtliche Kenntnisse können helfen, festzustellen, ob die Rechtslage geklärt ist, oder ob es sich um rechtlich umstrittene, beziehungsweise ungeklärte Fälle handelt. Insbesondere einige Übung in der Bearbeitung von Fällen hilft, aus den komplexen Lebenssachverhalten, denen man in der Schule gegenübersteht, die rechtlich bedeutsamen Elemente herauszufiltern. Die Kenntnis der wichtigen Normen des Schulrechts und das Bewusstsein der Auslegungsbedürftigkeit der Normen ermöglichen die Zuordnung zu den Kategorien der klaren Fälle, bei deren Lösung man sich ohne intensive Auslegung auf den Wortlaut der Vorschrift stützen kann, oder der auslegungsbedürftigen, aber mit Hilfe der Auslegung eindeutig beantwortbaren Fälle. Kommentare zum Schulrecht erleichtern die Lösung dieser Fälle. Das Bewusstsein der Auslegungsbedürftigkeit der Normen und die Kenntnis der Auslegungsmethoden verhindern dabei die vorschnelle Unterstellung, eine rechtliche Norm verstanden zu haben, und erleichtern das Verständnis der Kommentierung. 23

Bei rechtlich umstrittenen Fällen ermöglichen sie eine Zuordnung der Argumente und eventuell sogar eine eigene begründete Stellungnahme.

Eine selbstständige Lösung neuartiger, rechtlich ungeklärter Fälle ist auch von Lehrern mit guten Schulrechtskenntnissen nicht zu leisten. Hat man einen Fall dieser Kategorie zugeordnet, empfiehlt es sich, nach einer pädagogisch verantwortbaren Entscheidung zu suchen, die nicht im Widerspruch zu bekannten rechtlichen Regelungen steht, ohne in jedem Fall zunächst eine völlige Absicherung durch die Klärung der Rechtslage durch die nächsthöhere Behörde zu erwarten. Wer über eine zu hohe Zahl von Normen und Verwaltungsvorschriften klagt, sollte bedenken, dass rechtliche Regelungen häufig nicht auf einer Regelungswut des Gesetzgebers und der Schulaufsicht beruhen, sondern in manchen Fällen geradezu spiegelbildlich einem Mangel an eigenverantwortlicher Entscheidungsbereitschaft entsprechen. Einer Entscheidungsbereitschaft, die allerdings nicht nur auf persönlicher Entscheidungsfreudigkeit und Verantwortungsbereitschaft, sondern auch auf pädagogischer und rechtlicher Sachkenntnis beruhen sollte.

II. Die Aufsicht des Staates über das Schulwesen und die Grundrechte der Eltern und Schüler

1. Schulpflicht

Die Grundrechte sind vorrangig Abwehrrechte der Bürger gegen staatliche Eingriffe. Sie sind aber auch wertentscheidende Grundsatznormen, aus denen sich die objektiv-rechtliche Verpflichtung des Staates ergibt, im Rahmen seiner Möglichkeiten alles zu tun, um den Bürgern auch tatsächlich die Inanspruchnahme der Grundrechte zu ermöglichen. *(→ Avenarius, S. 30 f.)* So ergibt sich aus den Grundrechten als wertentscheidenden Grundsatznormen ein durch das Sozialstaatsprinzip zusätzlich abgesicherter Verfassungsauftrag, ein leistungsfähiges und sozial gerechtes Bildungswesen vorzuhalten und bei der inhaltlichen Gestaltung des Schulwesens das Gebot der Toleranz zu beachten. *(→ Avenarius, a.a.O.)* **24**

Das Neutralitäts- und Toleranzgebot erlangt angesichts der strikten Schulpflichtregelungen besondere Bedeutung. „Der Staat darf keine gezielte Beeinflussung im Dienste einer bestimmten politischen, ideologischen oder weltanschaulichen Richtung betreiben …" (BVerfG, Az.: 1 BvR 1358/09; SPE 738 Nr. 15, S. 76) **25**

Die Schulpflicht geht über eine Unterrichtspflicht hinaus. Eine Befreiung vom Schulbesuch mit der Begründung, man halte privaten Hausunterricht für gleichwertig oder besser als den Schulunterricht, ist in den Schulgesetzen der Länder nicht vorgesehen. Weder das Grundrecht der freien Entfaltung der Persönlichkeit noch die Glaubens- und Gewissensfreiheit verleihen einen Anspruch auf Erfüllung der Schulpflicht in Form eines privaten Heimunterrichts, dessen Ergebnisse staatlicherseits kontrolliert werden, oder auf Befreiung von der Schulpflicht. (BVerfG, Az.: 2 BvR 1693/04; SchulRecht 1–2/2007, S. 11–13) Die Weigerung, ein Kind zur Erfüllung der Schulpflicht an einer Schule anzumelden, kann mit Bußgeldern, Zwangsgeldern und Ersatzzwangshaft geahndet werden. (VG Ansbach, Az.: AN 2 V 14.01377; SchulRecht 1-2/2016, S. 12 ff.) **26**

Das Bundesverfassungsgericht leitet die Schulpflicht unmittelbar aus dem auf Art. 7 Abs. 1 GG beruhenden Erziehungsauftrag des Staates ab. Sie ergibt sich damit als staatsbürgerliche Pflicht aus der Verantwortung des Staates für das Schulwesen. (BVerfG, Az.: 1 BvR 1358/09; SPE 738 Nr. 15) Sie dient dem Allgemeininteresse sowie dem staatlichen Erziehungsauftrag. (VG Ansbach, a.a.O.) Der Schulpflicht entspricht die **27**

Pflicht des Staates, allen Schulpflichtigen den Besuch einer öffentlichen Schule zu ermöglichen.

28 Die Schulpflicht hängt nicht von der Staatsangehörigkeit ab. Deshalb sind auch Ausländer und Staatenlose schulpflichtig, es sei denn, dem stünden völkerrechtliche Grundsätze oder zwischenstaatliche Vereinbarungen entgegen, wie das zum Beispiel bei Diplomatenkindern der Fall sein kann. (Avenarius, S. 348)

In nahezu allen Bundesländern erstreckt sich die Schulpflicht auf diejenigen Personen im schulpflichtigen Alter, die im jeweiligen Land ihren Wohnsitz oder gewöhnlichen Aufenthalt haben. Von einem gewöhnlichen Aufenthalt im schulrechtlichen Sinne ist auszugehen, wenn im Zeitpunkt des Schulbesuchs eine Beschulung des Kindes für einen sinnvollen Zeitraum möglich erscheint. (VGH Bayern; SPE 723 Nr. 2) Diese Voraussetzung sieht der Verwaltungsgerichtshof Bayern in der Regel dann als erfüllt an, wenn es hinreichend wahrscheinlich sei, dass das betroffene Kind das kommende Schuljahr werde durchlaufen können. Einige Bundesländer wie Bayern, Nordrhein-Westfalen und das Saarland haben gesetzliche Regelungen getroffen, nach denen auch ausreisepflichtige Personen schulpflichtig sind. (Avenarius, S. 349 f.) Schulpflichtig sind auch Asylsuchende, Geduldete und Personen mit einem ungesicherten Aufenthaltsstatus. Für sie endet die Schulpflicht nach den allgemeinen Regelungen des jeweiligen Landes. Soweit ein Schulbesuch nach Erfüllung der Schulpflicht freiwillig erfolgen kann, z.B. bei Beginn eines Berufsausbildungsverhältnisses nach Vollendung des 21. Lebensjahres, gilt das auch für die genannten Personen.

2. Aufsicht des Staates

29 Artikel 7 Absatz 1 des Grundgesetzes unterstellt das Schulwesen der staatlichen Aufsicht. „Das gesamte Schulwesen steht unter der Aufsicht des Staates."

Der Begriff der Aufsicht wird von Bundesverfassungsgericht und Bundesverwaltungsgericht in Übernahme der Interpretation des entsprechenden Artikels der Weimarer Reichsverfassung sehr weit gefasst: „… denn es liegen keine Anhaltspunkte dafür vor, dass dieser Begriff unter der Herrschaft des Grundgesetzes einen anderen Inhalt erhalten haben sollte, als zur Zeit der Weimarer Verfassung. Es besteht aber kein Zweifel daran, dass der historische Begriff der Schulaufsicht nicht nur Aufsichtsrechte im engeren Sinne umfasst, sondern dass darunter der Inbegriff der staatlichen Herrschaftsrechte über die Schule nämlich die Gesamtheit der staatlichen Befugnisse zur Organisation,

Planung, Leitung und Beaufsichtigung des Schulwesens zu verstehen ist.“ *(→ BVerwGE 6, 101 [BVerwG 28.12.1957 – BVerwG VII B 9/57]; SPE IBI S. 141–141 c [141 b])*

Diese Definition des Begriffs der Aufsicht, der sich in gleicher Bedeutung auch in einigen Verfassungen der Länder findet (z. B. Art. 130 LV Bay; Art. 28 LV Brem; Art. 56 Abs. 1 LV Hess; Art. 8 LV NW), verleiht dem Staat ein äußerst weitreichendes Recht zur Gestaltung und Kontrolle des Schulwesens.

Wie weitreichend die Befugnisse des Staates nach Auffassung der Rechtsprechung im Schulwesen sind, zeigten Entscheidungen zur „Grundschule mit festen Öffnungszeiten“ in Sachsen-Anhalt. Sowohl das Landesverfassungsgericht (Az.: LVG 7/2001; SchulRecht 10/2001, S. 177 und Az.: LVG 9/01; SchulRecht 2/2002, S.40 f.) als auch das Bundesverfassungsgericht (Az.: 1 BvQ 32/01; SchulRecht 10/2001, S. 177 f.) hatten keine verfassungsrechtlichen Bedenken gegen die Verpflichtung aller Grundschüler, die Schule täglich für in der Regel fünf und eine halbe Zeitstunde zu besuchen, sich während der unterrichtsfreien Zeit betreuen zu lassen und an einem gemeinsamen Mittagessen teilzunehmen. Äußerste Grenzen des staatlichen Erziehungsauftrags hat das Hamburgische Oberverwaltungsgericht (Az.: OVG Bf III 33/97; SchulRecht 10/1998, S. 124 f.) in einer Entscheidung aufgezeigt, mit der die Erhöhung der Schulstunden im Rahmen der Verlässlichen Halbtagsgrundschule für zulässig erklärt wurde: „Der Staat würde seinen Erziehungsauftrag überschreiten, würde er die schulpflichtigen Kinder zum Besuch einer Ganztagsschule zwingen.“ (a.a.O., S. 124)

Der Staat trifft alle grundlegenden Entscheidungen im Schulwesen. Er legt die Schulformen, Bildungsgänge und Abschlüsse fest, bestimmt die Ziele, Inhalte und Methoden des Unterrichts, gibt Erziehungsziele vor, regelt die Größe der Klassen und die Qualifikation der Lehrer.

Art. 7 Abs. 3 GG schränkt das Recht des Staates zur Festlegung des **30**
Fächerkanons ein, indem er festlegt, dass der Religionsunterricht in den öffentlichen Schulen mit Ausnahme der bekenntnisfreien Schulen ordentliches Lehrfach ist. Art. 7 Abs. 3 GG findet nach Art. 141 GG keine Anwendung in einem Land, in dem am 1.1.1949 eine andere landesrechtliche Regelung bestand (sogenannte Bremer Klausel). Diese Klausel gilt für Berlin und Bremen. Berlin hat für die Klassen 7-10 einen verpflichtenden Ethikunterricht ohne Abmeldemöglichkeit eingeführt. Das Oberverwaltungsgericht Berlin/Brandenburg und das Bundesverfassungsgericht haben keine verfassungsrechtliche Grundlage für einen Befreiungsanspruch vom Ethikunterricht für diejenigen Schüler gesehen, die freiwillig am Religionsunterricht teilnehmen (OVG Ber-

lin/Brandenburg, Az.: 8 S 78.06; SchulRecht 9-10/2007, S. 100). In Brandenburg ist aufgrund eines Vorschlags des Bundesverfassungsgerichts „Lebensgestaltung-Ethik-Religionskunde" (LER) Pflichtfach für alle Schüler anstelle des Religionsunterrichts. Religionsunterricht wird als schulischer Unterricht angeboten, ist aber nicht versetzungsrelevant. Teilnehmende Schüler können sich von der grundsätzlich verpflichtenden Teilnahme an LER befreien lassen (BVerfG, Az.: 1 BvR 1406/02; SchulRecht 2/2004, S. 46).

Die meisten Länder verpflichten Schüler, die nicht am Religionsunterricht teilnehmen, in den Sekundarstufen I und II, einen auf die Erörterung von Sinn- und Wertfragen ausgerichteten Unterricht zu besuchen, der unterschiedlich bezeichnet wird (z. B. Ethikunterricht, Werte und Normen oder Praktische Philosophie).

31 Art. 7 Abs. 3 Satz 2 GG fordert die Mitwirkung einer Religionsgemeinschaft bei der Erteilung des Religionsunterrichts: „Unbeschadet des staatlichen Aufsichtsrechtes wird der Religionsunterricht in Übereinstimmung mit den Grundsätzen der Religionsgemeinschaften erteilt." Der Islam kennt keine Strukturen und Autoritäten, welche die für die Erteilung des Religionsunterrichts notwendigen Grundsätze formulieren und den Lehrern eine religiöse Unterrichtserlaubnis erteilen könnten. Die Länder mit einem erheblichen Anteil islamischer Schüler gehen verschiedene Wege, um diesen Schülern eine religiöse Unterweisung anbieten zu können. Dazu gehören eine Integration in den herkunftssprachlichen Unterricht, eine Islamkunde oder islamische Unterweisung.

Nach einer Entscheidung des Bundesverwaltungsgerichts (Az.: 6 C 2.04; SchulRecht 9/2005, S. 152)kann allerdings auch ein mehrstufiger Verband – eine Dachverbandsorganisation – eine Religionsgemeinschaft sein. In jedem Fall ist aber von der jeweiligen Organisation ein hohes Maß an Verfassungs- und Rechtstreue zu erwarten, da sie mit dem Religionsunterricht aus dem rein gesellschaftlichen Raum heraustritt und im staatlichen Bereich, in der öffentlichen Schule, wirkt. Einige Länder versuchen daher durch die Zusammenarbeit mit islamischen Verbänden und die Bildung von Beiräten mit Vertretern dieser Verbände, einen islamischen Religionsunterricht als ordentliches Lehrfach einzuführen.

32 In Berlin gibt es aufgrund der besonderen verfassungsrechtlichen Situation („Bremer Klausel") einen islamischen Religionsunterricht, der unabhängig vom Staat in eigener Verantwortung der Religionsgemeinschaft durchgeführt wird.

Der Staat trifft aber nicht nur die grundlegenden Entscheidungen, sondern die Schule als staatliche Behörde hat auch weitreichende Freiheiten bei innerschulischen Organisationsmaßnahmen. 33

F Die Laptop-Klasse

Von den drei Klassen einer Jahrgangsstufe ist eine Klasse als Laptop-Klasse eingerichtet worden. Für die Laptop-Klasse wurde ein Auswahlverfahren per Losentscheid durchgeführt. Eine Schülerin hat im Losverfahren keinen Platz erhalten.

Fallfrage:
Könnte die Schülerin einen Anspruch auf Aufnahme in die Laptop-Klasse oder auf Einrichtung einer weiteren derartigen Klasse haben?

Rechtslage:

Bei der Festsetzung von Klassenstärken und der Zuweisung zu bestimmten Klassen handelt es sich nicht um Verwaltungsakte, sondern um innerschulische Organisationsmaßnahmen. (OVG Niedersachsen, Az.: 2 ME 274/13; SchulRecht 3-4/2014, S. 45 ff.): „Der geltend gemachte Anspruch ergibt sich auch weder aus dem durch Art. 2 Abs. 1 GG geschützten Recht auf freie Entfaltung noch aus dem durch Art. 6 Abs. 2 GG gewährleisteten Elternrecht; denn den Rechten der Eltern und Schüler ist der in Art. 7 Abs. 1 GG enthaltene staatliche Erziehungsauftrag, aus dem sich das Organisationsrecht der Schulen, mithin auch die Entscheidung über die Einrichtung von Klassen ableitet, gleich geordnet. Die genannten Grundrechte räumen Schülern und Eltern im Bereich der Schulorganisation mithin keinen Anspruch auf die Einrichtung einer in organisatorischer Hinsicht ihren Wünschen entsprechenden Schule ein. Verfassungsrechtlich bedenklich ist eine schulorganisatorische Maßnahme vielmehr erst dann, wenn sie für die Entwicklung des Kindes offensichtlich nachteilig sein würde, wenn sich also das Gestaltungsermessen der Schule derart verdichtet hat, dass jede andere Entscheidung ermessensfehlerhaft wäre. Dabei ist bei der gerichtlichen Prüfung zu berücksichtigen, dass bei schulorganisatorischen Entscheidungen, die auf pädagogischen Einschätzungen und Bewertungen beruhen, der gerichtliche Überprüfungsmaßstab eine weitere Einschränkung erfährt." (OVG Niedersachsen, a.a.O.)

Rechtswidrig wäre die schulische Entscheidung daher nur, wenn die Schule keinerlei sachlich plausible Gründe für den beschränkten Zugang zu der Laptop-Klasse nennen könnte oder wenn das Losverfahren an schweren Verfahrensfehlern in Bezug auf den Auswahlvorgang oder die an der Auslosung beteiligten Personen litte. Die Schule sollte die Auswahlkriterien, das Auswahlverfahren und die an der Auslosung beteiligten Personen schriftlich dokumentieren.

3. Elternrecht

Artikel 6 Absatz 2 GG :

34 „Pflege und Erziehung der Kinder sind das natürliche Recht der Eltern und die zuvörderst ihnen obliegende Pflicht. Über ihre Betätigung wacht die staatliche Gemeinschaft."

In einem Urteil zur obligatorischen Förderstufe in Hessen hat das Bundesverfassungsgericht das Verhältnis von staatlicher Aufsicht (Artikel 7 Absatz 1 GG) und Elternrecht (Artikel 6 Absatz 2 GG) eingehend dargelegt.

Wegen der großen Bedeutung dieses Urteils vor allem für die organisatorische Gestaltung des Schulwesens, die Ziele des Bildungswesens und die im Unterricht vermittelten Inhalte folgen Auszüge aus der Urteilsbegründung des Bundesverfassungsgerichts *(→ BVerfGE 34, 165 [BVerfG 06.12.1972 – 1 BvR 95/71]; SPE IAI S. 21–21 v):*

„Artikel 6 Absatz 2 Satz 1 GG erkennt die Pflege und Erziehung der Kinder als das „natürliche Recht der Eltern und die zuvörderst ihnen obliegende Pflicht" an. Andererseits enthält diese Vorschrift keinen ausschließlichen Erziehungsanspruch der Eltern. Der Staat ist in der Schule nicht auf das ihm durch Artikel 6 Absatz 2 Satz 2 GG zugewiesene Wächteramt beschränkt. Der staatliche Erziehungsauftrag in der Schule, von dem Artikel 7 Absatz 1 GG ausgeht, ist in seinem Bereich dem elterlichen Erziehungsrecht nicht nach-, sondern gleichgeordnet. Diese gemeinsame Erziehungsaufgabe von Eltern und Schule, welche die Bildung der einen Persönlichkeit des Kindes zum Ziel hat, lässt sich nicht in einzelne Kompetenzen zerlegen. Sie ist in einem sinnvoll aufeinander bezogenen Zusammenwirken zu erfüllen.

35 Der Staat muss deshalb in der Schule die Verantwortung der Eltern für den Gesamtplan der Erziehung ihrer Kinder achten und für die Vielfalt der Anschauungen in Erziehungsfragen soweit offen sein, als es sich mit einem geordneten staatlichen Schulsystem verträgt.

Der Staat darf daher durch schulorganisatorische Maßnahmen nie den ganzen Werdegang des Kindes regeln wollen. Seine Aufgabe ist es, auf der Grundlage der Ergebnisse der Bildungsforschung bildungspolitische Entscheidungen zu treffen und im Rahmen seiner finanziellen und organisatorischen Möglichkeiten ein Schulsystem bereitzustellen, das den verschiedenen Begabungsrichtungen Raum zur Entfaltung lässt, sich aber von jeder „Bewirtschaftung des Begabungspotentials" freihält.

Die Entscheidung über den weiteren Bildungsweg des Kindes hat das Grundgesetz zunächst den Eltern als den natürlichen Sachwaltern für die Erziehung des Kindes belassen. Damit wird jedenfalls dem Grundsatz nach berücksichtigt, dass sich das Leben des Kindes nicht nur nach seiner ohnehin von den Umweltfaktoren weitgehend geprägten Bildungsfähigkeit und seinen Leistungsmöglichkeiten gestaltet, sondern dass hierfür auch die Interessen und Sozialvorstellungen der Familien von großer Bedeutung sind. Diese primäre Entscheidungszuständigkeit der Eltern beruht auf der Erwägung, dass die Interessen des Kindes am besten von den Eltern wahrgenommen werden. Dabei wird sogar die Möglichkeit in Kauf genommen, dass das Kind durch einen Entschluss der Eltern Nachteile erleidet, die im Rahmen einer nach objektiven Maßstäben betriebenen Begabtenauslese vielleicht vermieden werden könnten. Dieses Bestimmungsrecht der Eltern umfasst auch die Befugnis, den von ihrem Kind einzuschlagenden Bildungsweg in der Schule frei zu wählen. **36**

Dieses Recht der Eltern ist aber – wie sich aus den vorangegangenen Ausführungen ergibt – nicht allein durch das Wächteramt des Staates gemäß Artikel 6 Absatz 2 Satz 2 GG begrenzt. Im Rahmen der sich aus Artikel 7 Absatz 1 GG ergebenden Befugnis des Staates, das Schulsystem zu bestimmen, kann insbesondere die Aufnahme des Kindes in die verschiedenen Bildungswege an Zulassungsvoraussetzungen geknüpft werden, deren Festsetzung im Einzelnen Sache der Länder ist. Das Wahlrecht der Eltern zwischen den vom Staat zur Verfügung gestellten Schulformen darf jedoch nicht mehr als notwendig begrenzt werden." (S. 211, m)

Aus dem Elternrecht und den Grundrechten der Schüler ergibt sich kein Anspruch auf freien Zugang zu allen Schulen. Allerdings darf der Staat ein freies Zugangsrecht nach der Grundschule einräumen, ist dann aber verpflichtet, nach einer nicht zu lang bemessenen Probezeit – wohl maximal zwei Jahre – eine Zugangsentscheidung zu treffen, da er beim Übergang auf weiterführende Schulen die Eignung der Schüler angemessen berücksichtigen muss. (Avenarius: Einführung in das Schulrecht, S. 86) Das ergibt sich auch aus einem aus dem Grundrecht auf freie Entfaltung der Persönlichkeit (Art. 2 Abs. 1 GG) ableitbaren Anspruch der Schüler, ihre Fähigkeiten in der jeweiligen Schulform oder Schulart möglichst optimal ohne erhebliche Beeinträchtigung durch für den Bildungsgang offensichtlich ungeeignete Schüler entfalten zu können. (Avenarius a.a.O. unter Berufung auf das Bundesverwaltungsgericht, Az.: II C 105.56; SPE 860 Nr. 1 u. II B I/1)

37 **F** **Die Zuweisung zu G8**

Die Eltern eines Schülers wünschen den Besuch eines G9-Gymnasiums. Der Schüler wird einem G8-Gymnasium, das ab der 7. Klasse als Ganztagsschule geführt wird, zugewiesen.

Fallfrage:
Können die Eltern sich auf die freie Wahl des Bildungsganges berufen?

Rechtslage:

Eine Umlenkung an ein sogenanntes G8-Gymnasium entgegen dem ausdrücklich erklärten elterlichen Willen schränkt das verfassungsrechtlich garantierte Elternrecht bzw. das Recht auf Bildung in Anbetracht der gravierenden Unterschiede zwischen dem neunjährigen Regelgymnasium und dem ab dem siebten Schuljahr ausschließlich in Ganztagsform zu führenden achtjährigen Gymnasium in unzulässiger Weise ein. Da den Eltern das gesetzlich verbürgte Recht auf Wahl der Schulart obliegt, die vorliegend für das Gymnasium erfolgt ist, muss die Schulaufsicht den Schüler in eines der neunjährigen Gymnasien aufnehmen. (VG Trier, Az.: 5 L 259/12; SchulRecht 3-4/2014, S. 47 f.)

Eine besondere Problematik stellt die Regelung des Zugangs durch Schulbezirke dar.

38 **F** **Der Schulbezirk**

Die schulrechtlichen Regelungen der meisten Länder verpflichten die Schüler der Pflichtschulen (i. d. R. Grundschulen, Hauptschulen, Regelschulen, Sekundarschulen und Berufsschulen), die Schule des Schulbezirks zu besuchen, in dem sie ihren Wohnsitz haben.

Fallfragen:
- Welche Grundrechte könnten Bedenken gegen die Zulässigkeit von Schulbezirken begründen?
- Welche grundgesetzlich abgesicherten Positionen können dem entgegengehalten werden?

Rechtslage:

Die Einrichtung von Schulbezirken könnte gegen Art. 2 Abs. 1 GG (Freie Entfaltung der Persönlichkeit), gegen Artikel 6 Abs. 2 Satz 1 GG (Elternrecht) und Art. 3 Abs. 1 GG (Anspruch auf Gleichbehandlung) verstoßen. Man könnte argumentieren, die Verpflichtung, die regional zuständige Schule zu besuchen, setze im Hinblick auf das allgemeine Persönlichkeitsrecht gleiche Grundschulen voraus. Sobald sich die

Grundschulen (etwa eine Halbtags- und eine Ganztagsgrundschule) unterschieden, stelle die Zuweisung an eine nicht gewünschte Schule eine Verminderung der Startchancen des Kindes dar. Durch diese Verletzung des allgemeinen Persönlichkeitsrechts des Kindes werde gleichzeitig gegen das Elternrecht verstoßen.

Schließlich liege auch ein Verstoß gegen Artikel 3 Abs. 1 GG vor, da **39** bei weiterführenden Schulen Wünsche der Eltern und Schüler berücksichtigt würden, bei Grundschulen und einigen anderen Schulen dagegen nicht.

Das Bundesverfassungsgericht *(→ Az.: 1 BvL 15/00; SchulRecht 4/2001, S. 80–82)* hat dem entgegengehalten, in bestimmten Ausnahmefällen sei der Besuch einer anderen Schule möglich und der Staat könne sich auf Art. 7 und das Sozialstaatsgebot berufen: Nach der Rechtsprechung des Bundesverfassungsgerichts verfolgen die Schulbestimmungen „gerade den Zweck, die Kinder aller Volksschichten zumindest in den ersten Klassen grundsätzlich zusammenzufassen. … Hinter dieser Zielsetzung steht eine sozialstaatliche und egalitär-demokratischem Gedankengut verpflichtete Absage an Klassen, Stände und sonstige Schichtungen. Dass solche Bemühungen schon wegen einseitiger sozialer Zusammensetzung der Bevölkerung der jeweiligen Schulsprengel, aber auch aus vielfältigen anderen Gründen häufig nur begrenzten Erfolg haben, nimmt diesem Ziel nicht seine Bedeutung…

Nach wie vor ist es ein legitimes Ziel auch staatlicher Schulpolitik, soziale Reibungen zu vermeiden, die dadurch entstehen können, dass sich gesellschaftliche Gruppen fremd bleiben.“ Der Staat ist aber nicht verpflichtet, dieses Ziel durch die Einrichtung von Schulbezirken zu verfolgen, er kann auch, wie in NRW, auf Schulbezirke verzichten. Die Möglichkeit der freien Wahl einer Schule wird auch ohne Schulbezirke durch die von den Schulträgern festzulegenden Kapazitätsgrenzen der Schulen eingeschränkt.

Die Eltern haben auch ohne Einrichtung eines Schulbezirks bei nicht ausreichender Kapazität einer bestimmten Schule keinen Anspruch darauf, für ihr Kind diese Schule auswählen zu können. Der Staat ist verpflichtet, die Auswahlkriterien bei fehlenden Kapazitäten an einer Schule gesetzlich festzulegen, entscheidet aber, welche Kriterien er zugrundelegt.

Ist der Zugang zur Schule erreicht, können Unterrichtsausfälle ein **40** von Eltern als besonders ärgerlich empfundenes Problem darstellen und die Frage aufwerfen, ob nicht ein Rechtsanspruch auf ungekürzten Unterricht besteht.

F Der unverkürzte Unterricht

Ein Schüler soll im zweiten Halbjahr der Klasse 9 nur drei statt der in der Stundentafel vorgesehenen vier Unterrichtsstunden Englisch erhalten. Da der Schule keine ausreichenden Lehrerstunden zur Verfügung standen, hatte der Schulleiter sich zur Kürzung in dieser Lerngruppe entschlossen, weil nur sieben Schüler an diesem Englischkurs teilnahmen. Die Eltern des Schülers beantragten, die Schule zu verpflichten, den Englischunterricht vierstündig zu erteilen.

Fallfragen:

- Kann die Erteilung der in der Stundentafel vorgesehenen Unterrichtsstunden verlangt werden?
- Hängt die Rechtslage davon ab, ob in der Landesverfassung ein Recht auf Bildung garantiert wird oder nicht?

Rechtslage:

41 Die Rechtsprechung lehnt einen Anspruch auf unverkürzten Unterricht ab. Das gilt auch, wenn ein Recht auf Bildung in der Landesverfassung garantiert wird:

„Bei diesem Recht auf Bildung (das in der Landesverfassung und dem Schulgesetz garantiert wird) handelt es sich grundsätzlich nicht um ein subjektiv-öffentliches Recht, welches dem Schüler oder den Erziehungsberechtigten konkrete Leistungsansprüche vermitteln könnte. Daraus folgt, dass weder Schüler noch ihre Erziehungsberechtigten hieraus unmittelbar einen Anspruch gegen das Land auf volle Erteilung des in der Stundentafel vorgesehenen Unterrichtes herleiten können. Das Recht auf Bildung verleiht dem Schüler lediglich ein Recht auf Zugang zur Schule nach seinen Anlagen, Fähigkeiten und Neigungen, auf eine entsprechende Ausgestaltung des Schulwesens sowie auf Fürsorge, Schutz und Förderung durch die Schule… Unter Zugrundelegung dieses Verständnisses … wäre eine im Wege des gerichtlichen Rechtsschutzes einklagbare Verletzung des Rechtes des Schülers auf Bildung im Hinblick auf eine Einschränkung der Unterrichtsversorgung in einem bestimmten Schulfach ausnahmsweise dann vorstellbar, wenn es um dauerhafte und gravierende Unterrichtsausfälle geht und die Schule bzw. das Land ohne sachlich gerechtfertigten Grund über einen längeren Zeitraum hinweg keine Abhilfemaßnahmen ergreift. Eine derartige Situation ist hier indessen nicht zu erkennen…“ (VG Oldenburg, *Az.: 5 B 899/99; SchulRecht 11–12/2000, S. 202 f.)*

Diese Voraussetzungen dürften kaum jemals erfüllt sein. „Sofern der Unterrichtsausfall sich in Grenzen hält und auf nicht oder nur schwer vorhersehbaren Umständen beruht (zum Beispiel Krankheit einer Lehrkraft), sind solche Beeinträchtigungen hinzunehmen. ... Nicht zumutbar sind Stundenausfälle, die zur Folge haben, dass Schülerinnen und Schüler das Bildungsziel zum Ende der Jahrgangsstufe oder gar zum Ende des Bildungsgangs nicht, jedenfalls nicht auf dem den Qualitätsanforderungen entsprechenden Niveau erreichen können. Sofern über mehrere Monate ein Großteil der in einem wichtigen Fach (zum Beispiel Deutsch, Fremdsprache, Mathematik) zu unterrichtenden Stunden nicht erteilt wird, kann von einer quantitativ und qualitativ ausreichenden Bildungsarbeit nicht mehr die Rede sein." (Avenarius, S. 394 f.)

Rechtlich problematisch ist dagegen ein hoher Stundenausfall im **42** Fach einer Abschlussprüfung. So hat das Verwaltungsgericht Dresden (Az.: 5 K 1782/05; SchulRecht 1–2/2007, S. 18) entschieden, ein Realschüler dürfe bei einem Unterrichtsausfall von 18 Prozent eine nicht bestandene Abschlussprüfung im Fach Deutsch wiederholen, da er gegenüber den Schülern anderer Schulen benachteiligt worden sei.

Bestimmte Bereiche schulischen Handelns sind der elterlichen Be- **43** stimmung grundsätzlich entzogen. „Bei den Entscheidungen der Schule über die Einteilung der Schüler in Klassen und die Zuweisung bestimmter Schüler zu bestimmten Klassen handelt es sich um schulinterne Organisationsmaßnahmen, die sich nicht unmittelbar auf die Rechtsstellung der Schüler und ihrer Eltern auswirken." (VG Braunschweig, Az.: 6 B 321/06; SchulRecht 9–10/2007, S. 101 f.) Die Auflösung einer Klasse und die Verteilung der Schüler auf andere Klassen ist ein bloßer interner Organisationsakt. (OVG Hamburg, Az.: 1 Bs 306/04; SchulRecht 6–8/2005, S. 132) Bei Klassen mit einem besonderen Unterrichtsschwerpunkt – etwa einer bilingualen Klasse – haben Eltern und Schüler bei einem Bewerberüberhang aber ein Recht auf Durchführung eines Auswahlverfahrens, das die willkürfreie Vergabe und Gleichbehandlung aller interessierten Schüler sicherstellt. (VG Braunschweig, a.a.O.) Eine Schule kann bei geänderter Erlasslage und Personalmangel einen freiwilligen muttersprachlichen Unterricht auch im laufenden Schuljahr gegen den Willen der Eltern und Schüler einstellen. (VG Osnabrück, Az.: 1 B 13/06; SchulRecht 11–12/2006, S. 130 f) „Die Länder haben bei der Festlegung der Schulorganisation sowie der Erziehungsziele und Unterrichtsgegenstände eine weitgehende, eigenständige Gestaltungsfreiheit, die nur eingeschränkt ist, soweit Normen des Grundgesetzes ihr Grenzen setzen. Hierbei haben die Gerichte nur eine eingeschränkte Überprüfungsmöglichkeit." (VGH Baden-Württemberg zur Oberstufenreform, Az.: 9 S 616/03; SchulRecht 11–12/2003, S. 10 f. und Bayerischer Verfassungsgerichtshof, Az.: Vf. 2-VII-05; SchulRecht 11–12/2006, S. 126 ff)

44 Betrachtet man die grundlegende Gewichtung des Elternrechts und des staatlichen Aufsichts- und Gestaltungsrechts im Schulwesen, ist zunächst festzustellen, dass eine Verletzung des Elternrechts und der Grundrechte der Schüler nur vorliegt, wenn der Staat seine Befugnisse offensichtlich missbraucht. Eine solche Abgrenzung ist bei der Struktur des Schulwesens, den Berechtigungen und Abschlüssen, den Unterrichtsinhalten und -methoden sowie innerschulischen organisatorischen Maßnahmen auch sinnvoll, da das individuelle Elternrecht hier kein Maßstab sein kann. Die Vorstellungen und Wünsche der Eltern sind sehr unterschiedlich und neben den Ansprüchen der Eltern sind die Belange des Allgemeinwohls und die tatsächliche Leistungsfähigkeit des Staates zu berücksichtigen. Das Elternrecht und die Grundrechte der Schüler beeinflussen dagegen in erheblichem Maße diejenigen schulischen Entscheidungen, die die elterliche Verantwortung für die Erziehung der Kinder oder die Grundrechte der Schüler unmittelbar berühren.

45 Dem Schutz der Eltern und Schüler vor unmittelbar die Persönlichkeit und den Gesamtplan der Erziehung betreffenden schulischen Entscheidungen dienen Informationsrechte, der Anspruch auf Respektierung elterlicher Entscheidungen in Erziehungsfragen, vor allem aber die Verpflichtung der Schule zur Neutralität in religiösen, weltanschaulichen und politischen Fragen, also das Toleranzgebot. Das Toleranzgebot verpflichtet die Schule für die Vielfalt der Anschauungen in Erziehungsfragen soweit offen zu sein, wie es sich mit einem geordneten staatlichen Schulsystem verträgt. Toleranz, Zurückhaltung und Sachlichkeit sind vor allem in weltanschaulich sensiblen Fächern und Lernbereichen gefordert. (Avenarius, S. 398)

46 **F** **Befreiung von der Filmvorführung**

Die Eltern eines Schülers der siebten Klasse, die der Glaubensgemeinschaft der Zeugen Jehovas angehören, beantragten, nachdem das Buch „Krabat" von Otfried Preußler zuvor auszugsweise im Deutschunterricht behandelt worden war, die Befreiung von der Vorführung des Films „Krabat" aus religiösen Gründen, da sie alle Berührungspunkte mit Spiritismus und jeglicher Form von Magie meiden müssten. Die Schule lehnte eine Befreiung ab.

Fallfrage:
Können die Eltern sich auf ihr Erziehungsrecht und die Religionsfreiheit berufen?

Rechtslage:

Das Bundesverwaltungsgericht (Az.: 6 C 12.12; SchulRecht 3-4/2014, S. 41 ff.) hat die Rechtmäßigkeit der Ablehnung des Befreiungsantrages festgestellt. Die staatliche Pflicht zur Rücksichtnahme auf religiöse Belange ist insbesondere aufgrund der Integrationsfunktion der Schule begrenzt. Eltern und Schüler müssen daher in einem bestimmten Umfang Beeinträchtigungen religiöser Erziehungsvorstellungen als typische, von der Verfassung von vornherein einberechnete Begleiterscheinung des staatlichen Bildungs- und Erziehungsauftrages hinnehmen. **47**

Auch damit, dass ein Befreiungsantrag nur eine einzelne Unterrichtsstunde oder eine überschaubare Zahl von Unterrichtseinheiten betrifft, kann eine Unterrichtsbefreiung noch nicht hinreichend begründet werden.

Ein Anspruch auf Unterrichtsbefreiung ist grundsätzlich nur dann gerechtfertigt, wenn die Beeinträchtigung eine besonders gravierende Intensität aufweist. Aber auch eine besonders gravierende Beeinträchtigung des religiösen Erziehungsrechts führt noch nicht automatisch zu einem Zurücktreten des staatlichen Bestimmungsrechts, sondern zur Notwendigkeit einer Abwägung. Eine besonders gravierende Beeinträchtigung kommt aber überhaupt nur in Betracht, sofern ein religiöses Verhaltensgebot aus Sicht der Eltern imperativen Charakter aufweist. Dieser imperative Charakter fehlt bei religiösen Überzeugungen, die lediglich Vorgaben für alltägliches Verhalten ohne unmittelbaren Bezug zum religiösen Bekenntnis, zur Vornahme kultischer Handlungen oder zur Ausübung religiöser Gebräuche machen.

Das Bundesverwaltungsgericht hat damit nahezu jede Möglichkeit der Befreiung vom Unterricht wegen der Unterrichtsinhalte oder -methoden aus religiösen Gründen ausgeschlossen.

4. Informationsrecht der Eltern

Die Eltern sind über alle Tatsachen zu unterrichten, die für den schulischen Werdegang oder die persönliche Entwicklung ihres Kindes von Bedeutung sind. So haben Erziehungsberechtigte einen gesetzlichen Anspruch auf Information über den Leistungsstand ihres Kindes sowie sein Arbeits- und Sozialverhalten (zu Aussagen zum Arbeits- und Sozialverhalten auf einem Zeugnis: Verwaltungsgericht Braunschweig, Az.: 6 A 106/03; SchulRecht 6–8/2004, S. 126–129). Nur auf der Basis einer rechtzeitigen und umfassenden Information durch die Schule können die Eltern ihr Erziehungsrecht wahrnehmen und kann die Schule deutlich darauf hinweisen, dass Schule und Eltern zum Wohle des Kindes zusammenarbeiten müssen. Informationsrechte der Eltern sind in den **48**

Schulgesetzen verankert, und zudem gibt es Regelungen für sehr umfassende Informationsverpflichtungen und Anhörungsrechte der Eltern bei besonders eng mit dem Erziehungsauftrag der Eltern verbundenen schulischen Aktivitäten wie insbesondere der Sexualerziehung. Aufgrund der weitreichenden Information durch die Schule können die Eltern ihr Erziehungsrecht wahrnehmen. Ein Anspruch auf Befreiung vom Sexualkundeunterricht aus religiösen oder weltanschaulichen Gründen besteht nicht. (BVerfG, Az.: 1 BvR 1358/09; SchulRecht 11–12/2009, S. 135)

49 F Die E-Mail

Eltern fordern die Verpflichtung der Schule zur Beantwortung mehrerer näher ausgeführter Fragen in einer E-Mail zu den Inhalten und Methoden sowie Grundlagen der Leistungsbewertung im Fach Sachkunde sowie zur Bewertung des Sozialverhaltens ihrer Tochter.

Fallfrage:
Können die Eltern sich auf ihr gesetzlich garantiertes Informationsrecht berufen?

Das Oberverwaltungsgericht Niedersachsen (Az.: 2 ME 451/12; SchulRecht 7-8/2013, S. 99 f.) hat den Antrag der Eltern abgelehnt. Die Eltern können nicht unter Hinweis auf die Informationspflicht der Schule eine ins Einzelne gehende Auseinandersetzung über die Art und Weise sowie die Inhalte der Wissensvermittlung und der Leistungsbewertung seitens der Lehrkräfte einfordern.

Das Informations- und Beschwerderecht der Eltern wird durch die Ansprüche der anderen Eltern, die Zumutbarkeit für die Schule und die pädagogische Freiheit der Lehrer eingeschränkt. Eltern haben kein dem Informationsrecht der Schulaufsicht vergleichbares Recht. Sie können nach Einzelheiten des Lernprozesses und Lernerfolges ihres Kindes und erzieherischen Problemen fragen, aber Lehrer nicht zu einer grundlegenden Darstellung der Unterrichtsgestaltung oder der erzieherischen Vorstellungen veranlassen.

Reaktionen der Schule auf ein rechtsmissbräuchliches Verhalten der Eltern müssen verhältnismäßig sein. Beleidigungen, Bedrohungen und andere unangemessene Verhaltensweisen von Eltern muss die Schule nicht hinnehmen und kann Maßnahmen einschließlich einer vorübergehenden, vollständigen Verweigerung des persönlichen Kontaktes ergreifen.

50 F Der Elternsprechtag

Zwischen den Eltern einer Schülerin und einer Lehrerin gibt es seit längerem Meinungsverschiedenheiten über die Art der Unterrichtsgestal-

tung. In einer E-Mail des Vaters an die Schulaufsicht heißt es unter anderem „nach jahrelangem ekelhaften Verhalten gegenüber Kindern, Eltern und Kollegen ist Frau S. von ihrer früheren Schule vertrieben worden". Der Vater zweifelte in Gesprächen mit der Schulleitung und der Lehrerin immer wieder die Qualifikation der Lehrerin in fachlicher und pädagogischer Hinsicht an. Er handelte wiederholt unbeherrscht und beleidigend.
Die Schule teilte dem Vater mit, er dürfe beim anstehenden Elternsprechtag kein Gespräch mit der Lehrerin führen. Seine Frau dürfe den Termin am Elternsprechtag wahrnehmen. Einen vom Vater daraufhin geforderten Ersatztermin lehnte die Schule ab.

Fallfrage:
Ist die Verweigerung der Teilnahme am Elternsprechtag verhältnismäßig?

Das Oberverwaltungsgericht Niedersachsen (Az.: 2 ME 1/14; SchulRecht 11-12/2015, S. 176 ff) hat den Antrag des Vaters auf Teilnahme am Elternsprechtag oder einem Ersatztermin zurückgewiesen. Eine Schule ist nicht verpflichtet, einem Erziehungsberechtigten im Rahmen des Elternsprechtages ein Gespräch mit einer Lehrkraft zu ermöglichen, wenn ersichtlich ist, dass es dem Erziehungsberechtigten nicht darum geht, sich in der vorgesehenen Weise in einem sachlichen Gespräch von der Lehrerin über die Bewertung erbrachter Leistungen oder andere das Kind betreffende wesentliche Vorgänge unterrichten zu lassen, sondern darum, Konflikte mit der Lehrerin in unpassender Weise auszutragen

Im konkreten Fall fällt auch ins Gewicht, dass die Ehefrau den Termin wahrnehmen konnte und die Erziehungsberechtigten damit von dem Dialog, der im Rahmen des Elternsprechtages stattfindet, nicht gänzlich ausgeschlossen waren.

Zahlreiche Länder haben eine gesetzliche Grundlage für die Infor- **51**
mation der Eltern volljähriger Schüler über wichtige schulische Angelegenheiten wie etwa eine Nichtversetzung, eine Nichtzulassung zu einer Prüfung oder die Androhung der Entlassung bzw. die Entlassung von der Schule geschaffen. Der Verfassungsgerichtshof des Landes Rheinland-Pfalz und der Bayerische Verfassungsgerichtshof haben Verfassungsbeschwerden gegen die entsprechende Regelung des Landes zurückgewiesen. (VerfGH Rheinland-Pfalz, Az.: VGH B 2/04; Bayerischer VerfGH, Az.: Vf. 13-VII-02 und Vf. 11-VII-03; SchulRecht 10/2004, S. 172 ff)

F **Die Zulassung des Volljährigen**

Die Zulassung eines volljährigen Schülers zu einer Abschlussprüfung ist gefährdet. Die Schule lädt die Eltern aus diesem Grund schriftlich zu einem Gespräch ein. Der Schüler erfährt davon und fordert die Schule auf, das Gespräch abzusagen und in Zukunft jede Information seiner Eltern zu unterlassen.

Fallfrage:
Kann der Schüler das Gespräch verhindern?

Mit der Volljährigkeit nehmen Schüler die in den Schulgesetzen geregelten Rechte und Pflichten der Eltern selbst wahr. Ein Informationsrecht der Schule gegenüber Eltern volljähriger Schüler bedarf einer besonderen gesetzlichen Grundlage. Solche Grundlagen finden sich in den Schulgesetzen der Länder. Danach kann die Schule Eltern volljähriger Schüler über wichtige schulische Angelegenheiten, zu denen beispielsweise die Nichtversetzung, die Nichtzulassung oder das Nichtbestehen einer Abschlussprüfung, ein längerfristiger Unterrichtsausschluss oder die Entlassung von der Schule gehören, informieren.

Die Schule muss unter Berücksichtigung der konkreten Umstände des Einzelfalles entscheiden Sie dürfte beispielsweise auf eine Unterrichtung der Eltern verzichten, wenn diese nicht erfolgversprechend ist, weil es keinen Kontakt zwischen Eltern und Kind mehr gibt oder die Eltern sich bereits um den minderjährigen Schüler nicht gekümmert haben. Eine Information ist bei schwerwiegenden Sachverhalten zulässig. Die gesetzlichen Regelungen der Länder erlauben aber in der Regel nicht die Information über eine drohende Gefahr, sondern erst über den Eintritt eines wichtigen Ereignisses. Im vorliegenden Fall droht lediglich die Nichtzulassung, sie ist noch nicht ausgesprochen worden. Eine Information ist daher nur mit Einwilligung des Schülers möglich. Willigt der Schüler nicht ein, kann die Schule den Eltern aber mitteilen, dass der Schüler die Einwilligung in die Information seiner Eltern verweigert hat. Das könnten die Eltern zum Anlass für ein Gespräch nehmen, um von ihrem Kind zu erfahren, um welche Angelegenheit es sich handelt. Ohne Einwilligung des Schülers wäre nur die Information über eine erfolgte Nichtzulassung rechtmäßig.

Bei bereits eingetretenen wichtigen schulischen Ereignissen sind die volljährigen Schüler vorab über die beabsichtigte Information der Eltern zu unterrichten. Die Unterrichtung ist aber nicht von der Zustimmung des Schülers abhängig. Die Schule darf auch gegen den ausdrücklichen Willen des Schülers die Eltern informieren. Die Vorabinformation soll dem Schüler die Möglichkeit geben, die Schule auf Umstände hinzuweisen, die sie bei ihrer Ermessensentscheidung zu berücksichtigen hat. So könnte der Schüler etwa auf ein gewalttätiges Verhalten eines Elternteils bei schulischen Problemen oder auf eine Krankheit eines Elternteils aufmerksam machen, die eine Information als sinnlos, gefährlich oder unzumutbar erscheinen lassen. Die Schule entscheidet, ob sie die Stellungnahme des Schülers für glaubwürdig hält und welche Konsequenzen sie aus ihr zieht.

5. Neutralitätsgebot

Das Gebot der politischen, weltanschaulichen, und religiösen Neutralität der Schulen bezieht sich sowohl auf Entscheidungen oberhalb der Ebene der Einzelschule wie den Erlass von Richtlinien und Lehrplänen oder die Zulassung von Schulbüchern als auch auf Entscheidungen schulischer Konferenzen und das Verhalten der einzelnen Lehrer. **52**

Eltern und Schüler haben aber keinen Anspruch auf die Verwendung bestimmter Lehr- und Lernmittel oder auf ihren Überzeugungen entsprechende Inhalte von Schulbüchern. Die Klage des Vaters eines Schülers auf Verwendung eines anderen Schulbuches im Geschichtsunterricht, da die Landung der alliierten Truppen in Frankreich am 6. Juni 1944 nicht als „Invasion" bezeichnet werden dürfe, wie das in dem in der Schule verwendeten Schulbuch geschehe, wurde daher vom Verwaltungsgericht Berlin (Az.: 3 K 84/15; SchulRecht 5-6/2016, S. 89) als unzulässig abgewiesen, da dem Vater und seinem Sohn kein Anspruch auf ein bestimmtes Lehrmittel zustehe und er auch nicht in seinem Recht auf Erziehung beeinträchtigt sei. Die Formulierungen in dem Schulbuch verstoßen nicht gegen das staatliche Neutralitätsgebot, da gerade auch in den Ländern der beteiligten Alliierten die Einnahme oder Rückeroberung eines vom Gegner besetzten Gebietes durch eine kriegerische Operation als „Invasion" bezeichnet wird. Dieser Begriff wird in diesen Ländern auch für die Landung in der Normandie verwendet. In dem Schulbuch deutet nach den Feststellungen des Gerichts nichts auf eine Verunglimpfung der alliierten Soldaten oder eine Verharmlosung der Angriffe der Wehrmacht hin. **53**

„Politischen, ideologischen oder weltanschaulichen Richtungen darf deshalb weder im Unterricht noch im Schulbuch gezielt parteiisch, gleichsam mit Missionstendenz das Wort geredet werden, in umstrittenen, die Öffentlichkeit berührenden Fragen nicht die eine Seite verteufelt, die andere Seite verherrlicht werden. Das schließt nicht aus, dass auch extreme und von außenseiterischen Minderheiten vertretene Meinungen in einem Schulbuch zu Worte kommen dürfen. Entscheidend ist, dass Unterricht und Schulbuch nicht als Mittel verwendet werden,

den Schüler politisch, ideologisch oder weltanschaulich zu indoktrinieren. (BVerwG, Az.: 7 C 8986; SPE 702 Nr. 5, S. 8)

54 Weitergehende Folgerungen sind dem Grundsatz staatlicher Neutralität und Toleranz in der Erziehung nicht zu entnehmen… Denn die staatliche Schulverwaltung kommt in Wahrnehmung ihres Erziehungsauftrags nicht daran vorbei, wertgeprägte, auf die Persönlichkeitsentwicklung des Schülers zielende Konzepte für die Unterrichtsgestaltung zu entwickeln.“ (BVerwG, a.a.O., S.9)

Das Bundesverfassungsgericht *(→ BVerfGE 80, 40 [BVerfG 14.03.1989 – 1 BvR 1308/82]; SPE 702 Nr. 7 S. 23–26)* hat zur Begrenzung des staatlichen Bildungs- und Erziehungsauftrages durch das Indoktrinationsverbot klargestellt: „Der Begriff der Indoktrination darf nicht dahin missdeutet werden, dass darunter schon jede Erziehung oder Beeinflussung zu einem bestimmten Verhalten verstanden wird. Es ist im Gegenteil … Aufgabe der Schule, bestimmte verfassungsrechtlich und gesetzlich vorgegebene Werte und damit Haltungen zu vermitteln. Verboten ist nur eine darüber hinausgehende gezielte Beeinflussung oder gar Agitation im Dienste einer bestimmten politischen, ideologischen oder weltanschaulichen Richtung.“ (a.a.O., S. 24) „Ein Verfassungsverstoß soll … dann angenommen werden, wenn elterlichen Erziehungsintentionen kein Raum gegeben, ihnen also mit einem Absolutheitsanspruch entgegengetreten wird.“ (a.a.O., S. 25) Damit wird dem Staat ein weiter Entscheidungsspielraum in erzieherischen Fragen zugestanden.

Ein indoktrinierendes Schulbuch kann nicht mit dem Argument für rechtmäßig erklärt werden, die Lehrer könnten die indoktrinierende Wirkung durch einen ausgewogenen Unterricht aufheben. (BVerwG, a.a.O.)

55 Wie bei politischen Stellungnahmen ist auch bei der pädagogischen Tätigkeit des Lehrers eine völlig ausgewogene Haltung unmöglich und auch nicht wünschenswert, da Erziehung und Unterricht von bestimmten Wertentscheidungen getragen werden. Die Pflicht zur Mäßigung und Toleranz gilt aber für das gesamte pädagogische Handeln.

56 Ein besonderes Gewicht erhält diese gegenüber Eltern und Schülern bestehende Pflicht durch die Tatsache, dass der Personaleinsatz in der Schule ausschließliche Angelegenheit des Staates ist. Eltern und Schüler haben keinerlei Einfluss darauf, welcher Lehrer in welcher Klasse Unterricht erteilt. Die einem Lehrer vom Staat zwangsweise (Schulpflicht) zur Erziehung und Unterrichtung zugewiesenen Kinder und Jugendlichen und deren Eltern können daher Mäßigung bei der Durchsetzung bestimmter Erziehungsziele und Toleranz gegenüber den von Eltern und Kindern vertretenen Auffassungen erwarten.

Die Verpflichtung des Staates zur Neutralität und Toleranz sowie die Grundrechte der Eltern und Schüler stehen auch im Mittelpunkt der Auseinandersetzung um das Tragen eines Kopftuches durch eine moslemische Lehrerin im Unterricht. 57

Das Bundesverfassungsgericht hat in dieser Frage seine Auffassung grundlegend geändert. Hatte es im Jahr 2003 das gesetzliche Verbot des Tragens von Kopftüchern durch Lehrerinnen für zulässig gehalten, hat es im Jahr 2015 (Az.: 1 BvR 471/10 und 1 BvR 1181/10; SchulRecht 5-6/2015, S. 74 ff) entschieden, der Schutz des Grundrechts auf Glaubens- und Bekenntnisfreiheit gewährleiste auch Lehrkräften in öffentlichen Schulen die Freiheit, ein islamisches Kopftuch oder andere religiös motivierte Kleidungsstücke zu tragen. Eine lediglich abstrakte Gefahr für den Schulfrieden oder die staatliche Neutralität genüge nicht, um ein Verhalten zu untersagen, das nachvollziehbar auf ein als verpflichtend verstandenes religiöses Gebot zurückzuführen sei. Ein Verbot setze eine konkrete Gefahr für die negative Glaubens- und Bekenntnisfreiheit der Schüler sowie der Eltern, das Elternrecht auf Erziehung und den staatlichen Erziehungsauftrag voraus.

6. Grundrechte der Schüler

Zur freien Entfaltung der Persönlichkeit gehört die Kleidung einer 58
Person. Schülern ist es in der Schule auch erlaubt, eine religiös motivierte Kleidung zu tragen. Dieses Recht darf allerdings die Erfüllung des staatlichen Bildungsauftrags nicht erschweren. Das ist bei einer Vollverschleierung (Burka) der Fall. Zwar kann die Schülerin sich auf ihre in Art. 4 Abs. 1 und zwei Grundgesetz garantierte Glaubensfreiheit berufen, diese wird aber durch das staatliche Bestimmungsrecht im Schulwesen, dem ebenfalls Verfassungsrang zukommt (Art. 7 Abs. 1 Grundgesetz), beschränkt. Der Verwaltungsgerichtshof Bayern (Az.: 7 CS 13.2592; SchulRecht 1-2/2015, S. 10 f.) hat daher einer Schule Recht gegeben, die einer voll verschleierten Schülerin die Aufnahme verweigert hat. Zum schulischen Unterricht und zur Erziehung gehört auch die offene Kommunikation. „Bei einer gesichtsfeldverhüllenden Verschleierung einer Schülerin wird diese nonverbale Kommunikation im Wesentlichen unterbunden. Ein Unterricht auf der Basis offener Kommunikation unter Einbeziehung der Schülerin ist dann nicht mehr möglich.“ (VGH Bayern, a.a.O.)

Ist eine Schülerin nicht mehr schulpflichtig und kann sie den angestrebten Schulabschluss auf alternativen Wegen erreichen, liegt keine besonders gravierende Beeinträchtigung der Glaubensfreiheit vor. Außerdem ist nach Auffassung des Gerichts eine besonders gravierende Intensität der Beeinträchtigung der Glaubensfreiheit zu verneinen, da die Verschleierung als religiöses Verhaltensgebot keinen imperativen Charakter hat. Das Verbot der Verschleierung dürfte daher wohl auch Bestand haben, wenn die Schülerin im entschiedenen Fall noch schulpflichtig gewesen wäre.

59 F **Die unliebsame Kleidung**

Eine Schule untersagt Schülern das Tragen von Springerstiefeln und „militärischen" Kleidungsstücken. Das Verbot wird in die Schulordnung aufgenommen, der auch die Schüler- und Elternvertreter in der Schulkonferenz zugestimmt haben.

Fallfragen:
- Auf welches Grundrecht könnte sich ein Schüler berufen, der entsprechende Kleidungsstücke tragen will?
- Welche Rechtsgrundlagen könnte die Schule dem entgegenhalten?

Lösungshinweise:

Das Grundrecht auf freie Entfaltung der Persönlichkeit (Artikel 2 Abs. 1 GG) garantiert eine Handlungsfreiheit, die sich nicht auf den Kernbereich der Persönlichkeit beschränkt, sondern die gesamte Lebensführung schützt. Das Grundrecht kann durch Gesetze eingeschränkt werden, es gibt aber in keinem Land Gesetze, die den Schülern eine bestimmte Kleidung vorschreiben oder verbieten. Solche Gesetze begegneten auch erheblichen verfassungsmäßigen Bedenken. Auf der Ebene der einzelnen Schule ist ein solcher Eingriff unzulässig. „Die Verantwortung für Kleidung, Haarschnitt, Körperpflege und Kosmetik obliegt den Schülern und den Eltern selbst, nicht der Schule." *(→ Avenarius, S. 472)* „Die Schule ist nicht befugt, insoweit irgendwelche Vorschriften zu machen. Das bloße Abweichen vom Mehrheitsgeschmack, z. B. bei Punkerfrisuren oder Skinheads, kann in keinem Fall eine Störung des Schul- und Unterrichtsbetriebs sein – Mitschüler wie Lehrer und Eltern anderer Schüler müssen dies grundsätzlich hinnehmen." *(→ Staupe, S. 84)*

Die Berufung auf Erziehungsziele wie die Gewaltfreiheit, aus denen ein generelles Verbot bestimmter Kleidungsstücke abgeleitet wird, bietet ebenso wenig eine Grundlage für Kleidungsvorschriften wie eine Schulordnung, die von einem schulischen Gremium – und sei es einstimmig – verabschiedet worden ist, da ein solcher Grundrechtseingriff, sollte er denn überhaupt zulässig sein, einer hinreichend bestimmten gesetzlichen Grundlage bedürfte. Ein Verbot bestimmter Kleidungsstücke ist allenfalls im Einzelfall denkbar, wenn nachdrückliche und intensive Belästigungen oder Störungen des Unterrichts oder des Schullebens bereits eingetreten sind oder absehbar drohen. (Avenarius, S. 472) Das könnte z.B. der Fall sein bei mit Stahlkappen versehenen Springerstiefeln, die Schüler bei tätlichen Auseinandersetzungen als Waffe eingesetzt haben oder mit deren Einsatz sie gedroht haben oder bei Aufnähern mit beleidigender oder gewaltverherrlichender Aussage. Im Falle einer Markenkleidung mit möglicherweise rechtsextremen Symbolgehalt weist das Verwaltungsgericht Berlin (Az.: 3 A 443.01; SchulRecht 3/2003, S. 51-53) auf den notwendigen Abwägungsprozess hin, in den der Schulfrieden, ein tolerantes und angstfreies Schulklima, die mögliche Bedrohung oder Provokation von Mitschülern und Lehrern sowie das Interesse des Schülers, in der Wahl seiner Kleidung nicht staatlich bevormundet zu werden, einzustellen sind. Erhebliche Bedeutung dürfte dabei der Tatsache zukommen, ob ein Schüler sich unabhängig von seiner Kleidung gewaltbereiten und extremistischen politischen Gruppen zurechnet oder nicht.

Für eine unangemessene, insbesondere sexuell aufreizende Kleidung von Schülerinnen gilt ebenfalls, dass ein Verbot eine konkrete Störung der schulischen Ordnung – etwa durch provozierte Reaktionen von Mitschülern – oder einen Verstoß gegen schulische Erziehungsziele voraussetzt.

Auch ein Handy-Verbot greift in die allgemeine Handlungsfreiheit **60**
der Schüler ein. Es kann den Schülern nicht verboten werden, ein Handy mit zur Schule zu bringen, Störungen des Unterrichts oder anderer schulischer Veranstaltungen dürfen aber durch ein Verbot des Einschaltens abgewehrt werden (zu den Einzelheiten: *Das Handyverbot. In: SchulRecht, 1-2/2014, S.7 f.).* Soll auf dem gesamten Schulgelände das Einschalten und Benutzen von Mobiltelefonen und anderen elektronischen Speichermedien verboten werden, bedarf es dazu, wie in Bayern, einer ausdrücklichen gesetzlichen Grundlage.

Zu den das Schulverhältnis prägenden Grundrechten gehören neben **61**
dem Recht auf freie Entfaltung der Persönlichkeit auch das Recht auf Gleichbehandlung und auf Berufsfreiheit. Das Recht auf Gleichbehandlung nach Art. 3 Abs. 1 GG ist vor allem bei den zahlreichen schulischen Ermessensentscheidungen zu beachten. Es verbietet eine schematische Gleichbehandlung ebenso wie eine willkürliche Ungleichbehandlung. Das Prinzip, „Gleiches gleich und Ungleiches ungleich“ zu behandeln, erfordert eine sachlich gebotene Differenzierung bei Einzelfallentscheidungen. Dabei bindet sich die Schule durch ihre eigenen Entscheidungsprozesse (sogenannte „Selbstbindung der Verwaltung“).

Besondere Bedeutung erlangt das Recht auf Gleichbehandlung bei Leistungsbeurteilungen und Prüfungsentscheidungen. (s. Kapitel VII)

62 Artikel 12 Abs. 1 GG gewährleistet die freie Wahl der Ausbildungsstätte und die Berufsfreiheit. Aus Art. 12 Abs. 1 GG ergibt sich in Verbindung mit dem Gleichheitssatz des Art. 3 Abs. 1 GG ein Recht auf Teilhabe an den vorhandenen Bildungseinrichtungen, aber kein Recht auf Einrichtung einer bestimmten Ausbildungsstätte oder eines Bildungsgangs.

63 Zu den Grundrechten, von denen Schüler Gebrauch machen können, gehören die Meinungsäußerungsfreiheit (Art. 5 Abs. 1 und 2 GG) und die Versammlungsfreiheit (Art. 8 GG). Bei ihrer Wahrnehmung sind aber der schulische Bildungs- und Erziehungsauftrag sowie die schulische Ordnung und die Rechte anderer zu beachten. Dabei ist zu berücksichtigen, dass Schüler erst die verantwortungsbewusste Ausübung z.B. der Meinungsäußerungsfreiheit erlernen sollen. Lehrer sollten daher gegenüber Meinungsäußerungen von Schülern tolerante Zurückhaltung üben, auch wenn sie ihrer Auffassung von schulischen Bildungs- und Erziehungszielen widersprechen, sofern sie in einer einigermaßen sachlichen Form vorgetragen werden und der demokratische Rechtsstaat nicht grundsätzlich in Frage gestellt wird.

64 **F** **Die Demonstrationsteilnahme**

Eine Schule teilt Eltern und Schülern schriftlich mit, dass die Schülervertretung zu einer Demonstration für eine Schulreform aufgerufen hat, die vormittags während der Schulzeit stattfinden soll. Es gelte wie bisher, dass diese Demonstration keine Schulveranstaltung sei und mit dem Verlassen des Unterrichts unentschuldigte Fehlzeiten entstünden. Eine Schülerin verließ um 11:00 Uhr die Schule, um an der Demonstration teilzunehmen. Ihre Mutter teilte der Schule nachträglich schriftlich mit, dass sie das Verhalten ihrer Tochter billige. Im Zeugnis ist unter der Rubrik „Versäumnisse" vermerkt: „3 Stunden, davon 2 unentschuldigt". Die Schülerin fordert, dass die als unentschuldigt vermerkten Fehlstunden als entschuldigt ausgewiesen werden sollen.

Fallfragen:
Wie sind der staatliche Bildungsauftrag und das Demonstrationsrecht zu gewichten?
Welche Rolle spielt das Anliegen der Demonstranten?

Bei der Teilnahme von Schülern an Demonstrationen sind das Grundrecht der Versammlungsfreiheit gemäß Art. 8 Abs. 1 GG und der staatliche Bildungs- und Erziehungsauftrag aus Art. 7 Abs. 1 GG gegeneinander abzuwägen. „Die Kollision zwischen den Rechtspositionen aus

Art. 7 Abs. 1 GG und Art. 8 Abs. 1 GG ist nicht generell dadurch zu lösen, dass einer Position Vorrang eingeräumt wird. Allein eine Einzelfallbetrachtung wird dem hohen Rang gerecht, den das Grundgesetz dem Recht auf Versammlungsfreiheit einräumt und berücksichtigt, dass die der Schule durch Art. 7 Abs. 1 GG aufgetragene Erziehung zum mündigen Staatsbürger grundsätzlich auch die Gestattung zu politischer Betätigung einschließt.

In der Praxis wird allerdings im Regelfall der Schulpflicht der Vorrang gebühren, nämlich dann, wenn sich das mit der Demonstration geförderte Anliegen ebenso nachhaltig außerhalb der Unterrichtszeit verfolgen lässt. Ein Vorrang der Versammlungsfreiheit hingegen kommt in Betracht, wenn es sich bei der Demonstration um eine Spontanversammlung handelt, die unaufschiebbar ist, weil sich das mit ihr verfolgte Anliegen nur im unmittelbaren zeitlichen Zusammenhang mit ihrer Entstehung fördern lässt." (Verwaltungsgericht Hamburg, Az.: 2 K 3422/10; SchulRecht 1-2/2014, S. 13 ff.)

Hier liegt kein wichtiger Grund für eine Unterrichtsbefreiung wegen der Teilnahme an der Demonstration vor, da sich deren Anliegen nachhaltig und ohne zeitliche Einschränkungen auch außerhalb der Unterrichtszeit hätte verfolgen lassen. Daran ändert die Zustimmung der Mutter zum Verhalten ihrer Tochter nichts. Die Mutter kann das Verhalten ihrer Tochter nicht nachträglich entschuldigen. Sie hätte vor der Demonstration einen Antrag auf Unterrichtsbefreiung stellen müssen.

Die Organisation der Demonstration durch die Schülervertretung und die Tatsache, dass der Demonstrationsaufruf sich vor allem an Schüler, Lehrer und Eltern richtet, hätte eine Verlegung in den Nachmittag notwendig gemacht. Dadurch wäre das Demonstrationsanliegen in keiner Weise beeinträchtigt worden. Es kann sich der Eindruck aufdrängen, „... dass teilweise Unterrichtsausfälle gerade beabsichtigt sind, um dem Anliegen der Veranstalter Nachdruck zu verleihen und eine stärkere Beteiligung vor allem der Schülerschaft zu erreichen." (Verwaltungsgericht Berlin, Az.: 3 A 1768.97; SchulRecht 10/1998, S. 122 f.)

Eine Spontandemonstration läge beispielsweise vor, wenn Schüler und Eltern einer Schule gegen die Sperrung von Fachräumen wegen baulicher Mängel demonstrierten, nachdem Gespräche mit dem Schulträger wiederholt ergebnislos verlaufen waren.

Eine von der Schule als verpflichtende Schulveranstaltung organisierte Teilnahme von Schülern an einer Demonstration verstieße gegen die Neutralitätspflicht der Schule und das Grundrecht der Schüler, nicht zu einer Meinungsäußerung gezwungen zu werden („negative Meinungsäußerungsfreiheit").

Nicht zu prüfen hat die Schule das konkrete Anliegen einer Demonstration. Eine Beurlaubung zu von der Schule begrüßten und eine Verweigerung bei von der Schule abgelehnten Demonstrationszielen, verstieße gegen die schulische Neutralitätspflicht und käme einer politischen Zensur gleich. Berücksichtigen kann die Schule allerdings die Gefahr gewalttätiger Ausschreitungen oder offenkundig im Widerspruch zu den Erziehungszielen stehende Demonstrationsziele.

65 **F** **Islamisches rituelles Gebet**

Ein Schüler will in der Schule außerhalb der Unterrichtszeit zusammen mit Mitschülern ein islamisches rituelles Gebet verrichten.

Fallfrage:
Woraus könnte sich eine Einschränkung der Glaubensfreiheit des Schülers ergeben?

In diesem Fall ist das Recht des Schülers, seinen Glauben in Pausenzeiten zu bekunden, nicht durch die negative Glaubensfreiheit anderer Schüler und der Lehrer eingeschränkt, da die Mitschüler und Lehrer mit den betenden Schülern nicht unausweichlich konfrontiert werden, sondern der Begegnung mit diesen Mitschülern ausweichen können. Aus der negativen Glaubensfreiheit ergibt sich kein Anspruch, vom Anblick fremder Glaubensbekundungen in der Schule vollständig verschont zu bleiben. Auch das Erziehungsrecht der Eltern beinhaltet nicht die Befugnis, ihre Kinder vor jeglicher Begegnung mit religiösen Handlungen Dritter fernhalten zu können. Die Neutralitätspflicht des Staates verlangt nicht, die Schule von jeglichen religiösen Bezügen freizuhalten. Eine Identifikation der Schule mit einer bestimmten Glaubensrichtung findet nicht statt, wenn Schülern aller Glaubensrichtungen das Beten in der Schule gestattet wird. „Die Glaubensfreiheit des Schülers und seine daraus herleitbare Berechtigung, auch in der Schule sein Gebet zu verrichten, finden ihre Schranken aber in dem Gebot, den Schulfrieden zu wahren." (Bundesverwaltungsgericht, Az.: 6 C 20.10; SchulRecht 5-6/2012, S. 55 ff.) Erforderlich ist eine konkrete Gefahr für den Schulfrieden im Einzelfall. Wollte der Staat schon eine abstrakte Gefahr abwehren und religiöse Handlungen von Schülern in der Schule generell untersagen, müsste er dafür eine gesetzliche Grundlage schaffen. Ein Anspruch auf einen separaten Gebetsraum besteht nicht. (Bundesverwaltungsgericht, a.a.O.)

66 Ein Schulgebet ist an öffentlichen Schulen zulässig. Dasselbe gilt für ein Tischgebet in der Betreuungszeit an einer offenen Ganztagsschule. Es müssen aber für Kinder, die nicht an dem Gebet teilnehmen, zumutbare

Ausweichmöglichkeiten geschaffen werden. (Oberverwaltungsgericht Nordrhein-Westfalen, Az.: 19 B 1592/09; SchulRecht 3-4/2011, S. 37 f.)

F **Befreiung vom Schwimmunterricht** 67

Die Eltern einer muslimischen Schülerin einer fünften Jahrgangsstufe beantragten die Befreiung vom koedukativen Schwimmunterricht, da der Schülerin eine Teilnahme im Burkini wegen der diskriminierenden Wirkung nicht zuzumuten sei, und sie den Anblick leicht bekleideter Jungen und Männer sowie körperliche Berührungen zu vermeiden habe. Die Schule lehnte den Antrag ab

Fallfrage:
Ist die Schülerin zur Teilnahme am Schwimmunterricht mit einem Burkini verpflichtet?

Das Bundesverwaltungsgericht (Az.: 6 C 25.12; SchulRecht 3-4/2014, S. 43 ff.) hat einen Befreiungsanspruch abgelehnt. Das Tragen eines Burkini im koedukativen Schwimmunterricht stellt eine kompromisshafte Entschärfung des Konflikts von Glaubensfreiheit und staatlichem Bildungs- und Erziehungsauftrag dar. Verweigert eine Schülerin diese Kompromisslösung, kann sie sich nicht länger auf ihre Glaubensfreiheit berufen. Derjenige, der auf die konsequente Umsetzung seiner religiösen Überzeugungen im Rahmen des Schulunterrichts dringt, muss grundsätzlich akzeptieren, dass er sich hierdurch in eine gewisse, für andere augenfällig hervortretende Sonderrolle begibt. Daraus entstehende Belastungen sind im Fall des Tragens eines Burkini hinzunehmen, zumal die Lehrkräfte unangemessenen Reaktionen der Mitschüler entgegentreten können.

Das Gebot, sich nicht mit dem Anblick von Jungen und Männern in knapp geschnittener Badekleidung zu konfrontieren, läuft darauf hinaus, vom Anblick einer Bekleidungspraxis verschont zu werden, die auch außerhalb der Schule zum allgemein akzeptierten Alltagsbild, jedenfalls an bestimmten Orten bzw. zu bestimmten Jahreszeiten, gehört. In der Konfrontation der Schüler mit der in der Gesellschaft vorhandenen Vielfalt an Verhaltensgewohnheiten, wozu auch Bekleidungsgewohnheiten zählen, bewährt und verwirklicht sich die integrative Kraft der öffentlichen Schule in besonderem Maße

Das Gebot, keinen männlichen Mitschüler zu berühren, kann im Schwimmunterricht durch Lehrkräfte und die betroffene Schülerin in einem Maße verwirklicht werden, wie es auch außerhalb des Unterrichts im schulischen und außerschulischen Alltag möglich ist.

In den meisten Ländern sind Schüler grundsätzlich zur Teilnahme an mehrtägigen Schulfahrten verpflichtet. Eltern können aber eine Befreiung aus religiösen oder schwerwiegenden erzieherischen Gründen beantragen. „Bleiben die Eltern auch nach einem Gespräch über den geplanten Ablauf der Klassenfahrt aus religiösen Gründen bei ihrer Weigerung, wird die Schule nicht umhin kommen, das Kind mit Rücksicht auf das elterliche Erziehungsrecht und das Grundrecht der Religionsfreiheit von der Teilnahme freizustellen.“ (Avenarius, S. 410 f.)

7. Inklusion

68 **F** **Die Integration**

Eine behinderte Schülerin könnte mit bestimmten Fördermaßnahmen – fünf Stunden wöchentlich Einzelunterricht in Mathematik und Unterrichtsbegleitung durch eine pädagogisch oder therapeutisch ausgebildete Stützkraft als Eingliederungshilfe in allen anderen Lernbereichen, in denen eine zielgleiche Unterrichtung nicht möglich ist – eine weiterführende Schule besuchen. Die Schulaufsicht ordnet den Besuch einer Sonderschule für Körperbehinderte an, da diese Fördermaßnahmen zu aufwendig seien.

Artikel 3 Abs. 3 Satz 2 GG :

„Niemand darf wegen seiner Behinderung benachteiligt werden.“

§ 4 NSchG:

„Schülerinnen und Schüler, die einer sonderpädagogischen Förderung bedürfen, sollen an allen Schulen gemeinsam mit anderen Schülerinnen und Schülern erzogen und unterrichtet werden, wenn auf diese Weise dem individuellen Förderbedarf der Schülerinnen und Schüler entsprochen werden kann und soweit es die organisatorischen, personellen und sächlichen Gegebenheiten erlauben.“

Fallfragen:

- Nach Art. 3 Abs. 1 GG sind alle Menschen vor dem Gesetz gleich. Art. 3 Abs. 3 Satz 1 verbietet die Benachteiligung oder Bevorzugung wegen des Geschlechts, der Abstammung, der Rasse, Sprache, Heimat und Herkunft, des Glaubens und der religiösen oder politischen Anschauungen. Warum wurde dieser Katalog nicht einfach um das Merkmal der Behinderung erweitert?
- Darf das Ziel einer integrativen Beschulung durch bestimmte einschränkende Voraussetzungen relativiert werden?
- Hängt die Art des Schulbesuchs vom Elternwillen und der Entscheidung des betroffenen Schülers ab?

Rechtslage:

Das Bundesverfassungsgericht hat in einem grundlegenden Beschluss (→ *Az.: 1 BvR 9/97; SchulRecht 1/1998, S. 6–9 und 2/1998, S. 22–25)* das Verhältnis des Benachteiligungsverbotes und der staatlichen Gestaltungsfreiheit im Schulwesen sowie die rechtliche Position der Betroffenen geklärt:

„Wie bei den schon von Art. 3 Abs. 3 Satz 1 GG erfassten Merkmalen etwa des Geschlechts, der Abstammung, der Rasse oder der Sprache handelt es sich dabei um eine persönliche Eigenschaft, auf deren Vorhandensein oder Fehlen der Einzelne keinen oder nur einen begrenzten Einfluss nehmen kann. Doch bezeichnet Behinderung nicht nur ein bloßes Anderssein, das sich für den Betroffenen häufig erst im Zusammenwirken mit entsprechenden Einstellungen und Vorurteilen im gesellschaftlichen Umfeld nachteilig auswirkt, bei einer Veränderung dieser Einstellungen die Nachteilswirkung aber auch wieder verlieren kann. Behinderung ist vielmehr eine Eigenschaft, die die Lebensführung für den Betroffenen im Verhältnis zum Nichtbehinderten unabhängig von einem solchen Auffassungswandel grundsätzlich schwieriger macht... Das erklärt, dass Satz 2 des Art. 3 Abs. 3 GG Differenzierungen nicht wie Satz 1 schlechthin untersag. Nur an die Behinderung anknüpfende Benachteiligungen sind nach der Neuregelung verboten. Bevorzugungen mit dem Ziel der Angleichung der Verhältnisse von Nichtbehinderten und Behinderten sind dagegen erlaubt, allerdings nicht ohne weiteres auch verfassungsrechtlich geboten...

Es ist von Verfassungswegen nicht zu beanstanden, dass... die zielgleiche wie die zieldifferente integrative Erziehung und Unterrichtung unter den Vorbehalt des organisatorisch, personell und von den sächlichen Voraussetzungen her Möglichen gestellt ist. Dieser Vorbehalt ist Ausdruck dessen, dass der Staat seine Aufgabe, ein begabungsgerechtes Schulsystem bereitzustellen, von vornherein nur im Rahmen seiner finanziellen und organisatorischen Möglichkeiten erfüllen kann und erklärt sich daraus, dass der Gesetzgeber bei seinen Entscheidungen auch andere Gemeinschaftsbelange berücksichtigen und sich die Möglichkeit erhalten muss, die nur begrenzt verfügbaren öffentlichen Mittel für solche anderen Belange einzusetzen, wenn er dies für erforderlich hält...

Ein Einschätzungsspielraum sowie der Vorbehalt des tatsächlich **69**
Machbaren und des finanziell Vertretbaren bestehen aber auch bei der Ausgestaltung des Regelungskonzepts durch den Gesetzgeber. Er ist durch Art. 2 Abs. 1 (freie Entfaltung der Persönlichkeit), Art. 6 Abs. 2 Satz 1 (Elternrecht) und Art. 3 Abs. 3 Satz 2 GG (Benachteiligungsver-

bot) nicht verpflichtet, für das jeweilige Land alle Formen integrativer Beschulung bereitzuhalten. Im Rahmen seiner Entscheidungsfreiheit kann er vielmehr von der Einführung solcher Integrationsformen absehen, deren Verwirklichung ihm aus pädagogischen, aber auch aus organisatorischen, personellen und finanziellen Gründen nicht vertretbar erscheint. Voraussetzung dafür ist, dass die verbleibenden Möglichkeiten einer integrativen Erziehung und Unterrichtung den Belangen behinderter Kinder und Jugendlicher ausreichend Rechnung tragen…

Da … der benachteiligende Charakter einer Maßnahme nicht ohne Rücksicht auf eine mit ihr einhergehende spezifische Förderung beurteilt werden kann, bedeutet das in der Regelung enthaltene Benachteiligungsverbot allerdings nicht, dass die Überweisung eines behinderten Schülers an eine Sonderschule schon für sich eine verbotene Benachteiligung darstellt. Das gilt auch dann, wenn die Entscheidung der Schulbehörde gegen den Willen des Behinderten oder seiner Erziehungsberechtigten ergeht… Entscheiden sich die Eltern im aus ihrer Sicht so gewürdigten Interesse ihres Kindes für eine Beschulung gemeinsam mit nichtbehinderten Schülern, darf sich die Schulbehörde darüber nicht einfach etwa mit der nicht näher fundierten Begründung hinwegsetzen, die Überweisung an eine Sonderschule und die Unterrichtung dort seien in Wahrheit besser geeignet, dem wohlverstandenen Interesse des behinderten Kindes zu dienen. Erforderlich sind vielmehr eine eingehende Prüfung des Elternwunsches und eine Auseinandersetzung mit dem in ihm zum Ausdruck gebrachten elterlichen Erziehungsplan."

70 Aus der UN-Behindertenrechtskonvention lassen sich ebenfalls keine unmittelbaren individuellen Ansprüche von Eltern und Schülern herleiten. Die UN-Behindertenrechtskonvention hat den Rang eines Bundesgesetzes und ist daher im Lichte der Verfassung auszulegen (Verwaltungsgerichtshof Baden-Württemberg, Az.: 9 S 1833/12; SchulRecht 3-4/2013, S. 28 ff.). Art. 3 Abs. 3 Satz 2 GG ist auch nach Inkrafttreten der Konvention bei der Beurteilung der Rechtmäßigkeit einer Einzelmaßnahme der Schulaufsichtsbehörde, wie etwa der Feststellung einer Sonderschulpflicht, nicht anders als bisher auszulegen. Daher kommt es rechtlich nicht entscheidend auf die Frage an, ob das Übereinkommen ein „integratives" oder ein „inklusives" Bildungssystem fordert. In jedem Einzelfall ist eine Abwägung der Interessen der behinderten Schüler und der nichtbehinderten Schüler sowie der organisatorischen, personellen, sächlichen und pädagogischen Rahmenbedingungen durch die Schulaufsichtsbehörden erforderlich. Dabei kommt keinem Gesichtspunkt eine von vornherein ausschlaggebende Bedeutung zu. Die Schulaufsicht verfügt über einen gerichtlich nur eingeschränkt überprüfbaren Beurteilungsspielraum. Die Länder haben auf der Grundlage der UN-Konvention unterschiedliche gesetzliche Regelungen getroffen, denen gemeinsam ist, dass die Möglichkeit der Beschulung in Regelschulen vorrangig zu prüfen ist.

F **Wechsel zur Regelschule** 71

Ein körperlich und geistig behinderter Schüler besucht die Primarstufe einer Förderschule und möchte im nächsten Schuljahr am Unterricht der fünften Klasse einer Gesamtschule teilnehmen. An der Schule fehlen Sonderpädagogen, ein Aufzug und barrierefreie Zugänge sowie ein freier Raum für Therapiemaßnahmen. Der Schüler fordert zumindest provisorische bauliche Maßnahmen sowie organisatorische und unterrichtliche Änderungen, die es ihm ermöglichen, den Unterricht an der gewünschten Regelschule zu besuchen.

Fallfrage:
Hat der Schüler einen Anspruch auf den Besuch der gewünschten Regelschule, wenn das Landesrecht vorsieht, dass die Schulaufsichtsbehörde nur in besonderen Ausnahmefällen abweichend von der Wahl der Eltern die Förderschule anstelle der allgemeinen Schule als Förderort bestimmen kann, falls die personellen und sächlichen Voraussetzungen am gewählten Förderort nicht erfüllt sind und auch nicht mit vertretbarem Aufwand erfüllt werden können?

Da in dem Schulgebäude ein Aufzug und generell barrierefreie Zugänge sowie ein Therapieraum fehlen, fehlt es an den sächlichen Voraussetzungen, und auch die personellen Voraussetzungen sind nicht gegeben. „Die alternative Erwägung des Schülers, naturwissenschaftlicher Unterricht könne zunächst auch im Erdgeschoss unterrichtet werden, gegebenenfalls unter Umstellung des Lehrplans, verkennt, dass die Schulaufsichtsbehörde in ihre Entscheidungsfindung auch organisatorische Schwierigkeiten und schutzwürdige Belange Dritter, insbesondere anderer Schüler, einstellen muss. … Schulaufsicht und Schulträger haben nachvollziehbar aufgezeigt, weshalb die personellen und sächlichen Voraussetzungen für eine inklusive Beschulung an dem gewählten Förderort fehlen und gegenwärtig auch noch nicht mit vertretbarem Aufwand erfüllt werden können.

Ebenso wenig kann davon ausgegangen werden, dass Art. 3 Abs. 3 Satz 2 GG nach Inkrafttreten des Art. 24 der UN-Behindertenkonvention nun strenger auszulegen wäre." (Verwaltungsgericht Münster, Az.: 1 L 420/14; SchulRecht 3-4/2016, S. 43 ff.)

„Die genannten baulichen Hindernisse kann der Schulträger auch 72
nicht mit vertretbarem Aufwand bis zum Schuljahresbeginn oder in

absehbarer Zeit danach beseitigen. Die Frage, welche allgemeinen Schulen der Schulträger als Orte des gemeinsamen Lernens ausgestaltet und in welcher Reihenfolge er die hierfür erforderlichen baulichen Maßnahmen trifft, ist Gegenstand der Schulentwicklungsplanung. Im Rahmen der Schulentwicklungsplanung steht sie im Organisationsermessen des Schulträgers. Bei dessen Ausübung muss er neben der inklusiven Beschulung behinderter Kinder auch die Belange nichtbehinderter Kinder berücksichtigen und sich die Möglichkeit erhalten, die nur begrenzt verfügbaren öffentlichen Mittel für andere Belange einzusetzen, wenn er dies für erforderlich hält."(Oberverwaltungsgericht Nordrhein-Westfalen, Az.: 19 B 849/14; SchulRecht 5-6/2015; S. 82 f.)

73 „Eine Überweisung an die Förderschule ist nicht per se eine Benachteiligung. Sie stellt aber dann eine nach Art. 3 Abs. 3 Satz 2 GG verbotene Benachteiligung dar, wenn die Erziehung und Unterrichtung an der Regelschule den Fähigkeiten des Kindes entspräche und ohne besonderen Aufwand möglich wäre oder die Förderschulüberweisung erfolgt, obwohl der Besuch der Regelschule durch einen vertretbaren Einsatz für sonderpädagogische Förderung ermöglicht werden könnte.

Vor einer Überweisung an eine Förderschule gegen den Willen der Eltern ist eine umfassende Prüfung der Möglichkeit des gemeinsamen Unterrichts unter Einbeziehung der Personensorgeberechtigten, der betroffenen Lehrer, der Schulaufsicht, gegebenenfalls auch des Trägers der Eingliederungshilfe, von Krankenkassen und des Schulträgers, wenn etwa bestimmte bauliche Maßnahmen in Rede stehen, vorzunehmen und hierbei insbesondere auch zu prüfen, ob und wie ein sächliches oder personelles Defizit in vertretbarem Umfang behoben werden kann, um den gemeinsamen Unterricht an der Regelschule zu ermöglichen." (Oberverwaltungsgericht Sachsen-Anhalt (Az.: 3 M 337/13; SchulRecht 9-10/2014, S. 138 ff.)

Bei der Überweisung an die Förderschule muss eine substantiierte Begründung erkennen lassen, auf welchen Erwägungen der Schulbehörde die Überweisung beruht. Anzugeben sind dabei je nach Lage des Falles Art und Schwere der Behinderung, organisatorische, personelle oder sächliche Schwierigkeiten sowie die Gründe, warum diese Schwierigkeiten im konkreten Fall nicht überwunden werden können. Haushaltspolitische Erwägungen allgemeiner Art oder der Hinweis auf eine nicht näher dargelegte Beschränkung des Umfangs der Förderstunden an der Grundschule können die Ablehnung der Integration eines behinderten Schülers an einer Schule oder Grundschule nicht rechtfertigen. Allenfalls konkrete, auf den Einzelfall bezogene Gegebenheiten, die von der Schulverwaltung substantiiert und nachvollziehbar dargelegt werden müssen, können eine grundsätzlich mögliche integrative Unterrichtung ausnahmsweise ausschließen. (Oberverwaltungsgericht Sachsen, Az.: 2 B 229/1; SchulRecht 9-10/2015, S 137 ff.)

Die Frage, ob ein sonderpädagogischer Förderbedarf besteht, wel- **74**
cher konkrete Förderbedarf mit welchem Schwerpunkt vorliegt und welche Förderschule konkret geeignet ist, beurteilen sich grundsätzlich nach dem in der Schule gezeigten Lern- und Leistungsverhalten und sonstigen schulischen Verhalten, so dass die Zuziehung außerschulischen Sachverstands, wie Gruppenleitern von Vereinen, Mitarbeitern der Familienhilfe oder Diplom-Pädagogen, in der Regel nicht geboten ist. (Oberverwaltungsgericht Niedersachsen, Az.: 2 ME 368/12, S. 101 f.) Etwas anderes gilt vor allem für Mediziner und Schulpsychologen.

Kindern mit sonderpädagogischem Förderbedarf dürfen bei der Aufnahme in die Eingangsklasse 5 einer weiterführenden Schule bei ausgeschöpfter Aufnahmekapazität vorab vor anderen Schülern Plätze zugewiesen werden. Eine Aufnahme von inklusiven Schülern ausschließlich nach den für alle Schüler geltenden Kriterien könnte zu einer den Zielen der Inklusion sowie den Interessen der Schüler mit und ohne sonderpädagogischen Förderbedarf widersprechenden Entscheidung führen. (Oberverwaltungsgericht Hamburg, Az.: 1 Bs 231/13; SchulRecht 1-2/2014, S. 9 f.)

Garantiert das Landesrecht den Eltern ein Wahlrecht zwischen der **75**
Regelschule und der Fördererschule, steht ihnen ein umfassendes Wahlrecht zu, das auch die Entscheidung für die Förderschule umfasst. (Verwaltungsgericht Braunschweig, Az.: 6 B 107/14; SchulRecht 1-2/2015, S. 16 f.) Das Kindeswohl erfordert den Wechsel an die Förderschule, wenn die körperliche, psychische und geistige Gesundheit und die altersgemäße und bestmögliche soziale Eingliederung sowie schützenswerte persönliche Bindungen und Zukunftschancen dafür sprechen. (VG Braunschweig, a.a.O.)

III. Das Recht der Schulen in freier Trägerschaft

1. Privatrechtliches Schulverhältnis

76 Art. 7 Abs. 4 GG gewährleistet das Recht zur Gründung von Schulen in privater Trägerschaft. Unter den in Art. 7 Abs. 4 GG genannten Voraussetzungen hat jede private Schule einen Rechtsanspruch auf Genehmigung durch den Staat. Es gibt daher in Deutschland kein staatliches Schulmonopol.

Die Schulen in freier Trägerschaft dienen öffentlichen Aufgaben, da an ihnen die Schulpflicht erfüllt wird, sie sind aber auch Ausdruck eines vom unmittelbaren Staatseinfluss freien Gestaltungswillens ihrer Träger. (Avenarius, S. 288)

Das Recht, private Schulen zu errichten, ist unabdingbarer Bestandteil einer jeden freiheitlichen Ordnung. Den Eltern und Kindern, die eine religiöse oder weltanschaulich gebundene Erziehung oder ein besonderes pädagogisches Konzept wünschen, muss der Besuch einer Schule in freier Trägerschaft ermöglicht werden, da bestimmte religiöse und weltanschauliche Vorstellungen die Erziehung und den Unterricht an staatlichen Schulen nur in dem durch das Toleranzgebot und das Neutralitätsprinzip gezogenen Grenzen prägen dürfen.

Die Einschränkung des staatlichen Einflusses auf das Schulwesen durch das Recht, Privatschulen zu gründen, schwächt den Staat aber letztlich nicht, sondern stärkt die religiösen und sittlichen Fundamente, auf denen eine der Menschenwürde verpflichtete politische Ordnung ruht, der die staatliche Durchsetzung bestimmter religiöser und weltanschaulicher Überzeugungen im Interesse der Freiheit verwehrt sein muss.

77 Eine Definition der Privatschule könnte lauten: Die Privatschule ist eine von einem privaten Träger errichtete und betriebene Schule, die Erziehung und Unterricht in eigener Verantwortung gestaltet und die von Eltern und Schülern frei gewählt werden kann. *(→ Avenarius S. 288)* Die Privatschulen werden daher auch als Freie Schulen oder Schulen in freier Trägerschaft bezeichnet. Grundlage des Schulverhältnisses ist ein zivilrechtlicher Vertrag, der freiwillig abgeschlossen wird und von beiden Vertragspartnern, den Eltern und Schülern sowie dem Schulträger, auch wieder gekündigt werden kann. (BGH, Az.: III ZR 74/073; SchulRecht 11–12/2008, S. 133 f.)

Ein ordentliches Kündigungsrecht der Eltern war immer schon unstrittig, da es Eltern und Schülern nicht zugemutet werden kann, jahrelang eine Schule zu besuchen, mit deren Konzept sie nicht mehr übereinstimmen. In der Rechtsprechung war aber lange Zeit nicht geklärt, ob dem Schulträger neben dem außerordentlichen Kündigungsrecht bei einer schweren Vertragsverletzung der Eltern oder Schüler auch ein ordentliches, fristgemäßes Kündigungsrecht zusteht.

F Vertragskündigung nach Meinungsverschiedenheiten 78

Zwischen einer Schule in freier Trägerschaft und den Eltern eines Schülers kommt es zu grundlegenden Meinungsverschiedenheiten im Hinblick auf eine von der Schule ergriffene erzieherische Maßnahme. Die Eltern verweigern ein Gespräch, beschuldigen die Schulleitung eines strafbaren Verhaltens und drohen mit einer Klage. Der Schulträger kündigt daraufhin den Schulvertrag fristgemäß zum Schuljahresende.

Fallfrage:
Lässt sich aus der besonderen Rechtsstellung der Schule in freier Trägerschaft ein Recht des Schulträgers zur fristgemäßen Kündigung eines Schulvertrages ableiten?

Rechtslage:

Der Bundesgerichtshof (Az.: III ZR 74/073; SchulRecht 11-12/2008, S. 133 ff.) hat ein Kündigungsrecht des Schulträgers bejaht, da das Recht der freien Schülerwahl nicht auf die einmalige Aufnahmeentscheidung zu Beginn der Schullaufbahn beschränkt werden dürfe, wenn der Schulträger nicht die Möglichkeit verlieren solle, sein schulisches Konzept gegen mit diesem Konzept nicht mehr einverstandene Schüler und Eltern verteidigen zu können. Von den Eltern muss erwartet werden, dass sie dieses Konzept grundsätzlich bejahen und sich im Umgang mit der Schule zur Zusammenarbeit und Konfliktlösung bereit zeigen. Gesprächsverweigerung und gänzlich unverhältnismäßige Drohungen mit juristischen Schritten, einschließlich haltloser strafrechtlicher Vorwürfe stellen schwere Verstöße gegen diese Verpflichtung dar.

Der Schulträger muss eine fristgemäße Kündigung nicht begründen, da er andernfalls zu viele interne Vorgänge und Einzelheiten seines Konzeptes offenlegen und von Gerichten überprüfen lassen müsste. Willkürliche Kündigungen sind nach diesem Urteil aber schon allein wegen des Interesses privater Schulträger an einer ausreichenden Schülerzahl nicht zu befürchten, da Unmut in der Elternschaft, geringe Anmeldezahlen oder sogar Kündigungen seitens der Eltern die Existenz einer Schule in freier Trägerschaft gefährden würden.

Sollten die Eltern konkrete Hinweise auf einen möglichen Missbrauch des Kündigungsrechts geben können, müsste der Schulträger die Kündigungsgründe benennen.

Diese Entscheidung sichert die jeweiligen Konzepte der Träger privater Schulen, ohne die Eltern und Schüler willkürlichen Entscheidungen der Schulträger auszuliefern. Sie betont die grundgesetzlich garantierte Freiheit und Vielfalt im Schulwesen durch Schulen in freier Trägerschaft.

2. Ersatz- und Ergänzungsschulen

Artikel 7 Absatz 4 GG :

79 „Das Recht zur Errichtung von privaten Schulen wird gewährleistet. Private Schulen als Ersatz für öffentliche Schulen bedürfen der Genehmigung des Staates und unterstehen den Landesgesetzen. Die Genehmigung ist zu erteilen, wenn die privaten Schulen in ihren Lehrzielen und Einrichtungen sowie in der wissenschaftlichen Ausbildung ihrer Lehrkräfte nicht hinter den öffentlichen Schulen zurückstehen und eine Sondierung der Schüler nach den Besitzverhältnissen der Eltern nicht gefördert wird. Die Genehmigung ist zu versagen, wenn die wirtschaftliche und rechtliche Stellung der Lehrkräfte nicht genügend gesichert ist."

Artikel 7 Absatz 4 GG spricht von privaten Schulen „als Ersatz für öffentliche Schulen". Daraus ergibt sich die Unterscheidung von Ersatz- und Ergänzungsschulen. Ersatzschulen erfüllen öffentliche, dem Staat anvertraute Bildungsaufgaben.

80 Ergänzungsschulen sind völlig unabhängig von der Struktur, den Zielen und Inhalten des öffentlichen Schulwesens. An ihnen kann, wenn das Land eine entsprechende Genehmigung erteilt, die Schulpflicht erfüllt werden. Ergänzungsschulen können Schüler auf Schulabschlüsse vorbereiten, die diese Schüler aber als Externe vor einer staatlichen Prüfungskommission ablegen. Ergänzungsschulen als Internationale Schulen führen zu ausländischen Schulabschlüssen, die ggf. in Deutschland anerkannt werden können oder aufgrund zwischenstaatlicher Vereinbarungen anzuerkennen sind.

Eine Schule ist Ersatzschule, wenn sie nach dem mit ihrer Errichtung verfolgten Gesamtzweck als Ersatz für eine in dem Land vorhandene oder grundsätzlich vorgesehene öffentliche Schule dienen soll (so in ständiger Rechtsprechung das Bundesverfassungs- und Bundesverwaltungsgericht, z. B. BVerfGE 27, 195 ff. [BVerfG 14.11.1969 – 1 BvL 24/64]; 75, 40 ff.; 90, 128 ff.). Alle anderen privaten Schulen sind Ergänzungsschulen. Die folgenden Ausführungen zum Recht der Schulen in freier Trägerschaft gelten nur für Ersatzschulen.

Die Abhängigkeit der Ersatzschulen von der Struktur und den Schulformen des öffentlichen Schulwesens kann bei einer Änderung im öffentlichen Schulwesen oder ungewöhnlichen Strukturen die Frage aufwerfen, ob die privaten Schulen zur Anpassung gezwungen sind.

F Das Grundschuldogma 81
In einem Land gibt es ausnahmslos sechsklassige Grundschulen. Ein Gymnasium in freier Trägerschaft möchte die Klassen 5 und 6 führen.

Fallfrage:
Hat das Gymnasium einen Anspruch auf Führung der Klassen 5 und 6?

Rechtslage:

Während das Verwaltungsgericht einen Anspruch des Gymnasiums bejaht hatte, da sich die Abweichung noch im Rahmen der Ersatzfunktion halte, weil es den Bildungsgang des Gymnasiums auch im öffentlichen Schulwesen gebe, verlangte das Bundesverwaltungsgericht eine genaue und tendenziell restriktive Prüfung des Einzelfalles. (BVerwG, Az.: 6 C *6.95; SchulRecht 4/1999, S. 53–56)* Dieser restriktive Maßstab sei vor allem anzulegen, weil der Grundschulbereich betroffen sei, in dem das Grundgesetz (Art. 7 Abs. 5 GG, → Kapitel III. 4.) die Genehmigung privater Schulen von strengeren Voraussetzungen abhängig mache. Bei weiterführenden Schulen ist beispielsweise bei mehreren Bildungsgängen, die an öffentlichen Schulen in einer Schulform integriert unterrichtet werden, an privaten Schulen dagegen organisatorisch selbstständig sind, ein großzügigerer Maßstab anzulegen. Letztlich ist der Rechtsprechung des Bundesverwaltungsgerichts zufolge ausschlaggebend, welche pädagogischen Inhalte in unterschiedlichen Strukturen verfolgt würden. Könnten die Ziele der sechsjährigen Grundschule auch im Rahmen der Konzeption der freien Schule verfolgt werden, spreche das für eine Genehmigung, bei der aber auch zu berücksichtigen sei, ob das Gymnasium die Verwirklichung der Konzeption des staatlichen Schulwesens beeinträchtige, indem etwa leistungsstarke Schüler der sechsjährigen Grundschule entzogen würden. Das Bundesverwaltungsgericht zählt dann eine große Zahl einzelner Gesichtspunkte auf, die bei einer Prüfung der öffentlichen Schule und der privaten Schule zu berücksichtigen sind, weist aber auch darauf hin, die sechsjährige Grundschule sei lediglich „noch“ verfassungskonform, da Schüler nicht übermäßig lange in einer Schule mit undifferenziertem Unterricht festgehalten werden dürften.

Abgesehen von der Frage, ob das äußerst differenzierte Prüfprogramm des Bundesverwaltungsgerichts noch Rechtssicherheit und Rechtsklarheit gewährleisten kann, stellt sich die Frage, wie sich ein restriktives Verständnis der Akzessorietät der Ersatzschulen mit dem Ziel der größeren Selbstständigkeit und eigenständigeren Profilbildung der öffentlichen Schulen vereinbaren lässt. Geht man davon aus, dass bei einer Vereinigung der Bildungsgänge der Hauptschule und der Realschule in einer neuen Schulform, zum Beispiel der Mittelschule oder Sekundarschule, nicht auf die Abschlüsse, sondern die pädagogisch-gesellschaftspolitischen Ziele abzustellen ist, dürfte keine private Hauptschule oder Realschule mehr gegründet werden. (Avenarius, S. 299) Für die achtjährigen oder neunjährigen Bildungsgänge am Gymnasium wäre entscheidend, ob beispielsweise Gesamtschulen noch einen neunjährigen Bildungsgang anbieten. Wird die Gymnasialschuldauer in einem Land ausnahmslos auf acht Jahre verkürzt, dürfte es kein neunjähriges Gymnasium in freier Trägerschaft mehr geben. (Avenarius, S. 300)

3. Genehmigung und Finanzierung von Schulen in freier Trägerschaft

82 **F Monoedukation**

Ein privater Schulträger beantragte die Genehmigung zur Errichtung und zum Betrieb eines Jungengymnasiums als Ersatzschule. Das Land lehnte den Antrag ab, da die geplante Schule aufgrund ihrer monoedukativen Ausrichtung eine öffentliche Schule nicht ersetzen könne, denn sie gewährleiste keine Ausbildung von Mädchen und verstoße daher gegen das verfassungsrechtliche Gebot der Gleichstellung der Geschlechter, das ein schulgesetzliches Erziehungsziel sei.

Fallfrage
- In welchem Verhältnis stehen Koedukation und Monoedukation zum verfassungsrechtlichen Ziel der Gleichstellung der Geschlechter?

Rechtslage:

Das Bundesverwaltungsgericht (Az.: 6 C 6.12; SchulRecht 7-8/2013, 103 ff.) hat das Land zur Genehmigung der Schule verpflichtet, da pädagogisch-konzeptionelle Gegebenheiten in die Prüfung der Ersatzschuleigenschaft nur dann einbezogen werden dürfen, wenn die Privatschule im Hinblick auf äußere Strukturmerkmale von den im öffentlichen Schulwesen vorhandenen oder grundsätzlich vorgesehenen Schultypen abweicht. Das Erziehungsziel der Verinnerlichung der Gleichstellung der Geschlechter durch die Schüler darf in die Prüfung der Gleichwertigkeit der Lehrziele nach Art. 7 Abs. 4 Satz 3 GG einbezogen werden. Es handelt sich dabei aber um eine Zielvorgabe, die nicht die Befugnis einschließt, der Ersatzschule die Vermittlung materieller Leitbilder zum Geschlechterverhältnis jenseits des Postulats der Gleichberechtigung der Geschlechter abzufordern.

Die staatliche Bestimmungsmacht gegenüber Ersatzschulen in Erziehungsfragen ist auf das beschränkt, was als Wert- und Ordnungsvorstellung schon kraft verfassungsrechtlicher Vorgaben, mindestens aber aufgrund eines allgemein für verbindlich erachteten gesellschaftlichen Minimalkonsenses zweifelsfrei nicht Gegenstand legitimer abweichender Betrachtung sein kann.

Rechtfertigt eine bestimmte Methode oder Organisationsmodalität des Unterrichts wegen der hiervon ausgehenden Wirkung auf die Schüler den Schluss, dass ein der Ersatzschule verbindlich vorgegebenes Erziehungsziel nicht erreicht werden kann, steht die Ersatzschule hinter öffentlichen Schulen zurück. Eine dahingehende Einschätzung der Schulbehörde hat jedoch mit Blick auf die von der Privatschulfreiheit umfasste Freiheit der Methoden- und Formenwahl wie bei der Monoedukation nur dann Vorrang vor einer gegenteiligen Einschätzung des privaten Schulträgers, wenn sie sich auf einen im wesentlichen gesicherten, in der Fachwelt weitgehend anerkannten wissenschaftlichen Erkenntnisstand stützen kann. Einen in der Fachwelt anerkannten wissenschaftlichen Erkenntnisstand zu den Vor- und Nachteilen der Koedukation oder Monoedukation gibt es aber nicht. Die Genehmigung einer Ersatzschule, die das Ziel der Gleichstellung der Geschlechter nicht infrage stellt, aber als Methode und Organisationsform die Monoedukation praktiziert, darf daher nicht versagt werden. **83**

Nach dem Wortlaut des Art. 7 Abs. 4 GG besteht nur dann ein Rechtsanspruch auf Genehmigung („ist zu erteilen“), wenn die „Sonderung der Schüler nach den Besitzverhältnissen der Eltern nicht gefördert wird.“ Der Wortlaut der Vorschrift schließt nicht in jedem Fall die Erhebung von Schulgeld aus, sondern lediglich die Erhebung eines Schulgeldes, das die Sonderung der Schüler nach den Besitzverhältnissen der Eltern fördert. Es kommt daher entscheidend auf die Höhe des Schulgeldes an. **84**

Der Wortlaut des Artikels 7 Absatz 4 GG gibt der Schule keinen Anspruch auf staatliche Zuschüsse. Ein solcher Anspruch könnte sich aber aus dem Sinn und Zweck des Artikel 7 Absatz 4 GG ergeben. Artikel 7 Absatz 4 GG will ein staatliches Schulmonopol verhindern und das Recht zur Errichtung Freier Schulen gewährleisten. Die Bedeutung dieses Rechts unterstreicht die Tatsache, dass die Genehmigung Freier Schulen nicht in das Belieben des Staates gestellt wird, sondern der

Staat zur Genehmigung verpflichtet ist, wenn die in Artikel 7 Absatz 4 GG genannten Voraussetzungen vorliegen.

Das Bundesverwaltungsgericht leitet daher aus der verfassungsrechtlichen Garantie des Privatschulwesens einen Leistungsanspruch auf staatliche Förderung ab *(→ Az.: VII C 71/66; SPE a.F. VIII B I, S. 13–13 f.)*, „… weil ohne diese Hilfe das Ersatzschulwesen entgegen dem Willen des Grundgesetzes zum Erliegen käme. Wenn wegen der verfassungsrechtlichen Anforderungen des Artikel 7 Absatz 4 Satz 3 und 4 GG nur noch derjenige eine private Ersatzschule errichten und unterhalten kann, der zur ständigen Deckung wirtschaftlicher Verluste bereit und im Stande ist, so ist das Recht zur Errichtung solcher Schulen nicht mehr gewährleistet." (S. 13 c) Es widerspräche dem Sinn und Zweck der grundgesetzlichen Garantie des Privatschulwesens, wenn der Staat durch Verweigerung finanzieller Zuschüsse die Schulträger zur Erhebung eines hohen Schulgeldes zwingen könnte, um dann die Genehmigung der privaten Schule unter Hinweis auf das hohe Schulgeld zu verweigern. Das Verbot der Sonderung der Schüler nach den Besitzverhältnissen der Eltern sieht das Bundesverwaltungsgericht in einem systematischen Zusammenhang mit anderen Vorschriften:

"Diese Vorschrift verankert den sozialstaatlichen Gedanken des Artikel 20 Absatz 1 GG in der Einrichtung der privaten Ersatzschule … Der Staat käme dem Auftrag des Grundgesetzes, auch im schulischen Bereich für eine gerechte Sozialordnung Sorge zu tragen, nicht nach, wenn er auf diesen Auftrag nur an den öffentlichen Schulen, nicht aber an den Ersatzschulen Bedacht nehmen würde… Die Verpflichtung des Staates, den … Ersatzschulen wirtschaftliche Hilfe zu gewähren, folgt somit auch aus seiner Pflicht, sich um eine gerechte Sozialordnung auf dem Gebiete des öffentlichen Schulwesens zu bemühen." (a.a.O., S. 13 d)

Die Schule hat daher im vorliegenden Fall einen Anspruch auf finanzielle Zuschüsse des Staates und nach der dann möglichen Reduzierung des Schulgeldes auch einen Anspruch auf Genehmigung, falls sie die anderen Genehmigungsvoraussetzungen des Artikel 7 Absatz 4 GG erfüllt.

Die Pflicht des Staates, die privaten Ersatzschulen zu fördern, hebt auch das Bundesverfassungsgericht deutlich hervor *(→ Az.: 1 BvL 8/84, 1 BvL 16/84; SPE n. F. 236 Nr. 15 S. 35–59, hier: S. 51):*

„Soll Artikel 7 Absatz 4 Satz 1 GG nicht zu einem wertlosen Individualgrundrecht auf Gründung existenzunfähiger Ersatzschulen und zu einer nutzlosen institutionellen Garantie verkümmern, so muss diese Verfassungsnorm zugleich als eine Verpflichtung des Gesetzgebers verstanden werden, die privaten Ersatzschulen zu schützen und zu fördern."

Bei der Auslegung des Artikel 7 Absatz 4 GG unterscheidet das Bundesverwaltungsgericht zwischen den Kosten für die Errichtung und für den laufenden Betrieb einer privaten Schule. Für die ersteren besteht kein Anspruch auf Gewährung staatlicher Hilfe.

„Denn diese (die private Ersatzschule, d. Verf.) ist und bleibt stets eine private Einrichtung und beruht auf privater Initiative. Die staatliche Hilfe muss sich nicht auf die Begründung des Unternehmens erstrecken, sondern wird für seine Erhaltung (Unterhaltung) gewährt." (→ SPE a.F. VII B IS. 13 e)

Aber auch die staatliche Hilfe für die Unterhaltung der privaten Schule muss keineswegs alle entstehenden Kosten umfassen:

„Artikel 7 Absatz 4 GG dient … nicht dazu, ein nicht vorhandenes Schulträgervermögen zu ersetzen; … wenn daher ein Schulträger – weil ohne solide wirtschaftliche Existenzbasis – von vornherein gar nicht in der Lage ist, eine angemessene und finanziell gesicherte Eigenleistung aus eigenen Mitteln oder Quellen aufzubringen, so bedarf dies im Lichte des Artikel 7 Absatz 4 GG ebenso wenig eines staatlichen Ausgleichs, wie ein solcher für Verluste, die durch eine nicht sachgemäße, insbesondere unwirtschaftliche Führung der Schule entstanden sind …, in Betracht kommt." *(→ Az.: 7C 66.82 (NW), SPE 236 Nr. 12 S. 14–19, hier: S. 18 f.)* Die Verpflichtung des Staates besteht nicht darin, die Existenz einzelner Schulen in freier Trägerschaft finanziell zu sichern, sondern die Existenz des Privatschulwesens zu ermöglichen.

Von den Schulträgern wird ein nicht unerheblicher Eigenanteil verlangt. Die Zuschüsse der Länder liegen deutlich unter den Aufwendungen für vergleichbare öffentliche Schulen. Sogar die Anrechnung eines eventuell erhobenen Schulgeldes auf die staatlichen Zuschüsse ist von der Rechtsprechung im Fall des Freistaates Sachsen und in anderen Ländern für zulässig gehalten worden. (Verfassungsgerichtshof Sachsen, Az.: Vf. 18 III 95; SchulRecht 1/1997, S. 12 f.)

F Die „überflüssige" Schule 85

Ein Verein will ein Gymnasium errichten. Die beantragte Genehmigung wird verweigert, da die bestehenden öffentlichen Gymnasien nicht ausgelastet seien und daher offensichtlich kein Bedürfnis für die Gründung eines Gymnasiums bestehe.

Fallfrage:
- Hat der Verein einen Rechtsanspruch auf Genehmigung?

Hinweis:

Zu beachten ist der Wortlaut des Artikel 7 Absatz 4 Satz 3 GG.

Rechtslage:

Artikel 7 Absatz 4 Satz 3 GG lautet: „Die Genehmigung ist zu erteilen, wenn ...“ Liegen die im Folgenden aufgezählten Voraussetzungen vor, hat der Staat die Rechtspflicht, eine Genehmigung zu erteilen. Dieser Pflicht kann er sich nicht durch das Aufstellen weiterer Genehmigungsvoraussetzungen entziehen. Unter Hinweis auf ein fehlendes Bedürfnis für die Errichtung einer privaten Schule darf daher die Genehmigung nicht verweigert werden, auch wenn die öffentliche Schule Schüler einbüßt. (Avenarius, S. 295) Das Risiko fehlenden Bedarfs trägt der private Schulträger, der schließen muss, wenn es keine ausreichende Nachfrage bei Eltern und Schülern gibt.

4. Staatliche Schulaufsicht über die Schulen in freier Trägerschaft

86 Private Ersatzschulen können an Stelle öffentlicher Schulen besucht werden. An ihnen kann die Schulpflicht erfüllt und können Schulabschlüsse erworben werden, die die gleichen Berechtigungen verleihen wie Abschlüsse öffentlicher Schulen, falls es sich um anerkannte Ersatzschulen handelt. Der Staat muss sicherstellen können, dass die Qualität des Unterrichts an Freien Schulen nicht hinter der des öffentlichen Schulwesens zurücksteht.

Artikel 7 Absatz 4 Satz 3 GG :

„Die Genehmigung ist zu erteilen, wenn die privaten Schulen in ihren Lehrzielen und Einrichtungen sowie in der wissenschaftlichen Ausbildung ihrer Lehrkräfte nicht hinter den öffentlichen Schulen zurückstehen ...“

Während in Nordrhein-Westfalen die Ersatzschulen nach einer vorläufigen Erlaubnis endgültig genehmigt werden und mit der Genehmigung auch das Recht erhalten, mit gleicher Wirkung wie öffentliche Schulen Prüfungen abzuhalten und Zeugnisse zu erteilen, bedürfen sie in den anderen Bundesländern einer von der Genehmigung getrennten Anerkennung.

Zur Sicherung der Gleichwertigkeit der an Ersatzschulen erworbenen Abschlüsse kann die Schulaufsicht auch Einzelheiten der Prüfungsinhalte und des Prüfungsverlaufs kontrollieren. Prüfungen finden in der Regel unter dem Vorsitz eines staatlichen Schulaufsichtsbeamten statt.

Lehrziele und Einrichtungen können von der Schulaufsicht, der nach Artikel 7 Absatz 1 GG („Das gesamte Schulwesen ...") grundsätzlich auch die privaten Schulen unterliegen, nicht nur bei der Genehmigung, sondern auch während des Betriebs der Schule darauf überprüft werden, ob sie nicht hinter denen der öffentlichen Schulen zurückstehen.

Die staatliche Schulaufsicht über die Schulen in freier Trägerschaft ist aber weitgehend auf die Rechtsaufsicht beschränkt. Sie prüft, ob die private Schule die ihr von der Verfassung und den Gesetzen gezogenen Grenzen beachtet, kann aber durch fachliche Weisungen die Erziehung und den Unterricht an der Freien Schule nicht unmittelbar beeinflussen. Etwas anderes gilt bei Prüfungen, bei denen die staatliche Schulaufsicht auch Einzelheiten des Prüfungsstoffs und des Prüfungsablaufs regeln kann. (Avenarius, S. 317, unter Verweis auf die Rechtsprechung des Bundesverfassungsgerichts, BVerfGE 27,195, hier: 206)

F Die abweichenden Regelungen

Der Träger einer genehmigten Ersatzschule beschließt folgende Maßnahmen, die von den an öffentlichen Schulen geltenden Regelungen abweichen:

- Die Zahl der Deutschstunden in den Klassen acht bis zehn wird von vier auf sechs Stunden erhöht (an öffentlichen Schulen vier Stunden).
- Alle Schüler der 11. Klasse müssen an einem einmonatigen sozialen Dienst teilnehmen, der zur einen Hälfte in die Schulzeit, zur anderen in die Ferien fällt.
- Im Politikunterricht wird ein vom Kultusminister nicht genehmigtes Schulbuch eingesetzt.
- Der Unterricht wird in allen Fächern nach vom Schulträger entworfenen Lehrplänen erteilt.
- Sexualerziehung wird weder als Fach noch fächerübergreifend unterrichtet.

Fallfrage:

- Sind diese Maßnahmen mit dem Wortlaut und dem Sinn und Zweck des Artikel 7 Absatz 4 Satz 3 GG „... die privaten Schulen (dürfen) in ihren Lehrzielen und Einrichtungen ... nicht hinter den öffentlichen Schulen zurückstehen ..." vereinbar?

Rechtslage:

Der Begriff der Lehrziele umfasst der Wortbedeutung nach die allgemeinen Bildungs- und Erziehungsziele, wie sie in den Verfassungen der Bundesländer festgelegt sind und die Lehrziele der jeweiligen Bildungsgänge. Aber auch die Inhalte und Methoden des Unterrichts sind diesem Begriff zuzuordnen. Die private Schule darf auch in Be- 87 zug auf die Lehrziele, die für die entsprechende öffentliche Schulform oder Schulart, für die sie „als Ersatz“ (Artikel 7 Absatz 4 Satz 2 GG) tätig wird, gelten, nicht zurückstehen. Gleiches gilt für die Anforderungen der Prüfungs- und Versetzungsordnungen, um die Gleichwertigkeit der Schulabschlüsse zu wahren und die Schüler vor einem in der Qualität hinter den öffentlichen Schulen zurückbleibenden Unterricht zu schützen. Die Anforderungen an ein Nichtzurückstehen bei den Lehrzielen ziehen zwangsläufig eine Gleichwertigkeit der vermittelten Kenntnisse und Fähigkeiten nach sich.

88 Die Wortbedeutung des Begriffs „Einrichtungen“ umfasst die äußeren und inneren Voraussetzungen des Unterrichts: das Schulgebäude, das Inventar, die Sachmittel. Der Sinn und Zweck des Artikels 7 Absatz 4 GG, die Schüler vor unzureichenden Schulen zu schützen, legt eine Erweiterung des Begriffs auf alle äußeren Bedingungen für den Unterricht nahe, die die Qualität des Unterrichts wesentlich beeinflussen. Zu den Einrichtungen gehören daher auch die Lehrer-, Schülerrelation und die Klassenstärke.

Eine Erhöhung der Zahl der Deutschstunden ist mit Artikel 7 Absatz 4 Satz 3 GG vereinbar, da sie nicht zu einem Zurückstehen hinter den Lehrzielen und Einrichtungen der öffentlichen Schule führen kann, sondern dem Erreichen zusätzlicher Lehrziele und der Vermittlung umfangreicherer Kenntnisse dient. Allerdings wird der Staat zusätzliche Unterrichtsstunden im Vergleich zur Stundentafel öffentlicher Schulen nicht refinanzieren.

Die mit dem einmonatigen sozialen Dienst verbundene Verkürzung der Unterrichtszeit könnte als Zurückstehen hinter den Lehrzielen der öffentlichen Schule, die Verkürzung der Ferien als Zurückstehen hinter den Einrichtungen gewertet werden. Da diese Verkürzungen nur einmal während der gesamten Schulzeit stattfinden, sich eventuelle Einbußen bei der Kenntnisvermittlung mühelos ausgleichen lassen, ein Nichtzurückstehen keine völlige Gleichartigkeit verlangt, sondern einen im vorliegenden Fall nicht zu befürchtenden Qualitätsmangel verhindern soll und der vorgesehene soziale Dienst den besonderen Erziehungszielen der Schule in freier Trägerschaft entspricht, liegt kein Verstoß gegen Artikel 7 Absatz 4 Satz 3 GG vor.

89 Die Verwendung eines nicht genehmigten Schulbuches ist nur dann zu beanstanden, wenn der Einsatz des Buches im Unterricht gegen die in der Verfassung verankerten Bildungsziele verstößt oder zu einem Zurückstehen hinter den Lehrzielen der öffentlichen Schule führt. Ob das der Fall ist, lässt sich nicht allgemein, sondern nur durch die Analyse eines konkreten Buches entscheiden. Grundsätzlich verstößt die

Verwendung eines vom Kultusminister nicht genehmigten Schulbuches nicht gegen Artikel 7 Absatz 4 Satz 3 GG, zumal es der Eigenart der Schule in freier Trägerschaft entspricht, auch in Schulbüchern über die staatlich gesetzten Lehrziele hinausgehende Lehrziele zu verfolgen.

Gleiches gilt für den Unterricht nach eigenen Lehrplänen. Die Schulen in freier Trägerschaft sind nicht an die staatlichen Lehrpläne gebunden, da diese die den Unterricht einer Schule in freier Trägerschaft prägenden Lehrziele nicht berücksichtigen können. Ob eigene Richtlinien zu einem Zurückstehen bei den Lehrzielen führen, lässt sich nur im Einzelfall beurteilen. **90**

Durch den völligen Verzicht auf eine Sexualerziehung steht die Schule in freier Trägerschaft im vorliegenden Fall hinter öffentlichen Schulen zurück. Einige Juristen sehen darin einen Verstoß gegen Artikel 7 Absatz 4 Satz 3 GG (Niehues/Rux, RdNr. 961). Die Gegenmeinung verweist dagegen im Rahmen einer systematischen Auslegung auf Artikel 4 Absatz 1 GG („Die Freiheit des Glaubens, des Gewissens und die Freiheit des religiösen und weltanschaulichen Bekenntnisses sind unverletzlich"), der es ausschließt, eine Schule, die sich auf ein weltanschaulich oder religiös begründetes Erziehungskonzept beruft, zur Erteilung von Sexualkundeunterricht zu verpflichten. *(→ Avenarius, S. 302)* **91**

Aber selbst wenn man die Sexualerziehung für zwingend erforderlich hält, dürfte die Freiheit der Schule, den Unterricht unter Berufung auf ihre besondere religiöse oder weltanschauliche Prägung inhaltlich und methodisch auf Grund eines eigenen Konzeptes weitgehend selbst zu gestalten (Niehues/Rux, a.a.O.), allenfalls zu einem geringen Eingriff in das Erziehungsrecht der Eltern führen.

F **Konzept und Lernerfolg** **92**

Eine private Grundschule verfolgt ein Konzept „nicht-direktiver Begleitung" der Schüler. Die Grundschulstundentafel wird aus konzeptionellen Gründen nicht angewandt. Eine Überprüfung des Lernstandes der Kinder im 4. Schulbesuchsjahr ergab, dass deren Wissen und Können in den Fächern Deutsch und Rechnen bei weitem nicht dem vergleichbarer Schülergruppen an öffentlichen Grundschulen entsprach.

Fallfragen:
Darf die Schulaufsicht sich auf eine Überprüfung von abfragbarem Wissen in Deutsch und Rechnen begnügen oder muss sie alle Fächer und speziell von der betroffenen Grundschule geförderte Fähigkeiten der Kinder einbeziehen?

Die private Ersatzschule darf bei ihren Lehrzielen nach Art. 7 Abs. 4 Satz 3 GG nicht hinter öffentlichen Schulen zurückstehen. „Gegenstand der Leistungsüberprüfung waren die wesentlichen Kulturtechniken im Bereich Lesen, Schreiben und Rechnen. Dabei war es zulässig, dass in den Fächern Deutsch und Rechnen lediglich eine Prüfung von abfragbarem Wissen und Können stattgefunden hat. Es wurden allgemeine Qualitätsstandards abgefragt, die für alle Schulen gleichermaßen gelten, unabhängig von dem jeweiligen pädagogischen Konzept. In der Leistungsüberprüfung wurden Wissen und Kenntnisse abgerufen, die zu den grundlegenden Bildungszielen gehören. ...

Zu recht ist das Verwaltungsgericht der Frage der Schülerleistungen im Fach Heimat- und Sachunterricht nicht näher nachgegangen, da selbst überdurchschnittliche Kenntnisse in diesem Fach die festgestellte unzureichende Vermittlung in den Fächern Mathematik und Deutsch als Kernbereiche der Wissensvermittlung nicht ausgleichen könnten.

Die staatliche Schulaufsicht ist nicht nur darauf beschränkt, die Nichteinhaltung eines genehmigten Schulkonzeptes zu beanstanden. Vielmehr kann auch gerügt werden, dass die private Schule in ihrem Lernerfolg hinter den öffentlichen Schulen zurücksteht. Dies folgt aus der in Art. 7 Abs. 4 Satz 3 GG ... geforderten Gleichwertigkeit des Nichtzurückstehens privater Ersatzschulen hinter den Lehrzielen gleichartiger öffentlicher Schulen." (VGH Bayern, Az.: 7 ZB 07.1348; SchulRecht 3-4/2010, S. 38 f.)

Die Schule in freier Trägerschaft ist nicht an den Fächerkanon der öffentlichen Schule gebunden, sie kann die Unterrichtsinhalte ihrer pädagogischen Konzeption entsprechend den Fächern zuordnen, muss aber dabei den Kenntnisstand erreichen, der ein Zurückstehen hinter öffentlichen Schulen verhindert. Außerdem sind die Auswirkungen einer Änderung des Fächerkanons auf die Qualität der Versetzungsentscheidungen zu beachten.

Der vorliegende Fall zeigt, dass Fallbearbeitungen zum Recht der Schulen in freier Trägerschaft in der Regel die Abwägung zweier vom Grundgesetz und den Landesverfassungen geschützter Rechtsgüter erfordern: Der staatlichen Aufsicht über das Schulwesen, die eine gleichmäßig hohe Qualität der Schulen und die Orientierung an verfassungsrechtlich und gesetzlich festgelegten Lehrzielen sichern soll, und der Freiheit privater Schulen, die der freien Selbstentfaltung der Schüler und der Stärkung des Elternrechts dient.

5. Genehmigung privater Volksschulen

93 Private Volksschulen müssen, um als Ersatzschulen genehmigt zu werden, zusätzlich zu den Voraussetzungen des Art. 7 Abs. 4 GG noch weitere Genehmigungsvoraussetzungen erfüllen.

Art. 7 Abs. 5 GG :

„Eine private Volksschule ist nur zuzulassen, wenn die Unterrichtsverwaltung ein besonderes pädagogisches Interesse anerkennt oder, auf Antrag von Erziehungsberechtigten, wenn sie als Gemeinschaftsschule, als Bekenntnis- oder Weltanschauungsschule errichtet werden soll und eine öffentliche Volksschule dieser Art in der Gemeinde nicht besteht."

Heute ist unter „Volksschule" nach ganz überwiegender Meinung ausschließlich die Grundschule zu verstehen, da die Hauptschule wegen der Dauer und Inhalte ihres Bildungsganges und ihrer Abschlüsse als weiterführende Schule anzusehen ist. Die Andersartigkeit der Hauptschule gegenüber der früheren Volksschule unterstreicht auch die Tatsache, dass die Hauptschule heute im Gegensatz zur Volksschule nicht mehr von der Mehrheit der Schüler besucht wird oder gar nicht mehr existiert.

Die engen Genehmigungsvoraussetzungen, die ein besonderes pädagogisches Interesse oder die Errichtung als Gemeinschafts-, Bekenntnis- oder Weltanschauungsschule verlangen, beruhen auf dem Interesse des Staates, eine frühzeitige Aufteilung der Schülerschaft in den ersten Jahren ihrer Schullaufbahn nach dem sozialen Status, dem Bildungsstand der Eltern oder der Zugehörigkeit zu ethnischen Gruppen zu verhindern.

Das Bundesverfassungsgericht *(→ Az.: 1 BvR 167/87; SPE238 Nr. 14)* **94**
hat die Entscheidung, ob ein besonderes pädagogisches Interesse vorliegt, nicht mehr in das Ermessen der Schulaufsicht gestellt, sondern diesen unbestimmten Rechtsbegriff für gerichtlich in vollem Umfang überprüfbar erklärt und zugleich klargestellt, es sei nicht ein in jeder Hinsicht neues pädagogisches Konzept erforderlich und die Genehmigung sei auf Dauer zu erteilen. Es hat damit einen weiteren Anwendungsraum für die Anerkennung gesichert, als er bis dahin bestanden hat. Allerdings muss in jedem Falle die staatliche Grundschule durchgehend flächendeckend gesichert bleiben.

F **Die sechsjährige Grundschule** **95**

Ein privater Schulträger beantragte die Genehmigung einer privaten Grundschule für die Jahrgangsstufen 1 – 6 in einem Bundesland, in dem die Grundschulen nur vier Jahrgangsstufen umfassen. Für seinen Unterricht in den Klassen 5 und 6 legte er die Bildungspläne der Gesamtschule zugrunde. In dem Bundesland gibt es auch Gymnasien.

Fallfragen:
Führt bereits die Abweichung in der Organisationsstruktur zur Ablehnung einer Genehmigung?

Welche Rolle spielt die Tatsache, dass es Bundesländer mit einer sechs Jahrgangsstufen umfassenden Grundschule gibt?

Rechtslage:

Entscheidend ist nicht die Struktur allein, wohl aber die Zielsetzung der Schule und die mit einer Struktur verfolgte pädagogische Absicht. Eine vierjährige Grundschule bereitet auf den Wechsel zu allen im Land angebotenen weiterführenden Schulen vor. Entsprechend muss eine sechsjährige Grundschule nach der 6. Klasse grundsätzlich den Wechsel auf alle weiterführenden Schulen ermöglichen. Es fehlt der Schule aber an einer Orientierung an gymnasialen Lehrplänen. Sie bereitet daher die Kinder nicht auf den Übergang zu allen im Land angebotenen weiterführenden Schulen vor und ist daher nicht genehmigungsfähig.

„Wegen der im verfassungsrechtlichen Ersatzschulbegriff angelegten Akzessorietät des Ersatzschulwesens zum öffentlichen Schulwesen ist auch hinzunehmen, dass einer Privatschule unter Umständen in einem Land die Ersatzschulqualität abzusprechen ist, obwohl sie ihr in einem anderen Land zukäme." (BVerwG, Az.: 6 B 46.12; Schulrecht 7-8/2014, S. 116 f.)

96 Bei der Zulassung von Gemeinschafts-, Bekenntnis- oder Weltanschauungsschulen ist dem Staat kein Ermessen eingeräumt, ob er eine solche Schule genehmigen will, es darf aber keine öffentliche Volksschule dieser Art in der Gemeinde bestehen.

Probleme wirft insbesondere die Genehmigung derjenigen Schulen auf, deren weltanschauliche Überzeugungen oder deren Glaube in Konflikt mit einer pluralistischen Staats- und Gesellschaftsordnung geraten können.

Zu den Anforderungen, die das Erziehungsziel der Toleranz an die Erziehung und den Unterricht privater Bekenntnisschulen stellt, hat das Bundesverwaltungsgericht (Az.: 6 C 3.91; SPE 238 Nr. 17, S. 102 ff.) ausgeführt:

„Toleranz bedeutet in diesem Zusammenhang … nicht Offenheit und Neutralität in dem Sinne, dass den Schülern nicht vermittelt werden dürfte, eine bestimmte eigene Überzeugung zu entwickeln, sich zu dieser zu bekennen und sie erforderlichenfalls auch zu verteidigen; vielmehr wird mit diesem Erziehungsziel bei verfassungskonformer Anwendung speziell auf Bekenntnisschulen lediglich dasjenige Maß an Duldsamkeit gegenüber anderen, abweichenden Überzeugungen verlangt, das Voraussetzung für eine offene Auseinandersetzung mit anderen Überzeugungen ist. … Dieses Mindestmaß an Toleranz verbietet zwar eine Abwertung sowie insbesondere eine Diffamierung von abweichenden Überzeugungen, keineswegs aber das Werben für die eigene Überzeugung.

Die potentiell große Bedeutung der rechtlichen Anforderungen an die Lehrziele und insbesondere das Toleranzverständnis einer privaten Grundschule als Bekenntnisschule für die weitere Entwicklung des Schulwesens ergibt sich aus der Tatsache, dass alle in Deutschland lebenden religiösen Gruppen von diesem Grundrecht Gebrauch machen können.

IV. Das Schulverhältnis als Rechtsverhältnis

1. Normenhierarchie

97 „Bundesrecht bricht Landesrecht." Diese Regelung des Art. 31 GG hat für das Schulrecht im engeren Sinne, also die unmittelbar und ausschließlich auf das Schulwesen bezogenen Normen, nur eine geringe Bedeutung wegen der weitreichenden Gesetzgebungskompetenz der Länder im Schulwesen (Kulturhoheit). Oberste Norm für alle Normen der Länder ist das Grundgesetz. Die Auslegung des Grundgesetzes durch die obersten Bundesgerichte wirkt daher auf die Länderregelungen ein.

Die das Verhältnis der Eltern, Schüler und Lehrer zur Schule prägenden rechtlichen Regelungen stehen in einer hierarchischen Ordnung, die jeweils für das Recht des Bundes und der Länder gilt.

Man unterscheidet:

1. die Verfassung,
2. das vom Parlament in einem ordnungsgemäßen Gesetzgebungsverfahren verabschiedete Gesetz, zum Beispiel das BayEUG, das NSchG oder das SchulG Sachsen;
3. die vom Kultusministerium auf Grund einer Ermächtigung durch das Parlament geschaffene Rechtsverordnung, zum Beispiel die Verordnung über die Zulassung von Lernmitteln des Bayerischen Staatsministeriums für Unterricht und Kultus oder die Ausbildungs- und Prüfungsordnung für die Sekundarstufe I des Landes NRW;
4. die Verwaltungsvorschriften, die das Kultusministerium oder die Bezirksregierung als behördeninterne Weisung erlässt, zum Beispiel zu Schulausflügen in Wintersportgebiete.

Die Unterscheidung von Gesetzen und Rechtsverordnungen ist auch von Bedeutung für die Auslegung von Normen. Bei der systematischen Auslegung ist nicht nur, wie bereits dargestellt, der Zusammenhang zwischen den Paragraphen eines oder mehrerer Gesetze zu beachten, sondern auch der Unterschied zwischen Gesetz und Rechtsverordnung, da beide nicht gleichgeordnet nebeneinander stehen, sondern Teil einer Normenhierarchie sind, an deren Spitze die Verfassung steht, gefolgt von den vom Landtag verabschiedeten Gesetzen und den vom Kultusministerium auf Grund einer gesetzlichen Ermächtigung erlassenen Rechtsverordnungen.

Normen einer Rechtsverordnung sind so auszulegen, dass sie dem übergeordneten Gesetz nicht widersprechen, das wiederum der Landesverfassung entsprechen muss. Bei Versetzungsentscheidungen reicht es z.B. aus, wenn der Gesetzgeber bestimmte Leitentscheidungen trifft, und das Ministerium Art, Zahl, Umfang, Schwierigkeit und Gewicht der Leistungsnachweise regelt.

Verwaltungsvorschriften sind keine Rechtsnormen, sondern be- **98**
hördeninterne Anweisungen. Sie enthalten häufig die vom Kultusministerium gewünschte Auslegung bestimmter Normen. Verwaltungsvorschriften des Kultusministeriums werden in den meisten Bundesländern als Erlass bezeichnet, Verwaltungsvorschriften nachgeordneter Behörden als Verfügung.

2. Gesetzesvorbehalt

Das Bundesverfassungsgericht hat den auf dem Rechtsstaatsprinzip **99**
(Art. 20 Abs. 3 und 28 Abs. 1 GG) beruhenden Grundsatz vom Vorbehalt des Gesetzes unter Berufung auf das Demokratieprinzip (Artikel 20 Absatz 1 und 2 GG) erweitert und festgestellt, im Schulverhältnis seien alle wesentlichen Entscheidungen vom Gesetzgeber zu treffen. Ob Entscheidungen wesentlich sind, richtet sich zum einen danach, wie sehr sie Grundrechte berühren, zum anderen nach der Bedeutung der betroffenen Interessen der Bürger und der Gemeinschaft.

„Ob eine Maßnahme wesentlich ist und damit dem Parlament selbst vorbehalten bleiben muss oder zumindest nur auf Grund einer inhaltlich bestimmten parlamentarischen Ermächtigung ergehen darf, richtet sich zunächst allgemein nach dem Grundgesetz. Hier vermittelt der Schutz der Grundrechte einen wichtigen Gesichtspunkt … Im grundrechtsrelevanten Bereich bedeutet somit „wesentlich" in der Regel, wesentlich für die Verwirklichung der Grundrechte." (→ BVerfGE 58, 257 [BVerfG 20.10.1981 – 1 BvR 640/80]; SPE a. F. II A I S. 1–1 q, hier: S. 1 h)

Der Versuch des Bundesverfassungsgerichts, den Unterschied zwischen wesentlichen und unwesentlichen Entscheidungen zu definieren, ist aber wohl als misslungen anzusehen, da die Definition „im grundrechtsrelevanten Bereich bedeutet somit ‚wesentlich' in der Regel wesentlich für die Verwirklichung der Grundrechte" tautologisch ist.

Wenn es Juristen nicht gelingt, Sachverhalte durch Rechtsbegriffe zu erfassen, bietet die Bildung von Fallgruppen eine Alternative.

Die Rechtsprechung hat bisher für folgende Fallgruppen eine gesetzliche Regelung gefordert:

- die Bildungs- und Erziehungsziele,
- den allgemeinen Lernzielkatalog,
- den Fächerkanon, dabei bedürfen die Einführung eines neuen Faches oder eine Änderung des Fächerkanons – z. B. durch Zusammen-

legung oder Trennung bisheriger Fächer – einer gesetzlichen Grundlage,
- die organisatorische Grundstruktur des Schulwesens, dazu gehören auch die wesentlichen Merkmale einer Pflichtschule wie die Dauer der Anwesenheitspflicht in der Grundschule,
- die Mitbestimmung von Eltern und Schülern,
- die Beginn und Ende des Schulverhältnisses regelnden Normen.

100 Im Mittelpunkt des juristischen Streits über die Rechtschreibreform stand die Frage, ob die Reform nur auf der Grundlage eines Gesetzes durchgesetzt werden darf oder ob dazu von den Ministerien zu erlassende Verwaltungsvorschriften ausreichen. Nachdem mehrere Verwaltungsgerichte zu unterschiedlichen Entscheidungen gekommen waren, entschied das Bundesverfassungsgericht *(→ Az.: 1 BvR 1640/97; SchulRecht 9/1998, S. 101–104)*, eine gesetzliche Grundlage sei nicht erforderlich und Verwaltungsvorschriften ausreichend, da es sich nur um geringfügige Änderungen handle, die nur für den schulischen Bereich rechtlich verbindlich seien.

V. Die Weisungsgebundenheit der Lehrer

1. Pädagogische Freiheit und Weisungsgebundenheit

F **Die Aufsätze** 101
Auf Fehlverhalten von Schülern reagiert ein Lehrer häufig mit der Anordnung, in einem Aufsatz Ursachen und Folgen des Fehlverhaltens zu reflektieren. Der Schulleiter hält diese Art der erzieherischen Einwirkung für wenig sinnvoll und untersagt dem Lehrer, Aufsätze als erzieherisches Mittel einzusetzen.

Fallfragen:
- Wie ist die Rechtmäßigkeit der Weisung des Schulleiters auf der Grundlage des § 59 Abs. 2 SchulG NRW („Der Schulleiter ... ist verantwortlich für die Erfüllung des Bildungs- und Erziehungsauftrags der Schule ... Er kann in Erfüllung dieser Aufgaben als Vorgesetzter allen an der Schule tätigen Personen Weisungen erteilen.") zu beurteilen?
- Ändert sich die Beurteilung, wenn man von den beiden folgenden Vorschriften ausgeht?
  „In deren (der Lehrer) Unterrichts- und Erziehungsarbeit darf nur im Einzelfall eingegriffen werden ... wenn eine geordnete Unterrichts- und Erziehungsarbeit nicht gewährleistet ist." (§ 21 Abs. 2 Satz 2 ADO NRW).
  „Ihre (der Lehrer) pädagogische Freiheit darf nicht unnötig oder unzumutbar eingeschränkt werden." (§ 67 Abs. 2 Satz 2 BbgSchulG).

Rechtslage:

Die pädagogische Freiheit der Lehrer wird in den Gesetzen und Vorschriften der Länder, teilweise auch unter der Bezeichnung pädagogische Selbstverantwortung, erwähnt. Bevor aber geprüft wird, ob sich aus der pädagogischen Freiheit eine Begrenzung des Weisungsrechts der Vorgesetzten ergibt, ist zunächst festzustellen, auf welche Bereiche der Tätigkeit der Lehrer sich die pädagogische Freiheit überhaupt bezieht, da es sich bei ihr in keinem Fall um ein generelles Abwehrrecht gegen Weisungen handeln kann.

Es hat Versuche gegeben, die pädagogische Freiheit unter Berufung auf Artikel 5 Absatz 3 Satz 1 des Grundgesetzes rechtlich abzusichern.

Artikel 5 Absatz 3 Satz 1 GG :

„Kunst und Wissenschaft, Forschung und Lehre sind frei."

Über die Anwendbarkeit des Artikel 5 Absatz 3 Satz 1 GG entscheidet die Interpretation der Formulierung „Forschung und Lehre". Werden diese Begriffe als untrennbar zusammengehörig angesehen, ist nur die sich aus der Forschung ergebende Lehre frei. Sieht man dagegen Forschung und Lehre als zwei getrennte Bereiche an, könnte auch die Lehre an den Schulen von Artikel 5 Absatz 3 Satz 1 GG umfasst werden.

Das Bundesverfassungsgericht vertritt die Auffassung, die Begriffe Forschung und Lehre seien als eine Einheit anzusehen. (BVerfGE 35, 79 [112 f.]) Es ist daher nur die Lehre frei, die in einem Zusammenhang mit der Forschung steht, also nur die Lehre an den Universitäten, nicht die an Richtlinien und Lehrpläne gebundene Lehre an den Schulen.

Das Bundesverfassungsgericht hat aber auch festgestellt, Lehrern müsse im Unterricht noch der Entscheidungsspielraum verbleiben, den sie brauchen, um ihrer pädagogischen Verantwortung gerecht werden zu können. (Az.: 1 BvL 1/75; 1 BvR 147/75; SPE 790 Nr. 5 und I A I 81)

Die pädagogische Freiheit ist keine gesicherte Rechtsposition, die den Lehrern die Abwehr aller für pädagogisch unzweckmäßig gehaltenen Weisungen Vorgesetzter ermöglicht.

„Die pädagogische Freiheit ist eine pflichtgebundene Freiheit, die ihren Grund und ihre innere Rechtfertigung in der Erziehungsaufgabe des Lehrers findet. Sie ist ihm nicht um seiner selbst, sondern um seiner Funktion, seines Amtes willen gewährleistet. ... Die pädagogische Freiheit ist daher kein subjektives Recht der einzelnen Lehrkraft." (Avenarius, S. 663 f.) Die pädagogische Freiheit ist kein subjektives Abwehrrecht des Lehrers, sondern eine tatsächliche Position, da jeder Unterrichts- und Erziehungsprozess freie Entscheidungen und Handlungen des Lehrers voraussetzt.

Allerdings kann es – falls ein Schulgesetz die pädagogische Freiheit sichernde Formulierungen wie ein Verbot „unzumutbarer" Eingriffe enthält – den für die optimale Erfüllung der schulischen Bildungs- und Erziehungsziele notwendigen Freiraum in Wahrheit nur geben, wenn er im Konfliktfall von demjenigen zu verteidigen ist, der ihn mit seinem persönlichen Engagement ausfüllen soll. (Niehues/Rux, RdNr. 901)

Der Deutsche Juristentag hat in seinem Entwurf eines Schulgesetzes die pädagogische Freiheit durch eine Beschränkung der Schulaufsicht auf die Rechtsaufsicht über das pädagogische Handeln sichern wollen. Der von ihm vorgeschlagene § 66 Absatz 2 des Schulgesetzentwurfes lautet:

„Die Lehrer erziehen und unterrichten in eigener Verantwortung im Rahmen ... der ... Rechtsvorschriften ... die für die Unterrichts- und Erziehungsarbeit des Lehrers erforderliche pädagogische Freiheit darf durch Rechtsvorschriften ... nicht unnötig oder unzumutbar eingeengt werden."

Die Pädagogische Freiheit soll Lehrern im Unterricht und in der Erziehung die Entscheidungs- und Handlungsspielräume sichern, die ihnen ein auf die jeweiligen Schüler, die Lerngruppe, die Situation und ihre eigenen Überzeugungen und Fähigkeiten abgestimmtes Handeln ermöglichen. Die Pädagogische Freiheit trägt der Tatsache Rechnung, dass Unterricht und Erziehung auch auf persönlichen Beziehungen zwischen den Beteiligten beruhen. Eine individuelle Förderung und Erziehung der Schüler setzt die Entscheidungs- und Handlungsfreiheit der Lehrer voraus. Der Bildungsauftrag lässt sich nicht vollständig normieren und reglementieren.

Die notwendige Pädagogische Freiheit der Lehrer darf aber nicht der Willkür oder einem sachlich falschen oder pädagogisch dilettantischen Unterricht Vorschub leisten. Lehrer sind daher selbstverständlich an Gesetze und Vorschriften, Konferenzbeschlüsse und Weisungen gebunden. Es hängt von deren Formulierung ab, wie das Verhältnis von Steuerung und Entscheidungsfreiheit gestaltet wird.

Löst man den obigen Fall ausschließlich auf der Grundlage des § 59 Abs. 2 SchulG NRW, kommt man zu dem Ergebnis, der Lehrer müsse die Weisung des Schulleiters befolgen und zukünftig auf Aufsätze als erzieherische Einwirkung verzichten, da der Schulleiter im Rahmen seiner Verantwortung für die Bildungs- und Erziehungsarbeit als Vorgesetzter auch in Fragen des erzieherischen Handelns weisungsbefugt ist.

Beurteilt man den Fall anhand des § 21 Abs. 2 Satz 2 ADO NRW und des § 67 Abs. 2 Satz 2 BbgSchulG, ist die Weisung des Schulleiters nicht rechtmäßig, da eine unterschiedliche Einschätzung der Zweckmäßigkeit erzieherischer Einwirkungen nicht das Urteil rechtfertigt, eine geordnete Erziehungsarbeit werde nicht gewährleistet. Da es sich um die Auswahl und Anwendung einer bestimmten erzieherischen Maßnahme handelt, wäre ein Verbot dieses erzieherischen Handelns durch den Schulleiter eine unnötige und unzumutbare Einschränkung der pädagogischen Freiheit des Lehrers, deren Kern darin besteht, die konkreten Details der Unterrichts- und Erziehungsmethoden festlegen zu können.

Selbstständige oder eigenverantwortliche Schulen führen nicht zu **102**
einer Ausweitung der pädagogischen Freiheit, sondern eher zu einer Einschränkung, da Gremienbeschlüssen eine besondere Bedeutung beigemessen und die Stellung des Schulleiters auch in pädagogischen Fragen gestärkt wird. Die Schule als System, nicht der einzelne Lehrer soll ein größeres Maß an Entscheidungsfreiheit erhalten.

Der Meinungsstreit zur pädagogischen Freiheit kann letztlich auf die Frage reduziert werden, ob der weitgehend selbstständig und eigenverantwortlich arbeitende Lehrer oder der durch Weisungen und Konferenzbeschlüsse geleitete Lehrer der zuverlässigere Garant eines guten Unterrichts und einer erfolgreichen Erziehung ist. Da diese Frage abstrakt und allgemein kaum beantwortet werden kann, sondern nur unter Berücksichtigung der jeweiligen pädagogischen Auffassungen und Fähigkeiten des einzelnen Schulaufsichtsbeamten, der Schulleitung, der Konferenzmitglieder und des einzelnen Lehrers und da ein Verbot der Anwendung „veralteter Unterrichts- oder Erziehungsmethoden" oder die Orientierung an „allgemein anerkannten Ergebnissen der pädagogischen Forschung" (Avenarius, S. 665) als Grenze der pädagogischen Freiheit angesichts der pädagogischen Meinungsvielfalt und des schnellen Wechsels der vorherrschenden pädagogischen Auffassungen unsichere Maßstäbe sind, werden die Grenzen der pädagogischen Freiheit in der juristischen und pädagogischen Diskussion umstritten bleiben.

Außerdem ist zu bedenken, dass das Verhalten der Lehrer durch Rechtsnormen und Weisungen nur begrenzt zu steuern ist. Der tatsächliche Gestaltungs- und Entscheidungsspielraum ist sehr groß. Die persönliche Beziehung zwischen Lehrern und Schülern, die letztlich den Erfolg der pädagogischen Arbeit entscheidend beeinflusst, kann durch Rechtsnormen und Weisungen der Vorgesetzten sowie Konferenzbeschlüsse nicht entscheidend beeinflusst werden. Die faktische pädagogische Freiheit des Lehrers wird auch durch die Unmöglichkeit gesichert, die Durchführung des Unterrichts ständig zu kontrollieren.

Sie sollte aber auch rechtlich gegen kleinliche Reglementierungen in Fragen des Unterrichts und der Erziehung abgesichert werden. Eine solche Absicherung würde eine Kontrolle des Unterrichts und der Erziehung und ein Eingreifen bei schwerwiegenden Fehlentwicklungen keineswegs unmöglich machen.

103 Die Forderung, die pädagogische Freiheit zu stärken, setzt aber Klarheit über den Schutzbereich der pädagogischen Freiheit voraus.

F Die Unterrichtsplanung

Auf dem Zwischenzeugnis erteilt eine Lehrerin im Fach Englisch 17 von 20 Schülern einer Klasse die Noten „mangelhaft" oder „ungenügend". Der Schulleiter ordnet daraufhin an, die Lehrerin müsse ihm unbefristet für jede Englischstunde in dieser Klasse eine Unterrichtsplanung, den Entwurf des ggf. geplanten Tafelbildes und ein Exemplar der Klassenarbeiten vorab zur Kenntnis bringen.

Fallfrage:
- Verstoßen die Weisungen des Schulleiters gegen die pädagogische Freiheit?

Rechtslage:

Das Niedersächsische Oberverwaltungsgericht *(→ Az.: 5 M 2250/99; SchulRecht 1/2000, S. 7–9)* sieht die pädagogische Freiheit gar nicht berührt:

„Im Rahmen seines gesetzlichen Auftrages muss der Schulleiter durch geeignete Maßnahmen und ggf. auch Weisungen sicherstellen, dass (die Lehrerin) ihren Lehrauftrag gleichmäßig und wirkungsvoll für alle Schüler in allen Fächern erfüllt. Die getroffene Maßnahme durch den Schulleiter greift gerade nicht in den Bereich der pädagogischen Freiheit ein, denn (der Lehrerin) wird weder vorgeschrieben, wie sie den Unterricht konkret gestalten soll, noch werden die Unterrichtsinhalte vorgegeben. Verlangt wird von ihr lediglich, was jeder Lehrer, der seine Aufgabe pflichtgemäß erfüllt, an Unterrichtsvorbereitung zu leisten hat. Der ihr zugemutete Aufwand besteht somit lediglich darin, ein Zweitexemplar ihrer Unterrichtsplanung, ggf. eines geplanten Tafelbildes und ein Exemplar der von ihr geplanten Klassenarbeit, rechtzeitig, d. h. vor der abzuhaltenden Unterrichtsstunde bzw. der Ausgabe der Klassenarbeit, ihrem Schulleiter vorzulegen. Es ist auch nicht ansatzweise aus dem Vorbringen der Lehrerin ersichtlich, in welcher Weise durch diese rein verwaltungs- bzw. ablauftechnisch zu sehende Anweisung in einen „Kernbestand" der pädagogischen Freiheit eingegriffen werden könnte…

Die Maßnahme ist auch nicht deshalb als unzulässiger Eingriff anzusehen, weil sie nicht ausdrücklich befristet worden ist. Es versteht sich von selbst, dass ein angemessener Zeitraum verstreichen muss, in dem die Lehrerin der Anweisung nachkommt, bevor sich der Schulleiter ein hinreichend sicheres Bild von Inhalt und Gestaltung des Unterrichts machen kann.

Genauso selbstverständlich ist, dass nach Erreichen dieser angemessenen Zeitspanne er entweder veranlasst ist, weitergehende Maßnahmen zur Sicherstellung des Unterrichtsauftrages der Schule auch hinsichtlich der Unterrichtsstunden der Lehrerin zu ergreifen, oder dass er die Sache auf sich beruhen lässt und die Weisung aufhebt. Um eine solche Entscheidungsgrundlage zu erhalten, musste der Schulleiter die angefochtene Maßnahme ergreifen."

Unter Berufung auf die pädagogische Freiheit besteht auch kein An- **104**
spruch auf Unterlassung unangemeldeter Unterrichtsbesuche nach Be-

schwerden über die Qualität des Unterrichts. Die pädagogische Freiheit kann von Lehrern keineswegs immer dann ins Feld geführt werden, wenn sie bestimmte schulische oder schulaufsichtliche Entscheidungen als unangenehm empfinden, sondern nur zur Verteidigung ihres pädagogischen Handlungsspielraums im Interesse eines situations- und personenangemessenen Handelns.

Im obigen Fall stellte das Gericht fest: „Nach Auskunft der Schule ist die Lehrerin der Anweisung bisher nicht ein einziges Mal nachgekommen." Das wirft die Frage nach möglichen Sanktionen durch den Schulleiter auf. Eine Frage, die nur vor dem Hintergrund des Unterschiedes zwischen dem Vorgesetzten und dem Dienstvorgesetzten beantwortet werden kann.

2. Vorgesetzte und Dienstvorgesetzte der Lehrer

Bundes- und Landesbeamtengesetze definieren die Begriffe Vorgesetzter und Dienstvorgesetzter gleichlautend:

105 "Vorgesetzter ist, wer einem Beamten für seine dienstliche Tätigkeit Anordnungen erteilen kann."

„Dienstvorgesetzter ist, wer für beamtenrechtliche Entscheidungen über die persönlichen Angelegenheiten der ihm nachgeordneten Beamten zuständig ist."

Dienstvorgesetzter ist, wer die beamtenrechtlichen Entscheidungen über die persönlichen Angelegenheiten eines Beamten trifft. Zu den beamtenrechtlichen Entscheidungen über persönliche Angelegenheiten eines Beamten gehören z. B.:

- die Entscheidungen über den Personaleinsatz (z. B. Versetzung),
- die dienstliche Beurteilung,
- die Genehmigung von Sonderurlaub und Dienstreisen,
- die Entgegennahme des Entlassungsantrages,
- die Ausübung disziplinarrechtlicher Befugnisse.

In Bayern sind gemäß § 28 Bay Lehrerdienstordnung (LDO) die Schulleiter an staatlichen Realschulen, Gymnasien und beruflichen Schulen schon seit langem Dienstvorgesetzte der Lehrer. In anderen Ländern werden sie vor allem durch die Tendenz zur Stärkung der Eigenverantwortung der Schulen zunehmend zu Dienstvorgesetzten oder nehmen auf sie delegierte Aufgaben eines Dienstvorgesetzten wahr.

106 Vorgesetzte und Dienstvorgesetzte oberhalb der Schulleiterebene gehören zur Schulaufsicht. Bei den Kompetenzen der Schulaufsicht sind die Dienstaufsicht und die Fachaufsicht zu unterscheiden. Die Fachaufsicht kontrolliert das pädagogische Handeln in den Bereichen

Unterricht und Erziehung. Die Fachaufsicht bezieht sich sowohl auf die Rechtmäßigkeit als auch auf die Zweckmäßigkeit pädagogischer Entscheidungen. Im Grundsatz halten alle Länder an der Fachaufsicht fest. Einschränkungen haben vor allem Hessen, Mecklenburg-Vorpommern und Niedersachsen vorgenommen, die eine Aufhebung schulischer Entscheidungen oder eine die schulische Entscheidung ersetzende Entscheidung der Schulaufsicht (Selbsteintritt) bei pädagogischen Bewertungen, unterrichtlichen oder erzieherischen Entscheidungen, also im Kernbereich des pädagogischen Handelns, nur zulassen, wenn Verfahrens- oder Rechtsvorschriften verletzt, falsche Voraussetzungen zugrunde gelegt, sachfremde Erwägungen angestellt wurden oder gegen allgemein anerkannte pädagogische Grundsätze oder Bewertungsmaßstäbe verstoßen wurde. Die Hälfte der Bundesländer kennt aber keinerlei Einschränkung der fachaufsichtlichen Befugnisse.

Die Dienstaufsicht ist die Aufsicht über die innere Ordnung an den Schulen, die Pflichterfüllung der Lehrer als Beamte und die Ausübung der Disziplinargewalt.

3. Remonstrationspflicht

Die Möglichkeiten des Beamten, sich gegen Weisungen, die ihn möglicherweise in seinen Rechten verletzen, mit Rechtsbehelfen und ggf. einer Klage zu wehren, werden eingehend im Kapitel „Der Rechtsschutz" dargestellt. Die Remonstrationspflicht wird an dieser Stelle behandelt, da es sich um eine Pflicht des Beamten handelt, die im unmittelbaren Zusammenhang mit seiner Weisungsgebundenheit steht. 107

F **Der unsportliche Lehrer**

Schulleiter S weist den Lehrer L an, den Sportunterricht eines Kollegen zu übernehmen, der sich krankgemeldet hat. L, der die Fächer Deutsch und Geschichte unterrichtet, erklärt S, er habe Bedenken gegen die Weisung, da er kein ausgebildeter Sportlehrer sei und daher eventuelle Gefährdungen der Schüler durch eigenes unsachgemäßes Verhalten nicht ausschließen könne. S erwidert: „Sie brauchen die Schüler ja nicht am Reck turnen zu lassen. Sie werden das schon schaffen."

Fallfragen:

- Hat L Bedenken gegen die Rechtmäßigkeit oder die Zweckmäßigkeit der Weisung?
- Will L vorrangig sich selbst oder die Schüler schützen?

Rechtslage:

Die Schule hat die Rechtspflicht, die Schüler vor Schaden zu bewahren. Die fehlende fachliche Qualifikation des L, die eine Übertragung des Sportunterrichts auf ihn nicht zweckmäßig erscheinen lässt, führt zugleich zu Bedenken gegen die Rechtmäßigkeit der Weisung, da die Übertragung von Unterrichts- und Aufsichtsaufgaben an ungeeignete Personen gegen diese Rechtspflicht der Schule verstößt. L äußert daher Bedenken gegen die Rechtmäßigkeit der Weisung.

L will sich wohl auch vor dem Vorwurf der Verletzung seiner Aufsichtspflichten schützen, vorrangig wird es ihm aber um das Wohl der Schüler gehen, die er vor Schaden bewahren will.

Fallfrage:

- § 36 BeamtStG ist auf den vorliegenden Fall anzuwenden. Wie muss L sich verhalten?

§ 36 BeamtStG :

„(1) Beamtinnen und Beamte tragen für die Rechtmäßigkeit ihrer dienstlichen Handlungen die volle persönliche Verantwortung.
(2) Bedenken gegen die Rechtmäßigkeit dienstlicher Anordnungen haben Beamtinnen und Beamte unverzüglich auf dem Dienstweg geltend zu machen. Wird die Anordnung aufrechterhalten, haben sie sich, wenn die Bedenken fortbestehen, an die nächsthöhere Vorgesetzte oder den nächsthöheren Vorgesetzten zu wenden. Wird die Anordnung bestätigt, müssen die Beamtinnen und Beamten sie ausführen und sind von der eigenen Verantwortung befreit.
Dies gilt nicht, wenn das aufgetragene Verhalten die Würde des Menschen verletzt oder strafbar oder ordnungswidrig ist und die Strafbarkeit oder Ordnungswidrigkeit für die Beamtinnen und Beamten erkennbar ist.
Die Bestätigung hat auf Verlangen schriftlich zu erfolgen."

Rechtslage:

Gemäß § 36 Absatz 1 BeamtStG ist L für die Rechtmäßigkeit eines von ihm durchgeführten Sportunterrichts voll verantwortlich. Da er Bedenken gegen die Rechtmäßigkeit der dienstlichen Anordnung des S hat, ist er verpflichtet, diese Bedenken unverzüglich dem S vorzutragen. Das hat L im vorliegenden Fall getan. S hat daraufhin seine Weisung bestätigt. L muss sich nun, da seine Bedenken fortbestehen, an den nächsthöheren Vorgesetzten wenden. Bestätigt dieser die Anordnung, hat L sie auszuführen, da die Übernahme des Sportunterrichts durch ihn kein strafbares oder ordnungswidriges Verhalten darstellt. Die Verantwortung für eventuelle Schädigungen der Schüler ist damit auf den nächsthöheren Vorgesetzten übergegangen, der die Anweisung auf Verlangen des Beamten schriftlich bestätigen muss. In bestimmten Situationen tritt die Entscheidung des unmittelbaren Vorgesetzten an die Stelle der Entscheidung des nächsthöheren Vorgesetzten.

§ 36 Absatz 3 BeamtStG :

"Wird von den Beamtinnen und Beamten die sofortige Ausführung der Anordnung verlangt, weil Gefahr im Verzug besteht und die Entscheidung der oder des höheren Vorgesetzten nicht rechtzeitig herbeigeführt werden kann, gilt Absatz 2 Satz 3 und 4 entsprechend."

Bestehen zum Beispiel Bedenken gegen die Rechtmäßigkeit der Übertragung der Aufsichtspflicht auf einen Lehrer, ist die Aufsicht aber schnell wahrzunehmen, um Schaden von den Schülern abzuwenden, und ist es unmöglich, den nächsthöheren Vorgesetzten zu erreichen, ist der Lehrer verpflichtet, die Weisung zu befolgen, wenn sein Verhalten nicht strafbar oder ordnungswidrig ist oder die Menschenwürde verletzt.

Die Remonstrationspflicht schützt wegen des Überganges der Verantwortung auf den nächsthöheren Vorgesetzten den Beamten vor den rechtlichen Konsequenzen eines möglicherweise rechtswidrigen Verhaltens. Sie soll darüber hinaus dem Schutz der Bürger vor dem Handeln der Behörde dienen, indem sie eine Überprüfung möglicherweise rechtswidrigen Handelns ermöglicht. Sie dient aber nicht zuletzt dem Schutz der Vorgesetzten des Beamten, die eine Weisung, deren Rechtswidrigkeit sie eventuell übersehen haben, noch einmal überprüfen können. Sie entspricht damit der Pflicht des Beamten zur Beratung seiner Vorgesetzten. Ein Beamter, der seine Vorgesetzten nicht auf die Gefahr rechtswidrigen Handelns hinweist, verletzt seine Dienstpflichten. Vorgesetzte sollten daher Bedenken gegen die Rechtmäßigkeit ihrer Entscheidungen nicht als persönlichen Angriff missverstehen, sondern als pflichtgemäßes Verhalten des Beamten, das auch dem Interesse der Vorgesetzten an einer rechtmäßigen Amtsführung entspricht.

4. Pädagogische Freiheit und Konferenzbeschlüsse

Konferenzbeschlüsse sollen die Einheitlichkeit des Unterrichts und **108**
der Erziehung an einer Schule fördern. Sie beeinflussen das Gesamtbild einer Schule und helfen, eine pädagogische und rechtliche Gleichbehandlung der Schüler zu sichern. Die Lehrer sind als Teil der Schule an Konferenzbeschlüsse gebunden. Ihre pädagogische Freiheit wird also durch die Zuständigkeit der Konferenzen eingeschränkt.

Andererseits ist der Tatsache Rechnung zu tragen, dass Gremien der Schule in aller Regel keine konkreten Einzelfallentscheidungen treffen, sondern lediglich Grundsätze der pädagogischen Arbeit festlegen können. Die Entscheidungen in Einzelfällen bleiben den Lehrern vorbehalten.

Außerdem sichern einige Schulgesetze ausdrücklich einen pädagogischen Freiraum des Lehrers gegenüber Konferenzbeschlüssen. So zum Beispiel

§ 27 Abs. 2 SchulG S-Anh.:

„Die Konferenzen haben dabei auf die pädagogische Freiheit und Verantwortung des Lehrers Rücksicht zu nehmen."

Diese Regelung sichert sowohl die Einheitlichkeit des Unterrichts und der Erziehung als auch die pädagogische Freiheit der Lehrer.

109 Haben schulische Konferenzen ein Schulprogramm verabschiedet, das bestimmte Festlegungen im Hinblick auf den Unterricht und die Erziehung sowie außerunterrichtliche Aktivitäten der Schule trifft, muss sich dieses Schulprogramm im Rahmen der Gesetze und Vorschriften halten, also auch die Absicherung der pädagogischen Freiheit gegenüber Konferenzbeschlüssen beachten. Damit vertragen sich allzu detaillierte Festlegungen, insbesondere im Bereich der Unterrichtsmethoden und -inhalte nicht. Andererseits müssen Lehrer das berechtigte Interesse an einem pädagogischen Zusammenwirken aller Lehrkräfte und einem erkennbaren Profil der Schule respektieren. Die erforderliche Abwägung im Einzelfall darf nicht mit dem bloßen Hinweis auf den Beschluss eines schulischen Gremiums unterlaufen werden.

5. Pädagogische Freiheit gegenüber Eltern und Schülern

110 Eltern und Schülern gegenüber handelt der Lehrer nicht im eigenen Namen, sondern als Organwalter der Schule. Er vertritt den Staat, dessen Aufsicht nach Artikel 7 Absatz 1 GG das gesamte Schulwesen untersteht und dem damit das Recht zur Planung, Leitung, Organisation und Beaufsichtigung des Schulwesens zusteht.

Eltern und Schüler haben einen mit Rechtsbehelfen und Klagemöglichkeiten durchsetzbaren Anspruch auf ein rechtmäßiges Handeln der Lehrer. Im Bereich der pädagogischen Zweckmäßigkeit haben sie aber keinerlei Weisungsmöglichkeit. Hier trifft der Lehrer auf Grund seiner pädagogischen Freiheit und Verantwortung die Entscheidung, die ihm pädagogisch richtig zu sein scheint.

So sehr die pädagogische Tätigkeit des Lehrers dem unmittelbaren Einfluss der Eltern und Schüler entzogen ist, so sehr ist sie auch in diesem Bereich letztlich von der Bereitschaft der Vorgesetzten abhängig, die pädagogische Freiheit zu achten, da die Eltern und Schüler jederzeit das Recht haben, sich mit Beschwerden an den Schulleiter und die Schulaufsicht zu wenden, die dem Lehrer Weisungen erteilen können. Schulleitung und Schulaufsicht sollten bei der Prüfung von Beschwerden berücksichtigen, dass die pädagogische Freiheit der Lehrer gegenüber Eltern und Schülern kein Privileg der Lehrer ist, sondern im Interesse einer dem Wohl der Schüler dienenden pädagogischen Tätigkeit, die wesentlich auf dem Ansehen und der Autorität des Lehrers als eigenverantwortlich handelndem Pädagogen beruht, gesichert und respektiert werden muss.

F Das nichtssagende Zeugnis **111**

Eine Grundschullehrerin stellte Schülern einer zweiten Klasse Zeugnisse aus, die überwiegend keine fachspezifischen Angaben zu den Leistungen in den Fächern Deutsch und Mathematik enthielten. Die Schulleiterin verlangte von der Lehrerin, die Zeugnisse neu zu schreiben und entsprechend zu ergänzen.

Fallfrage:
- In welchem Verhältnis steht hier die pädagogische Freiheit zu den Rechten der Eltern und Schüler?

Rechtslage:

Der Hessische Verwaltungsgerichtshof *(→ Az.: 1 UE1042/92; SchulRecht 2/1997, S.27; SPE 294 Nr. 5)* hat die Klage der Lehrerin abgewiesen: „Die Verpflichtung der Lehrerin zur Aufnahme differenzierter fachspezifischer Aussagen in die einzelnen Zeugnisse der Grundschulklasse 2 ergibt sich dem Grunde nach aus dem verfassungsrechtlich gewährleisteten Informationsanspruch der Eltern und Schüler … Der aus Art. 2 Abs. 1, 6 Abs. 2 GG folgende, als solcher unumstrittene Informations- bzw. Auskunftsanspruch der Eltern und Schüler bezieht sich vor allem auf Informationen über die Leistungen und Lernfortschritte sowie das leistungsbezogene Verhalten des Kindes in der Schule … (Es darf nicht) auf eine inhaltliche Leistungsbewertung in einzelnen Fächern zugunsten allgemein gehaltener Aussagen über das Erreichen der Lernzielanforderungen einer Klasse gänzlich verzichtet werden … zum geschützten Gehalt des Informationsanspruchs (gehört) das Recht auf Auskünfte über den Leistungsstand der Schüler und zwar … bezogen auf einzelne Fächer und Lernbereiche … Die pädagogische Gestaltungsfreiheit findet in den Grundrechten der Schüler und Eltern ihre Grenze."

6. Fälle und Lösungen zur pädagogischen Freiheit

a) Der Klassenwechsel des Lehrers

112 **F** Eltern und Schüler haben sich bereits in der Vergangenheit häufiger über den Unterricht eines Lehrers beschwert. 14 Tage nachdem der Lehrer einen Grundkurs Mathematik übernommen hatte, forderten Eltern und Schüler dieses Grundkurses seine Ablösung. Nach mehreren Gesprächen mit dem Lehrer, den Eltern und den Schülern entschied der Schulleiter, der Lehrer habe eine andere Gruppe zu übernehmen. Er begründete seine Entscheidung mit den aus seiner Sicht nicht unberechtigten Beschwerden und der Drohung der Eltern, ihre Kinder aus dem Unterricht herauszunehmen, was zur Nichtzulassung zum schriftlichen Abitur des gesamten Grundkurses geführt hätte sowie der völlig fehlenden Bereitschaft des Lehrers, mit den Eltern und Schülern ein sinnvolles Gespräch zu führen.

Fallfrage:

- Kann der Lehrer sich gegen diese Maßnahme unter Berufung auf seine pädagogische Freiheit, die Fürsorgepflicht des Dienstherrn oder das Recht der Schule, über den Personaleinsatz frei von Elterneinflüssen zu entscheiden, gerichtlich zur Wehr setzen?

Rechtslage:

Das Verwaltungsgericht Karlsruhe *(→ Az.: 13 K 2904/97; SchulRecht 3/2001, S. 63)* hat die Klage als unzulässig abgewiesen: „Die Verteilung der Lehraufträge an öffentlichen Schulen ist Aufgabe des Schulleiters. Der einzelne Lehrer hat keinen Anspruch darauf, dass er eine bestimmte Klasse in einem bestimmten Fach unterrichten darf. Er hat auch kein subjektives Abwehrrecht dergestalt, dass ihm ein einmal erteilter Lehrauftrag nicht mehr ohne weiteres entzogen werden darf. Ein solches Abwehrrecht ergibt sich auch nicht aus § 38 Abs. 2 SchG, wonach der Lehrer im Rahmen der ihm vorgegebenen Erziehungsziele, der Bildungspläne und sonstiger Vorschriften die unmittelbare pädagogische Verantwortung für die Erziehung und Bildung der Schüler trägt. Die hier verankerte pädagogische Freiheit des Lehrers verleiht ihm als Person kein einklagbares Abwehrrecht, das er gegenüber der Schulleitung oder der Schulaufsichtsbehörde durchsetzen könnte…

Da jeder konkrete Lehrauftrag allein dem Schulzweck dient und auf die Bildungsinteressen der Schüler bezogen ist, kann eine Änderung des Lehrauftrags auch nicht gegen die beamtenrechtliche Fürsorgepflicht verstoßen … Ob der Schulleiter des Lehrers in seinem Fall auch hätte anders handeln können und ob seine Wertung, ein den Bildungsinteressen der Schüler dienender Unterricht im Grundkurs Mathematik sei vom Lehrer kaum mehr leistbar gewesen, pädagogisch richtig war, ist hier unerheblich, da diese Entscheidung nicht justiziabel ist."

Die pädagogische Freiheit ist, wie das Verwaltungsgericht in Über- **113**
einstimmung mit der ganz überwiegenden Rechtsprechung feststellt, kein subjektives Recht des einzelnen Lehrers. Er kann sie daher nicht als Abwehrrecht in Anspruch nehmen. Die Berufung auf die Fürsorgepflicht könnte allenfalls erfolgreich sein, wenn die Maßnahme offensichtlich willkürlich oder schikanös gewesen wäre. Darauf weist aber im Sachverhalt nichts hin. Der Personaleinsatz gehört zum ausschließlichen Zuständigkeitsbereich des Staates, zuständig für die Wahrnehmung dieser Befugnis sind aber Schulleitung und Schulaufsicht und nicht der einzelne Lehrer.

b) Die Zeugnisanrede

F Die Grundschullehrerin L spricht die Schüler bei den allgemeinen Beur- **114**
teilungen auf Zeugnissen persönlich, in der zweiten Person an: „Dein Verhalten … Du hast …"Die Schulaufsicht weist L an, die allgemeinen Beurteilungen in der dritten Person abzufassen.

Fallfrage:
- Bei der Beurteilung des Falles ist davon auszugehen, dass es keine Rechtsvorschrift gibt, die die Anrede in Grundschulzeugnissen verbindlich regelt.
- Stellt die Weisung einen Eingriff in die pädagogische Freiheit der L dar?

Rechtslage:

Die Weisung der Schulaufsicht bezieht sich auf die Zweckmäßigkeit der Art der Anrede in Grundschulzeugnissen. Zu dieser Frage gibt es unterschiedliche pädagogische Auffassungen. Der Prüfung, ob hier die L ein auf die pädagogische Freiheit gestütztes eigenes Entscheidungsrecht hat, muss die Antwort auf die Frage vorausgehen, ob überhaupt ein Eingriff in die pädagogische Freiheit vorliegt. Zu diesem Problem führt das Verwaltungsgericht Berlin folgendes aus *(VG Berlin, → Az.: VG 7 A 120.86; SPE 480 Nr.1 S.3 f.)*: „… auch wenn man einen pädagogischen Freiraum anerkennt, der von Maßnahmen der Schulaufsicht nicht unzumutbar eingeengt werden darf …, greift die Weisung … hierin nicht in unzulässiger Weise ein. Die Frage der Anrede der Schüler in den Zeugnissen fällt nicht mehr in den auch weit verstandenen Rahmen einer … pädagogischen Gestaltungsfreiheit. Vor Erlass dieser Weisung bestand offenbar eine unterschiedliche Übung an den Schulen … Schon deshalb konnte es die Schulaufsicht als geboten erachten, aus Gründen der Wahrung des Gleichheitsgrundsatzes … durch eine Schulaufsichtsmaßnahme eine einheitliche Regelung herbeizuführen. Die Anweisung selbst betrifft nicht Inhalt und Ausgestaltung des über ein Schuljahr verteilten Unterrichts, sondern legt lediglich bestimmte Formalien für die Erteilung von Zeugnissen fest … die Auffassung der Schulaufsicht, das Zeugnis sei in erster Linie für die Erziehungsberechtigten des Schülers bestimmt und der Schüler sei daher einheitlich in dritter Person anzusprechen, ist … sachlich vertretbar, zumindest nicht willkürlich."

Es liegt kein Eingriff in die pädagogische Freiheit der L vor, da es sich bei der Weisung nicht um den Kernbereich der Unterrichts- und Erziehungsarbeit, sondern um die einheitliche Regelung bestimmter Formalien handelt. L muss daher die Weisung befolgen.

VI. Leistungsbewertung und schulische Prüfungsentscheidungen

1. Umfang der gerichtlichen Überprüfung

Die folgenden Fälle I und II schildern zwei denkbare Möglichkeiten der Überprüfung von Leistungsbewertungen durch Gerichte. Sie geben nicht die Auffassung der Rechtsprechung wieder, sondern stellen zwei fiktive, extreme Auffassungen einander gegenüber, deren Vergleich die der Rechtsprechung zu Grunde liegenden Überlegungen verdeutlicht. **115**

F **Das zurückhaltende Gericht (I)**

Die Deutscharbeit des Schülers S ist von Lehrer L mit „mangelhaft" bewertet worden. S möchte diese Bewertung gerichtlich überprüfen lassen, da er meint, L habe die in der Arbeit aufgeführten Argumente als „einseitig" bezeichnet, da er eine Seite der Arbeit ganz übersehen habe. L habe auch einige Ausführungen mit Randbemerkungen wie „Quatsch" und „Unsinn" versehen, obwohl es sich um klare, folgerichtige Darlegungen gehandelt habe. Außerdem habe L ihm die Arbeit ohne Angabe von Gründen zehn Minuten eher abgenommen als den anderen Schülern.

Fallfrage:

– Wäre es sinnvoll, wenn ein Gericht eine Überprüfung ablehnen würde, da für die Bewertung von Deutscharbeiten nicht Juristen, sondern Deutschlehrer zuständig seien?

F **Der Sachverständige (II)**

Die Deutscharbeit des Schülers S ist von Lehrer L mit „mangelhaft" bewertet worden. S möchte diese Bewertung gerichtlich überprüfen lassen, da er meint, seine Ausführungen seien von L unter sprachlichen und inhaltlichen Gesichtspunkten nicht richtig gewürdigt worden.

Fallfrage:

– Wäre es sinnvoll, wenn ein Gericht daraufhin einen unbefangenen, erfahrenen Deutschlehrer als Sachverständigen bestellte und der Empfehlung des Sachverständigen entsprechend feststellen würde die Deutscharbeit sei mit der Note „ausreichend" zu bewerten?

Lösungshinweise:

Im Fall I würde das Gericht jedwede Überprüfung pädagogischer Leistungsbewertungen ablehnen.

Die Vorteile eines solchen Verzichtes liegen in der damit verbundenen Anerkennung eines eigenständigen pädagogischen und fachwissenschaftlichen Bereiches, der sich der Erfassung durch das Recht entzieht, und der Verweigerung von Klagemöglichkeiten für Eltern und Schüler, die ihre Chancen anderen Schülern gegenüber durch eine gerichtliche Leistungsbewertung verbessern wollen.

Die Nachteile dieses Verzichts liegen in der Duldung offensichtlicher Ungerechtigkeiten und Benachteiligungen. Auch wenn Prüfer einen Teil der erbrachten Leistung gar nicht zur Kenntnis genommen haben, weil sie z. B. eine Seite der Arbeit übersehen haben, oder die Bearbeitungszeit ohne ersichtlichen Grund gleichheitswidrig verkürzt wurde, wäre es dem Prüfling nicht möglich, gegen die Prüfungsentscheidung gerichtlich vorzugehen.

Im Fall II würde das Gericht die Leistungsbewertung eines Lehrers durch die eines anderen ersetzen.

Der Vorteil dieser Vorgehensweise liegt in der dem Kläger eingeräumten Chance, die erbrachten Leistungen von einem völlig unbefangenen Sachverständigen ein zweites Mal beurteilen zu lassen. Die Nachteile liegen in der grenzenlosen gerichtlichen Überprüfbarkeit, die zu einer Flut von Klagen führen würde und im Grunde doch keine rechtliche, sondern eine abermalige pädagogische Beurteilung wäre, die auf der stillschweigenden Voraussetzung beruht, dass es jeweils nur eine richtige Leistungsbeurteilung gibt, die ein Sachverständiger objektiv ermitteln kann. Die grenzenlose Nachprüfbarkeit pädagogischer Leistungsbewertungen würde zu einem Austausch von Gutachten und Gegengutachten führen und völlig außer Acht lassen, dass eine angemessene Beurteilung die Kenntnis des Schülers, der Klasse und des voraufgegangenen Unterrichts voraussetzt und in gewissem Maße auch von der Persönlichkeit des Beurteilenden abhängt. Damit würden nicht alle Schüler einer Klasse an denselben Maßstäben gemessen.

Wünschenswert wäre eine gerichtliche Nachprüfung pädagogischer Leistungsbewertungen, die die Vorteile der beiden fiktiven Auffassungen bewahrt und ihre Nachteile ausschließt. Dieses Ziel hat die von der Rechtsprechung tatsächlich vertretene Auffassung weitgehend erreicht.

116 Die Leistungsbewertung wird von den Gerichten als pädagogischer Vorgang anerkannt, der eine persönliche Einschätzung und Wertung durch den Lehrer voraussetzt. Der Lehrer kennt alle bedeutsamen Umstände wie den vorausgegangenen Unterricht, den Leistungsstand der Klasse und die Person des Schülers und würdigt sie anhand objektiver Maßstäbe, aber nicht unbeeinflusst von unvermeidbaren persönlichen

Wertungen. Bei mündlichen Leistungen und Prüfungsentscheidungen ist zudem zu bedenken, dass die Unterrichts- oder Prüfungssituation einmalig ist und nicht wiederholt werden kann. Die Gerichte belassen daher dem Lehrer einen Beurteilungsspielraum bei der Leistungsbewertung, in den sie nicht eingreifen. „Zu diesen prüfungsspezifischen Fragen, die der Letztentscheidungskompetenz der Prüfer überlassen bleiben, gehören insbesondere die Benotung, die Gewichtung verschiedener Aufgaben untereinander und die Schwere einzelner Fehler, die Überzeugungskraft der Argumente, die Einordnung des Schwierigkeitsgrades der Aufgabenstellung und die Würdigung der Qualität der Darstellung sowie die Geordnetheit der Darlegungen." (Verwaltungsgericht Braunschweig, Az.: 6 A 50/13; SchulRecht 7-8/2014, S. 108 ff.)

Die Gerichte wenden bei der gerichtlichen Überprüfung Kriterien an, die weder höchstpersönliche Elemente enthalten noch eine unmittelbare Kenntnis des Unterrichts und der zu beurteilenden Personen voraussetzen. Gemeinsame Basis dieser Kriterien ist der Anspruch der Schüler aus Art. 3 Abs. 1 GG auf Gleichbehandlung und Chancengleichheit.

2. Kriterien der gerichtlichen Überprüfung

F Die Nichtversetzung 117

Die Schülerin S wird wegen der Note „mangelhaft" in Deutsch und Mathematik nicht von der achten in die neunte Klasse versetzt. Sie klagt mit folgender Begründung gegen ihre Nichtversetzung: Die Note „mangelhaft" in Deutsch sei rechtswidrig, da

- die Leistungsanforderungen zu hoch gewesen seien,
- sie bei den Klassenarbeiten wegen der fehlenden Autorität des Deutschlehrers ständig von anderen Schülern gestört worden sei,
- der Lehrer, der eine persönliche Abneigung gegen sie habe, bei der Bewertung befangen gewesen sei.

Fallfrage:

- Welche der genannten Begründungen für die Rechtswidrigkeit der erteilten Note können Gegenstand einer gerichtlichen Überprüfung sein und welche Begründungen sind dem gerichtlich nicht überprüfbaren Beurteilungsspielraum zuzuordnen?

Lösung:

Das Bundesverwaltungsgericht begründet den Beurteilungsspielraum bei der Leistungsbewertung folgendermaßen *(→ BVerwGE 8, 272 [BVerwG 24.04.1959 – VII C 104.58]; SPE 446 Nr. 1 und SPE S. a. F. II C I/l hier: S. 1 a):* 118

„Wie die Erfahrung lehrt, kann das Urteil über den Wert geistiger Leistungen verschieden ausfallen. Um Nachteile, die dadurch entstehen können, zu vermeiden oder zu vermindern, muss der Prüfling in der Regel mehrere Prüfungsleistungen erbringen, die von mehreren Prüfern beurteilt werden. Der Lehrer beobachtet den Schüler, den er unterrichtet, während längerer Zeit und kann so zu einem ausgeglichenen Urteil gelangen. Die Rechtsordnung verpflichtet Lehrer ..., nach bestem Wissen und Gewissen die Leistungen des Schülers ... zu beurteilen. Dagegen verpflichtet sie sie nicht, zu demselben Urteil zu gelangen, zu dem später ein gerichtlicher Sachverständiger gelangen würde, dem die Leistungen vorgelegt werden."

Das Bundesverwaltungsgericht zieht aus dieser Erkenntnis den Schluss, ein Gericht könne die eigentliche pädagogisch-wissenschaftliche Wertung nur daraufhin prüfen, ob der Prüfer von falschen Tatsachen ausgegangen sei, allgemeingültige Bewertungsgrundsätze nicht beachtet habe oder sich von sachfremden Erwägungen habe leiten lassen (a.a.O., S. 1 b).

Außerdem dürfen keine Verstöße gegen Verfahrensvorschriften, die zum Beispiel die Rechtswirksamkeit eines Konferenzbeschlusses beeinträchtigen könnten, vorliegen (a.a.O., S. 1 d). Das Bundesverfassungsgericht *(→ Az.: 1 BvR 419/81, SPE540 Nr. 1)* hat diesen Katalog noch um den Grundsatz erweitert, Vertretbares dürfe nicht als falsch bewertet werden.

Die Gerichte beurteilen die Rechtmäßigkeit einer Leistungsbewertung also nach folgenden Kriterien:
- Wurde von zutreffenden Tatsachen ausgegangen?
- Wurde das Verfahren ordnungsgemäß durchgeführt?
- Wurden allgemein anerkannte Bewertungsmaßstäbe eingehalten?
- Unterlag die Bewertung sachfremden Einflüssen?
- Wurde Vertretbares als falsch bewertet?

Die Schülerin S kann sich daher nicht darauf berufen, die Leistungsanforderungen seien zu hoch gewesen, da die Festlegung der Leistungsanforderungen dem pädagogischen Beurteilungsspielraum des Lehrers zuzurechnen ist. Störungen während der Klassenarbeiten könnten einen Verfahrensfehler darstellen, und eine Befangenheit des Lehrers wäre ein sachfremder Einfluss. Beide Behauptungen müssten daher im konkreten Fall von einem Gericht überprüft werden.

a) Zutreffende Tatsachen

119 Eine Leistungsbewertung ist rechtswidrig, wenn der Beurteilende von unzutreffenden Tatsachen ausgegangen ist, weil er z. B. eine Seite

einer Klausur übersehen und nicht bewertet hat oder weil er angenommen hat, die Schüler hätten bei einer Englischarbeit Lexika benutzen dürfen, obwohl das tatsächlich nicht der Fall war. Die Rechtswidrigkeit der Leistungsbewertung bei der Annahme unzutreffender Tatsachen ist im Grunde offensichtlich.

b) Ordnungsgemäßes Verfahren

Hinter der Frage nach dem ordnungsgemäßen Verfahren stehen zahlreiche Überlegungen und Problemfelder, die letztlich alle auf dem Gedanken der Chancengleichheit, der seine verfassungsrechtliche Grundlage in Art. 3 Abs. 1 GG hat, beruhen. **120**

Zu einem ordnungsgemäßen Verfahren gehört zunächst die Prüfungsfähigkeit des Schülers. Ein Schüler, der an einer Grippe leidet, hat nicht die gleichen Chancen wie ein gesunder Schüler. Andererseits kann nicht jede beliebige persönliche Eigenart des Schülers zur Verschiebung oder Wiederholung einer schriftlichen oder mündlichen Leistungsüberprüfung führen. **121**

F **Krankheit und Prüfungsunfähigkeit** **122**

Eine Schülerin wendet sich gegen ihre Nichtversetzung. Im Fach Physik habe sie zu Unrecht die Note „mangelhaft" erhalten. Die erste Klausur habe sie aus gesundheitlichen Gründen nicht mitschreiben können. Die in der Nachschreibeklausur gezeigten Leistungen seien mit „ungenügend" bewertet worden. Den Nachschreibetermin habe sie wahrgenommen, sei jedoch an diesem Tag krank gewesen. Unmittelbar nach der Klausur habe sie sich aufgrund ihrer körperlichen und psychischen Beeinträchtigungen, die auf der Trennung der Eltern und den damit einhergehenden gravierenden Belastungen beruhe, unverzüglich zu dem sie behandelnden Arzt begeben. Dieser habe festgestellt, dass sie krankheitsbedingt außer Stande gewesen sei, die Klausur zu schreiben. Da es sich bei dem Nachschreibtermin um einen Samstag gehandelt habe, habe sie selbstverständlich nicht am selben Tag die ärztliche Stellungnahme abgeben können. Insofern sei durch Übersendung der ärztlichen Stellungnahme zwei Tage später den Anforderungen an die Unverzüglichkeit der Übermittlung Genüge getan worden.

Die Note im Fach Religion sei erteilt worden, obwohl ihr angeboten worden war, ein Referat zum Ausgleich der bislang erbrachten Leistungen halten zu können. Dies habe sie krankheitsbedingt nicht an dem dafür vorgesehenen Tag gehalten, es aber in Form eines Thesenpapiers ihrer Religionslehrerin gegeben. Diese Leistung habe bei der Notenvergabe keine Berücksichtigung gefunden.

Fallfragen:
Ist das Attest des Arztes anzuerkennen?
Hätte das Referat benotet werden müssen?

Rechtslage:

123 Das Verwaltungsgericht Osnabrück (Az.: 1 A 252/13; SchulRecht 11-12/2015, S. 173 ff.) hat die Klage abgewiesen: Will ein Schüler an einer vorgesehenen Prüfung nicht teilnehmen oder ein Prüfungsergebnis wegen des Vorliegens von Entschuldigungsgründen nicht gegen sich gelten lassen, muss er den Rücktritt von der Prüfung unverzüglich erklären. Unverzüglich im Sinne der Rücktrittsregelung bedeutet, dass es auf den schnellstmöglichen Zeitpunkt ankommt. Dabei muss der Prüfling nicht nur den Prüfungsrücktritt erklären oder das Versäumnis anzeigen, sondern auch unverzüglich den Rücktritts- oder Säumnisgrund mitteilen.

War der Prüfling nicht in der Lage, seine Prüfungsunfähigkeit zu erkennen, zeigt er seine Prüfungsunfähigkeit dann noch unverzüglich an, wenn er diesen Umstand unverzüglich nachweist, also zu dem frühestmöglichen Zeitpunkt, zu dem ihm diese Erkenntnis möglich gewesen ist. Für diesen Fall der unverzüglichen Geltendmachung einer krankheitsbedingten Prüfungsunfähigkeit sind strenge Maßstäbe anzulegen. Auch an die ärztliche Bescheinigung mit der eine Erkrankung diagnostiziert wird, die dazu geführt haben soll, dass der Prüfling seinen Rücktritt nicht unverzüglich habe erklären können, sind besondere Anforderungen zu stellen. Es müssen konkrete ärztlich festgestellte Tatsachen bekundet werden, aus denen nachvollziehbar auf eine derart starke Beeinträchtigung des Prüflings geschlossen werden kann und nachvollziehbar wird, dass er zudem nicht in der Lage gewesen ist, die eigene Prüfungsunfähigkeit vor oder während des Erbringens der Prüfungsleistung zu erkennen. Die Würdigung, ob es dem Prüfling zumutbar war, den Prüfungsrücktritt zu erklären, stellt eine Rechtsfrage dar, deren Beantwortung dem Arzt nicht zusteht.

Diese Anforderungen erfüllt das Attest des Arztes nicht, da es weder eine Diagnose enthält, die den Rückschluss auf die Unfähigkeit, die Prüfungsunfähigkeit zu erkennen, zulässt, noch begründet, warum die Schülerin außerstande gewesen sein soll, ihre Prüfungsunfähigkeit zu erkennen.

Die Schülerin hat das angebotene Referat nicht gehalten. Sie hat lediglich zu einem späteren Zeitpunkt ein Thesenpapier abgegeben. Dabei handelt es sich aber nicht um eine einem Referat gleichwertige Leistung. Bei dem Referat handelt sich nicht um eine Pflichtleistung, daher war die Lehrerin nicht gezwungen, Ersatztermine anzubieten.

Bei Beeinträchtigungen, die sich auf die Fähigkeit, eine Leistung zu erbringen, auswirken, ist grundsätzlich zu unterscheiden zwischen Umständen, die vorübergehender Natur sind und den Schüler gegenüber anderen Schülern wesentlich benachteiligen, dazu gehören z.B. fiebrige Erkrankungen oder starke Kopfschmerzen, und Umständen, die persönlichkeitsbedingt sind und zu den persönlichen Merkmalen eines bestimmten Schülers gehören, wie z.B. große Nervosität oder ungewöhnliche Konzentrationsschwäche. Persönlichkeitsbedingte Merkmale, die den Erfolg bei einer Leistungsüberprüfung beeinträchtigen, stellen keine Verstöße gegen einen ordnungsgemäßen Verfahrensablauf dar. Nur vorübergehende, schwere Beeinträchtigungen können zur Aufhebung einer Leistungsbewertung oder Prüfungsentscheidung führen.

Der Schüler muss diese Gesundheitsstörungen aber unverzüglich geltend machen, d.h. sobald sie für ihn erkennbar sind, und er hat nachzuweisen, dass die Leistungsverweigerung wegen Prüfungsunfähigkeit gerechtfertigt war. Die Schule kann bei wichtigen Prüfungen wie dem Abitur ein amtsärztliches Attest verlangen.

Nach Abschluss einer Prüfung oder Leistungsbewertung kann sich der Schüler nicht mehr auf die Beeinträchtigung seiner Chancen aus gesundheitlichen Gründen berufen, denn gerade der Gedanke der Chancengleichheit gegenüber den anderen Schülern schließt es aus, ihm eine zweite Chance anzubieten. Ausnahmen von diesem Grundsatz gibt es nur in den äußerst seltenen Fällen einer schwerwiegenden, zum Zeitpunkt der Leistungsbewertung unerkannten Krankheit (z.B. einer Zuckerkrankheit).

Zu den äußeren Prüfungsbedingungen, die die Chancengleichheit **124**
bei einer Leistungsbewertung beeinträchtigen können, gehören zum Beispiel übergroße Hitze oder Kälte, Lärm, Unruhe im Klassenraum. Diese Beeinträchtigungen müssen aber bei wichtigen Prüfungen wie dem Abitur in der Prüfungssituation gerügt werden, um im Nachhinein konstruierte Beschwerden auszuschließen.

Bei Klassenarbeiten ist die Rügepflicht großzügig zu handhaben.

Liegen Verstöße gegen ein ordnungsgemäßes Verfahren vor, die auch rechtzeitig gerügt wurden, führt das trotzdem nicht zwangsläufig zur Rechtswidrigkeit der angefochtenen Maßnahme. Es muss vielmehr festgestellt werden, ob der Verstoß für die abschließende Entscheidung wesentlich war. Entsteht zum Beispiel bei einer Klassenarbeit Lärm vor dem Klassenraum durch Straßenarbeiten, ist das in der Regel kein erheblicher Verfahrensfehler, es sei denn, der Lärm war so groß und dauerte so lange an, dass es den Schülern selbst bei gutem Willen und einiger Anstrengung unmöglich war, sich zu konzentrieren.

Das ordnungsgemäße Verfahren kann nicht nur durch die Person des Prüflings und äußere Umstände, sondern auch durch Prüfer beeinträchtigt werden.

125 **F** **Fairness bei mündlichen Prüfungen**

Ein Schüler wendet sich gegen die Bewertung seiner Leistung in der mündlichen Abiturprüfung. Er behauptet, die mündliche Prüfung sei fehlerhaft erfolgt, da der Schulleiter ihm gegenüber voreingenommen gewesen sei. Er habe ihn durch seine Gesten und Lautäußerungen in der Prüfung verunsichert.

Fallfrage:
Führt das Verhalten des Schulleiters zur Rechtswidrigkeit und damit zur Wiederholung der Prüfung?

Rechtslage:

Der Verwaltungsgerichtshof Baden-Württemberg (Az.: 9 S 2143/11; SchulRecht 3-4/2013, S. 37 ff.) hat die Klage abgewiesen. Bei Prüfungen ist das Fairnessgebot zu beachten.

Das Fairnessgebot verpflichtet Prüfer, darauf zu achten, dass auch der Prüfungsstil, der Ablauf des Prüfungsverfahrens und die Prüfungsatmosphäre nach Möglichkeit leistungsverfälschende Verunsicherungen des Prüflings ausschließen. Der Prüfling soll nicht durch ein unangemessenes Verhalten des Prüfers einer psychischen Belastung ausgesetzt werden, die das Bild seiner Leistungsfähigkeit verfälscht. „Ob sich das Verhalten eines Prüfers so hätte auswirken können, ist anhand einer objektiven Betrachtung aus der Sicht eines verständigen Prüflings zu beurteilen. Verstöße gegen das Gebot der Fairness lassen sich nicht allein aus den subjektiven Empfindungen der Prüflinge über eine „bedrückende" Prüfungsatmosphäre herleiten … Je nach Qualität der Leistung eines Prüflings können allerdings auch eindeutig kritische Reaktionen eines Prüfers das Gebot der Fairness noch wahren. … Es mag zwar sein, dass der Schüler aufgrund der für ihn kritischen Prüfungssituation durch die von der Abiturverordnung vorgesehene und generell mögliche Anwesenheit seines Schulleiters verunsichert war. Dieser Umstand allein stellt jedoch noch keine Verletzung des Fairnessgebots dar.

Dass der Schulleiter darüber hinausgehend die Prüfungen durch Missfallensbekundungen gestört hat, hat jedoch die Beweisaufnahme nicht ergeben. Der Schüler behauptet zwar, der Schulleiter habe gestikuliert und Ausrufe wie „Ah" und „Oh" von sich gegeben. Entsprechendes konnte jedoch von keinem der Zeugen bestätigt werden. Die Aussagen des Schülers diesbezüglich waren inhaltsarm … Wäre er tatsächlich durch ein Verhalten des Schulleiters objektiv gestört worden, hätte er die Situation detaillierter beschreiben können." (VGH Baden-Württemberg, a.a.O.)

Es liegt ein Verfahrensfehler vor, wenn der Prüfungsstil das Recht des Prüflings auf eine faire Prüfung verletzt. Auf den Prüfling darf von Seiten des Prüfers kein psychischer Druck ausgeübt werden, der seine Leistungsfähigkeit beeinträchtigt. Andererseits hat der Prüfling keinen Rechtsanspruch auf einen besonders einfühlsamen und geschickten Prüfer. Die Anforderungen an einen Verfahrensverstoß wegen eines unsachlichen Prüfungsstils sind daher eher hoch anzusetzen, um Prüfer nicht an Maßstäben zu messen, die allenfalls ein idealer Prüfer erfüllen kann.

Das Bundesverwaltungsgericht führt aus *(→ BVerwGE 55, 355 [BVerwG 28.04.1978 – 7 C 50.75]; SPE 584 Nr. 4 und S. III D I S. 17–17 f.)*: „Eigenart und Persönlichkeit des Prüfers beeinflussen wesentlich den äußeren Ablauf und die Atmosphäre einer mündlichen Prüfung, die ihrerseits wiederum einen nicht näher bestimmbaren Einfluss auf die Prüfungsleistung nehmen. Vor- und Nachteile, die sich hieraus für den einzelnen Prüfling ergeben, sind unvermeidlich und weder messbar noch rechtlich erheblich. So kann etwa ein Prüfer, der sich im Prüfungsgespräch verschlossen, kühl, distanziert und unpersönlich gibt, damit einem nervenschwachen Kandidaten leicht die Sicherheit nehmen, die dieser zur vollen Entfaltung seines Leistungsvermögens benötigt. Gleichwohl lassen sich daraus für den rechtlichen Bestand der Prüfungsentscheidung keine Folgen ableiten … (a.a.O., S. 17 c).

Ebenso wenig wird der dem Prüfer zur Verfügung stehende weite Spielraum zur Gestaltung des mündlichen Prüfungsverlaufs etwa dadurch beschränkt, dass er gehalten wäre, mit seiner Ansicht über die Leistungen des Prüflings hinter dem Berg zu halten, über Fehlleistungen zur Beruhigung des Prüflings einfach hinwegzugehen oder sie gar zu beschönigen und positive Leistungen besonders zu loben … Gelegentliche „Ausrutscher" und „Entgleisungen" derart, dass sie zwar bei überlegter Betrachtung ungerechtfertigt, andererseits aber aus der Situation heraus, insbesondere im Hinblick auf Fehlleistungen des Prüflings, auch nicht ganz und gar unverständlich erscheinen, hat der Prüfling deshalb hinzunehmen … (a.a.O., S. 17 d).

Der Prüfer, der Prüfungsleistungen sarkastisch, spöttisch, höhnisch oder in ähnlich herabsetzender Form kommentiert, verletzt das Gebot der Fairness. Ein ihn der Lächerlichkeit preisgebendes Prüferverhalten braucht kein Prüfling zu dulden, mögen seine Leistungen noch so unzulänglich gewesen sein. Auch „bodenloser Unsinn" gibt dem Prüfer nicht das Recht, dem Prüfling mit überheblichem Spott zu begegnen" (a.a.O., S.17 e).

126 Der Prüfling kann eine Befangenheit des Prüfers in der Regel auch nach der Prüfung noch geltend machen, zumal sich die Befangenheit oft erst während der Prüfung zeigt, und es dem Prüfling in aller Regel nicht zumutbar ist, die mangelnde Fairness während der Prüfung zu rügen. Das gilt vor allem, wenn der Prüfer das Recht des Prüflings auf ein faires Verfahren verletzt, indem er den Prüfling durch unsachliche Bemerkungen und Sarkasmus verunsichert.

127 Die für mündliche Prüfungen geltenden Maßstäbe können nicht ohne weiteres auf schriftliche Arbeiten übertragen werden, da der wesentliche Schutzzweck des Anspruchs auf ein faires Prüferverhalten, den Prüfling vor der Beeinträchtigung seiner Leistungsfähigkeit durch eine vom Prüfer ausgehende große psychische Belastung zu schützen, bei schriftlichen Arbeiten nicht gegeben ist (a.a.O., S. 12). Allerdings können Entgleisungen bei den schriftlichen Randbemerkungen auf einen Verstoß gegen das Gebot einer sachlichen Bewertung hinweisen (a.a.O., S. 13).

c) Allgemein anerkannte Bewertungsmaßstäbe

128 Überprüfen Gerichte, ob bei Leistungsbewertungen allgemein anerkannte Bewertungsmaßstäbe eingehalten wurden, hängt es von der Definition dieser Bewertungsmaßstäbe ab, welchen Umfang der pädagogische Beurteilungsspielraum hat.

Es handelt sich bei den allgemein anerkannten Bewertungsmaßstäben nicht um bestimmte pädagogische Maßstäbe, sondern um den Versuch, eine willkürliche Bewertung zu verhindern. Rechtswidrig sind daher beispielsweise ein extremes, sachlich nicht zu erklärendes Ungleichgewicht bei der Berücksichtigung von Einzelleistungen bei der Bildung der Gesamtnote, Widersprüche zwischen der Begründung einer Note und der Note selbst, ein falsches Verständnis der Notendefinitionen (z.B. „sehr gut" setzt völlige Fehlerfreiheit voraus) oder die Berücksichtigung formaler Gesichtspunkte wie der Schönheit des Schriftbildes in einem sachlich oder rechtlich nicht zulässigen Maße.

d) Sachfremde Erwägungen

129 Zur Kategorie der sachfremden Erwägungen gehören die Befangenheit eines Lehrers sowie der Einsatz von Noten im Gegensatz zur erbrachten Leistung zu sachfremden Zwecken wie der Disziplinierung oder Belohnung.

F **Sachlichkeit bei mündlichen Prüfungen**

Ein Schüler wendet sich gegen die Bewertung seiner Leistung in der mündlichen Abiturprüfung mit sechs Punkten. Nach Mitteilung eines Fachlehrers habe der Schulleiter, der kein Mitglied des Prüfungsausschusses war, aber ein Anwesenheitsrecht hatte, gesagt, man solle sich gut überlegen, ob man dem Schüler sechs oder sieben Punkte gebe, man verschenke keine Punkte. Außerdem habe er auf ein Ende der längeren Beratung hingewirkt. Schließlich habe der Schulleiter sinngemäß einen Vergleich mit knappen Ergebnissen im Fußball, die man ebenfalls akzeptieren müsse, gezogen.

Fallfrage:
Hat der Schulleiter die Bewertung der Leistung unzulässig beeinflusst?

Rechtslage:

Eine unzulässige Einflussnahme kann dann vorliegen, wenn der Schulleiter gezielt aus sachfremden Erwägungen heraus die fachliche Beratung beeinflusst, mit dem Ziel, eine schlechtere Bewertung des Prüflings zu erreichen. Der Hinweis, die Beratung zügig zu beenden, ist dann nicht unsachlich, wenn bereits längere Zeit beraten wurde und sich weitere Prüfungen eventuell deutlich verzögern könnten. Die Äußerung, man solle sich gut überlegen, ob man dem Schüler sechs oder sieben Punkte gebe, ist ein unzulässiger Eingriff." Denn mit einer solchen Äußerung wäre der Fachausschuss indirekt dazu aufgefordert worden, die Auswirkungen der Notengebung in der mündlichen Prüfung in einem einzelnen Prüfungsfach mit Blick auf das Bestehen der gesamten Abiturprüfung zu berücksichtigen. Dies ist jedoch nicht Sinn der Bewertung der einzelnen Prüfungsleistung." (Verwaltungsgerichtshof Baden-Württemberg, Az.: 9 S 2143/11; SchulRecht 3-4/2013, S. 37 ff.) Das Gericht sah es aber nicht als erwiesen an, dass diese Bemerkung tatsächlich gemacht wurde. Die Äußerung, man solle keine Punkte verschenken, ist sachgerecht.

e) Vertretbare Antworten und Lösungen

Zum Umfang dieses Beurteilungsspielraumes bei berufsbezogenen **130**
Prüfungsentscheidungen hat das Bundesverfassungsgericht in einem Beschluss ausgeführt (BVerfG, → *Az.: 1 BvR 419/81–1 BvR 213/83; SPE 540 Nr. 1, S. 1–16):*

„Dieser (Bewertungsspielraum, d. Verf.) ist jedoch auf prüfungsspezifische Wertungen beschränkt, erstreckt sich also nicht auf alle fachlichen Fragen, die den Gegenstand der Prüfung bilden. (a.a.O., S. 11) Nur prüfungsspezifische Wertungen – vielfach mit fachlichen Urteilen untrennbar verknüpft – bleiben der Letztentscheidungskompetenz der Prüfungsbehörden überlassen. (a.a.O., S. 12) Daraus folgt, dass zutreffende Antworten und brauchbare Lösungen im Prinzip nicht als falsch bewertet werden und zum Nichtbestehen führen dürfen ... Eine vertretbare und mit gewichtigen Argumenten folgerichtig begründete Lösung darf nicht als falsch gewertet werden." (a.a.O., S. 14)

Die gerichtliche Kontrolle muss sich daher nach Auffassung des Bundesverfassungsgerichtes auch auf die fachliche Richtigkeit einer Leistung beziehen. Dabei dürfen nicht nur – wie es der bisherigen Rechtsprechung der Verwaltungsgerichte entsprach – fachwissenschaftlich eindeutig richtige Antworten eines Prüflings nicht als falsch bewertet werden, sondern jede vertretbare und mit gewichtigen Argumenten folgerichtig begründete Lösung ist als richtig zu werten.

Prüfungen, die den Zugang zu Berufen regeln, greifen in das Grundrecht der Berufswahlfreiheit (Art. 12 Abs. 1 GG), und alle schulischen Prüfungen in das der allgemeinen Handlungsfreiheit (Art. 2 Abs. 1 GG) ein. Daher gelten die vom Bundesverfassungsgericht entwickelten Grundsätze zumindest sinngemäß auch für schulische Leistungsbewertungen. *(→ Avenarius, S. 444)*

Zu dem weiterhin bestehenden Beurteilungsspielraum, der einer gerichtlichen Überprüfung nicht zugänglich ist, gehören prüfungsspezifische Wertungen, die „... vielfach mit fachlichen Urteilen untrennbar verknüpft ..." sind. (BVerfG, a.a.O.)

Zu den prüfungsspezifischen Wertungen dürften z. B. der Schwierigkeitsgrad der gestellten Aufgabe, Genauigkeit, Klarheit und Umfang der Begründung einer Lösung sowie die Gewichtung der Einzelleistung bei der Gesamtbeurteilung gehören.

Dem Beurteilungsspielraum unterliegt aber nicht jede Bewertung der Leistung. Das zeigt der Satz: „Eine vertretbare und mit gewichtigen Argumenten folgerichtig begründete Lösung darf nicht als falsch gewertet werden." Ob Argumente vertretbar und gewichtig sind oder eine Begründung folgerichtig, lässt sich nur wertend feststellen. Ob die Interpretation eines geschichtlichen Ereignisses eine vertretbare und mit gewichtigen Argumenten folgerichtig begründete Interpretation ist, können z. B. verschiedene Geschichtslehrer und Historiker durchaus unterschiedlich beurteilen. Eine Klage- und Gutachtenflut, die die Verwaltungsgerichte in die Rolle von obersten Prüfungs- und Leistungsbewertungsbehörden drängen würde, verhindern die Forderungen des Bundesverfassungsgerichtes, der Prüfling müsse substantiierte Einwände erheben und den Nachweis führen, ein Bewertungsfehler könne sich auf die Notengebung ausgewirkt haben. Außerdem nehmen die Gerichte keine eigene Leistungsbewertung vor, sondern verpflichten die Prüfer zu einer erneuten, fehlerfreien Bewertung, bei der die Prüfer aber wiederum zur gleichen Gesamtbeurteilung kommen können.

3. Nachteilsausgleich und Notenschutz

F **LRS und Dyskalkulie** 131

Die Mutter einer Schülerin legt eine Bescheinigung einer Psychologin vor, in der ihrer Tochter eine Lese-Rechtschreibschwäche und eine Dyskalkulie bescheinigt werden. Sie fordert unter Berufung auf in der Bescheinigung ausgesprochene Empfehlungen von der Schule eine Verlängerung der Schreibzeit bei allen Klassenarbeiten, einen Verzicht auf die Bewertung der Rechtschreibleistungen, Aufgabenstellungen bei Klassenarbeiten in „einfacher Sprache", die angemessene Berücksichtigung der Dyskalkulie bei der Notengebung in Mathematik und die Möglichkeit, eine Arbeit bei zu großer Beeinträchtigung durch Lärm beenden und zu einem späteren Termin in einem ruhigen Raum nachschreiben zu können.

Fallfrage:
Welche Ansprüche werden zurecht gestellt?

Rechtslage:

Einer der zentralen Grundsätze der Leistungsbewertung ist der Anspruch aller Schüler auf Gleichbehandlung. Von allen Schülern sind dieselben Leistungen zu fordern, die anhand derselben Maßstäbe bewertet werden. Die Umstände, unter denen Leistungen zu erbringen sind, müssen ebenfalls für alle Schüler gleich sein.

Ist es einem Schüler aufgrund bestimmter Rahmenbedingungen 132
(gesundheitliche Beeinträchtigungen, Behinderung) nicht möglich, eine Leistung unter gleichen Bedingungen zu erbringen, kann er einen Anspruch auf Nachteilsausgleich haben. Der Nachteilsausgleich steht nicht im Widerspruch zur Forderung der Chancengleichheit, sondern stellt die Chancengleichheit erst her. Beim Nachteilsausgleich werden weder die geforderte Leistung noch die Bewertung verändert, sondern es wird den Schwierigkeiten eines Schülers, seine vorhandenen Kenntnisse und Fähigkeiten unter Geltung einheitlicher Bedingungen darzustellen, durch angemessene und geeignete Ausgleichsmaßnahmen

Rechnung getragen. Beispielsweise erhält ein Schüler mit motorischen Einschränkungen eine Verlängerung der Schreibzeit oder ihm wird ein Laptop zur Verfügung gestellt oder ein Schüler mit einer Sehschwäche darf ein Lesegerät benutzen.

Der Anspruch auf einen Nachteilsausgleich ergibt sich unmittelbar aus dem verfassungsrechtlichen Anspruch auf Chancengleichheit. Er muss daher nicht in einem Gesetz oder einer Vorschrift ausdrücklich gewährt werden. In einem Zeugnis wird der Nachteilsausgleich nicht erwähnt, da es nicht sinnvoll wäre, in einem Zeugnis darauf hinzuweisen, dass chancengleiche Bedingungen für alle Schüler herrschten. (Bundesverwaltungsgericht, Az.: 6 C 33.14; SchulRecht 11-12/2015, S. 170 ff.)

133 Der Notenschutz berücksichtigt das individuelle Leistungsvermögen der Schüler. Er verstößt gegen die Chancengleichheit, da er vom Schüler eine modifizierte Leistung fordert, auf bestimmte Leistungen verzichtet, die Bewertungsmaßstäbe ändert oder ganz auf eine Bewertung verzichtet. Der Notenschutz bevorzugt bestimmte Schüler. Eine derartige Bevorzugung kann bei behinderten Schülern zulässig sein, da eine generelle Versagung des Notenschutzes die begabungsgerechte Entfaltung dieser Schüler gefährden oder beeinträchtigen kann. „Dies gilt insbesondere dann, wenn der Schulabschluss Voraussetzung für die Aufnahme eines Berufs oder einer beruflichen Ausbildung ist, in denen die Behinderung nicht erschwerend ins Gewicht fällt." (Bundesverwaltungsgericht, a.a.O., Seite 171) Es gibt aber keinen unmittelbar aus der Verfassung ableitbaren generellen Anspruch Behinderter auf Notenschutz. Der Notenschutz wird auf einem Zeugnis vermerkt, da andernfalls die Aussagekraft des Zeugnisses leidet, da die Noten teilweise nicht nach den allgemeinen Bewertungskriterien zustande gekommen sind. Notenschutz darf nur gewährt werden, wenn er in einem Gesetz ausdrücklich vorgesehen ist. (Bundesverwaltungsgericht, a.a.O., Seite 172)

Die Schule ist an die Empfehlungen der Psychologin nicht gebunden, da sie die pädagogischen Konsequenzen aus einer psychologischen Diagnose selbst zieht. Die Schule nimmt die Handlungsempfehlungen nur zur Kenntnis, um sie in ihre Entscheidungsprozesse einzubeziehen.

Eine Verlängerung der Schreibzeit kann als Nachteilsausgleich bei Klassenarbeiten gewährt werden, bei denen sich eine verlangsamte Lese- und Schreibgeschwindigkeit auswirkt. Die Schule entscheidet, ob sie diesen Nachteilsausgleich für erforderlich hält. Ein Verzicht auf die Bewertung der Rechtschreibleistungen stellt einen Notenschutz dar, der nur zulässig ist, wenn es für ihn eine gesetzliche Grundlage gibt.

Das sprachliche und inhaltliche Verständnis der Aufgabenstellungen ist Teil der geforderten Leistung. Eine Aufgabenstellung in „einfacher Sprache" für einzelne Schüler stellt einen unzulässigen Notenschutz dar, da die geforderte Leistung verändert wird und zudem die Gefahr impliziter Lösungshinweis besteht.

Die Fähigkeit, mathematische Aufgaben in einer vorgegebenen Zeit zu verstehen und zu lösen, stellt den Kern der geforderten Leistung dar. Ein Notenschutz in Form einer teilweise unterlassenen oder im Vergleich zu den Mitschülern günstigeren Bewertung ist daher rechtswidrig. (Verwaltungsgericht Braunschweig, Az.: 6 A 204/12; SchulRecht 5-6/2014, S. 79 ff.)

Eine besondere persönliche Lärmempfindlichkeit gehört zu den persönlichen Eigenarten, die sich auf Leistungen auswirken, ohne zu einem Nachteilsausgleich zu führen. In keinem Fall darf der Schülerin gestattet werden, nach eigenem Gutdünken eine Klassenarbeit abzubrechen und zu einem späteren Termin nachzuschreiben. Sie kann allenfalls – wie jeder Schüler – eine ungewöhnliche Lärmbeeinträchtigung während einer Klassenarbeit rügen und die Rechtmäßigkeit der Klassenarbeit infrage stellen.

4. Umfang der schulaufsichtlichen Überprüfung

F Die strenge Benotung 134

Schüler S wendet sich mit der Bitte an die Schulaufsicht, die Note „mangelhaft" in der letzten Mathematikarbeit zu überprüfen und zu korrigieren, da die in der Arbeit gestellten Anforderungen zu hoch und die Bewertung zu streng gewesen sei.

Fallfragen:
- Welchen Umfang hätte eine gerichtliche Überprüfung?
- Zu welchem Ergebnis käme eine gerichtliche Überprüfung?
- Welchen Umfang hat die Überprüfung durch die Schulaufsicht?
- Zu welchem Ergebnis wird die Schulaufsicht kommen?

Lösung:

Die gerichtliche Überprüfung einer Leistungsbewertung bezieht sich ausschließlich auf die im vorherigen Kapitel genannten Kriterien. Pädagogische Entscheidungen, zu denen das Anspruchsniveau einer Klassenarbeit und die eher strenge oder eher nachsichtige Bewertung gehören, fallen in den pädagogischen Beurteilungsspielraum und werden von den Gerichten nicht überprüft, solange sie sich im Rahmen der Ausbildungsordnungen, Lehrpläne und Richtlinien halten. Eine gerichtliche Überprüfung würde daher nicht zu einer Aufhebung der Note führen.

Eltern und Schüler können mit einer Beschwerde gegen Leistungsbewertungen vorgehen. Helfen die Lehrer oder die Schulleitung im Einverständnis mit dem Lehrer der Beschwerde nicht ab, können die Eltern und der Schüler sich an die Schulaufsicht wenden. Für Eltern gibt es keinen Dienstweg. Sie können ihre Beschwerde daher auch unmittelbar bei der Schulaufsicht einreichen.

Die Schulaufsicht übt die Fachaufsicht aus. Die Fachaufsicht bezieht sich sowohl auf die Rechtmäßigkeit als auch auf die Zweckmäßigkeit des Handelns der Lehrer. Die Schulaufsicht wird daher auch die pädagogische Zweckmäßigkeit, also zum Beispiel das Anspruchsniveau einer Klassenarbeit und einer Bewertung, überprüfen. Das Ergebnis dieser Überprüfung lässt sich nicht vorhersagen, da es von den fachwissenschaftlichen und pädagogischen Auffassungen des jeweiligen Aufsichtsbeamten abhängt.

135 Eine strikte Begrenzung der schulaufsichtlichen Überprüfung auf die Rechtsaufsicht gibt es in keinem Bundesland. Nicht unerhebliche Einschränkung haben allerdings Mecklenburg-Vorpommern, Hessen und Niedersachsen vorgenommen. Hier dürfen pädagogische Bewertungen nur korrigiert werden, wenn Verfahrens- oder Rechtsvorschriften verletzt wurden, bei Annahme falscher Voraussetzungen, sachfremden Erwägungen oder einem Verstoß gegen allgemein anerkannte pädagogische Grundsätze oder Bewertungsmaßstäbe. Die anderen Bundesländer kennen nur geringfügige oder keinerlei Einschränkungen der Fachaufsicht.

Als Begründung für eine die Rechtmäßigkeit und Zweckmäßigkeit umfassende Prüfungskompetenz der Schulaufsicht kann die pädagogische und fachliche Kompetenz der Schulaufsichtsbeamten, die den Richtern fehlt, angeführt werden.

Eine solche Kompetenz hätten aber auch gerichtlich bestellte Sachverständige. Außerdem kann die pädagogische und fachliche Kompetenz der Schulaufsichtsbeamten Befugnisse nur rechtfertigen, wenn sie eine den Urteilen der Lehrer gleichwertige, sachliche Beurteilung einer Situation ermöglicht. Das ist aber bei der Überprüfung von Noten nicht der Fall. Die Zeugnisnoten und auch die Note für eine Klassenarbeit beruhen auf der Kenntnis der von allen Schülern einer Klasse erbrachten Leistungen, der Entwicklung der Leistungen eines einzelnen Schülers und der gesamten Klasse über einen gewissen Zeitraum sowie der Kenntnis des der Leistungsbeurteilung vorausgegangenen Unterrichts. Leistungen werden in einer sehr komplexen, nicht wiederholbaren Situation beurteilt. Einer Überprüfung durch Dritte sind daher schon aus sachlichen Gründen nur die von der Rechtsprechung genannten Bereiche zugänglich. Dem Anspruch der Schüler auf den Schutz ihrer Rechte und Interessen genügt eine an diesen Kriterien orientierte Überprüfung vollkommen, zumal die Rechtsprechung des Bundesverfassungsgerichts auch gewisse Überprüfungsmöglichkeiten der fachlichen Richtigkeit einer Leistungsbewertung im Hinblick auf die Vertretbarkeit einer Antwort eröffnet.

Es ist in der juristischen Literatur und der Rechtsprechung umstritten, ob die Schulaufsicht die Bewertung des Lehrers trotz der Eigenart dieser Wertung als höchstpersönliches Fachurteil durch eine eigene Beurteilung ersetzen darf. Es ist der Auffassung zuzustimmen, dass die Bewertung des Lehrers wegen der Eigenart dieser Wertung als höchstpersönliches Fachurteil nicht durch die eigene pädagogische Beurteilung der Fachaufsicht ersetzt werden darf. (Avenarius, S. 459 f.)

Eine eigenständige Beurteilung durch die Fachaufsicht ist ohnehin allenfalls bei schriftlichen Leistungen der Schüler denkbar, da mündliche Leistungen nicht nachholbar oder dokumentiert sind. So ist eine Überprüfung eines nicht wiederholbaren Prüfungsgesprächs unmöglich, da der Schulaufsicht der für eine eigene Urteilsbildung unverzichtbare unmittelbare Eindruck fehlt.

Diese Auffassung wird im Hinblick auf Prüfungsgespräche auch vom Bundesverwaltungsgericht vertreten: „Eine Begrenzung verwaltungsinterner Kontrollmöglichkeiten mag sich … der Sache nach daraus ergeben, dass die Bewertung einer Leistung die volle Kenntnis der Leistung voraussetzt. Leistungen, die etwa in Prüfungsgesprächen erbracht worden sind, wird eine übergeordnete Behörde, deren Organwalter der Prüfung nicht persönlich beigewohnt haben, im Allgemeinen nicht mehr uneingeschränkt selbst bewerten können."(BVerwGE 57, 130; SPE a. F.S. III F I S. 95-95p, hier: S. 95o)

Die fachaufsichtlichen Befugnisse der Schulaufsicht bei der Überprüfung von Leistungen sind nach in der juristischen Literatur vertretenen Auffassungen sowohl bei schriftlichen als auch bei mündlichen Leistungen aus der Natur der Sache begrenzt. „Auch bei der Bewertung von Schülerleistungen … handelt der Lehrer in eigener Verantwortung: Diese … ergibt sich aus der Eigenart der Wertung, so weit sie ein höchstpersönliches Fachurteil enthält. Die Schulbehörde darf daher die Bewertung des Lehrers nicht durch die eigene Bewertung ersetzen." (Avenarius, S. 459 f.)

Die Beratung durch die Schulaufsicht kann allerdings zu einer rechtssicheren Begründung einer Leistungsbewertung beitragen. Eine Begründung kann auch im Widerspruchsverfahren und sogar noch im erstinstanzlichen gerichtlichen Verfahren präzisiert, ergänzt oder geändert werden. Erkennt die Schulaufsicht in Begründungen schulischer Leistungsbeurteilungen Ungenauigkeiten oder rechtlich relevante Fehler, sollte sie daher nicht vorrangig an eine Aufhebung der schulischen Entscheidung denken, sondern an die Möglichkeit einer Nachbesserung.

Für eine umfassende Überprüfungskompetenz, die sich auch auf den Schwierigkeitsgrad einer Klassenarbeit und das Anforderungsniveau bei der Bewertung bezieht und damit den pädagogischen Beurteilungsspielraum der Lehrer vollständig beseitigt, könnte die durch die Schulaufsicht zu fördernde Einheitlichkeit der Bewertungspraxis angeführt werden. Tatsächlich gefährdet aber ein Recht der Schulaufsicht, Noten aus pädagogischen Gründen abzuändern, die Chancengleichheit der Schüler. Die Beurteilung durch die Schulaufsicht bietet einzelnen Schülern eine zweite Beurteilungschance. Bei mündlichen Leistungen kommt hinzu, dass sie in einer nicht rekonstruierbaren Situation erbracht wurden.

Für Schüler gilt wie für Prüflinge: „Würde ein Prüfling es allein mit dem Begehren auf ein Überdenken der Prüfungsentscheidung … erreichen können, dass seine Leistungen nunmehr durch andere Personen nochmals bewertet werden, würde er damit gegenüber anderen Prüflingen einen unberechtigten Vorteil erlangen." (Niehues, Prüfungsrecht, RdNr. 321)

Auf den Zusammenhang zwischen dem pädagogischen Beurteilungsspielraum und der Gleichbehandlung der Prüflinge weist auch das Bundesverfassungsgericht ausdrücklich hin: „Nach dem Grundsatz der Chancengleichheit, der das Prüfungsrecht beherrscht …, müssen für vergleichbare Prüflinge so weit wie möglich vergleichbare Prüfungsbedingungen und Bewertungskriterien gelten. Mit diesem Grundsatz wäre es unvereinbar, wenn einzelne Kandidaten … die Chance einer vom Vergleichsrahmen unabhängigen Bewertung erhielten. Die gleichmäßige Beurteilung aller vergleichbaren Kandidaten würde tiefgreifend beeinträchtigt. Sie ist nur erreichbar, wenn den Prüfungsbehörden … ein Entscheidungsspielraum verbleibt und die gerichtliche Kontrolle insoweit eingeschränkt wird." (Bundesverfassungsgericht, SPE 540 Nr. 1, S. 12)

Bisher haben allerdings nur wenige Bundesländer einem richtigen Verständnis des Charakters schulischer Leistungsbewertungen folgend die Überprüfungsbefugnis der Schulaufsicht im Wesentlichen auf eine Überprüfung der Rechtmäßigkeit einer Leistungsbewertung beschränkt.

F **Neubewertung einer mündlichen Prüfung** 136
Eine Schülerin verlangt die Neubewertung einer rechtswidrigen mündlichen Prüfung.

Fallfrage:
Hätte die Schülerin einen Anspruch auf Neubewertung, wenn die Prüfung rechtswidrig wäre?

Rechtslage:

Der Verwaltungsgerichtshof Baden-Württemberg (Az.: 9 S 1478/10; SchulRecht 3-4/2012, S. 39) hat den Antrag auf Neubewertung abgelehnt, da eine Korrektur möglicher rechtlich relevanter Fehler nur durch eine Wiederholungsprüfung und nicht durch eine Neubewertung erfolgen könne. Sollten die von der Schülerin beschriebenen Mängel tatsächlich vorgelegen haben, böte die durchgeführte Prüfung keine ausreichende Grundlage für ein Urteil über den Leistungsstand der Schülerin. Angesichts der fehlenden Rekonstruierbarkeit der Prüfungssituation und dem aus der Chancengleichheit folgenden Erfordernis, für alle Prüflinge möglichst vergleichbare Bedingungen und Bewertungskriterien zu gewährleisten, kann auch im Falle der feststehenden Fehlerhaftigkeit einer Bewertung diese grundsätzlich nicht durch ein Gericht vorgenommen werden. Eine Korrektur und fehlerfreie Neubewertung ist nur durch die zuständigen Prüfer möglich, falls eine ausreichende Grundlage für eine neue Beurteilung zur Verfügung steht.

Stellt ein Gericht die Rechtswidrigkeit einer Prüfung fest, wird es die Wiederholung oder eine Neubewertung durch die Prüfer anordnen. Die Neubewertung setzt eine trotz des Zeitablaufs zutreffende Kenntnis der Prüfer vom Inhalt der Prüfung und Fehler voraus, die sich durch eine erneute Bewertung korrigieren lassen. Eine Wiederholung der Prüfung ist bei rechtswidrigen Prüfungen wesentlich häufiger als die Neubewertung.

Noten dürfen immer nur auf der Grundlage einer tatsächlich er- 137
brachten Leistung erteilt werden. Dieses grundlegende Prinzip ist auch von der Schulaufsicht zu beachten, wenn sie wegen eines rechtswidrigen Handelns eines Lehrers eine Note ändert. Selbst wenn der Lehrer schwere, zur Rechtswidrigkeit seiner Notengebung führende Fehler begangen haben sollte, indem er etwa inhaltlich unzulässige Unterrichts- oder Prüfungsinhalte zu Grunde gelegt hat oder Anforderungen gestellt hat, die von den Vorgaben in Richtlinien und Lehrplänen und Konferenzbeschlüssen unzulässig abweichen, erhielte der Schüler für die erbrachte Leistung keine bessere Note, sondern nur die Chance,

eine rechtmäßige Leistung erbringen zu können, falls das möglich ist.

„Soweit es bei der Ermittlung der Kenntnisse und Fähigkeiten des Schülers zu solchen Verfahrensfehlern tatsächlich gekommen sein sollte und diese sich auf die Abschlussnoten ausgewirkt hätten, wäre die Benotung zwar aufzuheben, doch konkretisierte sich der Prüfungsanspruch lediglich auf das Recht auf fehlerfreie Wiederholung des betreffenden Verfahrens; eine Neubewertung der erbrachten Leistungen käme nicht infrage, weil diese wegen der Verfahrensfehler nicht bewertungsfähig wären. Aus Gründen der Chancengleichheit (Art. 3 Abs. 1 GG) ließen sich die bei der Leistungserbringung unterlaufenen Verfahrensfehler auch nicht durch eine nachträgliche Änderung des Bewertungsmaßstabes oder durch Zugrundelegung fiktiver Leistungen ausgleichen. Vielmehr müsste die Leistung in aller Regel wiederholt werden, auch wenn das für den Betroffenen einen Nachteil bedeutet, der seinen Ursprung nicht in seiner persönlichen Sphäre, sondern im Verantwortungsbereich der Schule hätte." (Verwaltungsgericht Schleswig, Az.: 9 A 68/10; SchulRecht 5-6/2012, S. 59 f.)

138 Bei rechtswidrigen Leistungsbeurteilungen durch Lehrer darf jedenfalls keine fiktive Note erteilt werden. Die Leistung ist entweder neu zu bewerten oder neu zu erbringen. Eine Verbesserung der Note eines Schülers wegen einer unterlassenen oder von der Schulaufsicht als nicht ausreichend angesehenen individuellen Förderung des Schülers wäre rechtswidrig, da bei einer derartigen Notenanhebung nicht eine tatsächlich erbrachte, bessere Leistung, sondern ein fiktiver Verlauf, der auf der Annahme beruht, dass sich bei einer besseren Förderung die Leistungen verbessert hätten, zur Grundlage der Leistungsbewertung gemacht würde.

139 Bei Beschwerden und Widersprüchen müssen Eltern und Schüler konkrete und substantiierte Einwände gegen die Leistungsbeurteilung vorbringen. Fehlt es daran, haben die Schule, die Schulaufsicht und die Gerichte keine Veranlassung zu einer eigenen Fehlersuche. Offensichtliche Fehler sind selbstverständlich zu prüfen und zu korrigieren. „Die Untersuchungsmaxime verpflichtet das Verwaltungsgericht nicht, das Prüfungsgeschehen von sich aus auf Fehler zu überprüfen. Vielmehr obliegt es dem Prüfling, konkrete und substantiierte Einwendungen gegen bestimmte Bewertungen der Prüfer vorzubringen. Im Hinblick auf eine als falsch bewertete Antwort auf eine Fachfrage muss der Prüfling die fachwissenschaftliche Richtigkeit bzw. Vertretbarkeit seiner Lösung mithilfe objektiver Kriterien, z. B. unter Bezugnahme auf qualifizierte Äußerungen in der Fachliteratur deutlich machen. Rügt er die prüfungsspezifischen Bewertungen der Prüfer, so genügt er seiner Darlegungslast, wenn er konkrete Fakten und Umstände darlegt, nach denen die Wertungen trotz des den Prüfern verbleibenden Bewertungsspielraums als rechtsfehlerhaft zu qualifizieren sind." (Verwaltungsgericht Braunschweig, Az.: 6 A 50/13; SchulRecht 7-8/2014, S. 109)

F **Mängel der individuellen Förderung** 140

Eine Schülerin geht gegen ihre Nichtversetzung vor, da die Schule erforderliche Fördermaßnahmen unterlassen habe, obwohl das Schulgesetz die Schulen zur individuellen Förderung der Schüler verpflichtet. Zwar seien ihren Eltern die individuellen Defizite dargestellt und bestimmte Ratschläge gegeben worden, außer einem Zusatzangebot im Fach Englisch habe die Schule jedoch keine speziellen Fördermaßnahmen ergriffen.

Fallfrage:
Führt das Unterlassen von Fördermaßnahmen zur Rechtswidrigkeit der Notengebung?

Das Verwaltungsgericht Berlin (Az.: 3 K 271/12; SchulRecht 5-6/2014, S. 73) hat die Klage abgewiesen, da sich die geltend gemachte Rechtswidrigkeit der Nichtversetzung auch nicht daraus ergebe, dass die Schule ihre Pflicht verletzt hätte, Fördermaßnahmen festzulegen, nachdem sich für die Schülerin eine Gefährdung ihrer Versetzung abzeichnete: „Abgesehen davon, dass der Schülerin die Möglichkeit geboten wurde, während der Monate November und Dezember sowie März und April durch Oberstufenschüler betreut zu werden und für sie im Februar für das Fach Englisch ein Förderplan erstellt und darin individuelle Fördermaßnahmen aufgezeigt wurden, hätte ein dahingehendes Unterlassen weder einen Anspruch auf Erteilung einer besseren Note noch auf Versetzung begründen können.

Sind die Erziehungsberechtigten der Auffassung, dass die individuellen Fördermaßnahmen mängelbehaftet oder unzureichend sind, so haben sie die Obliegenheit, diese Mängel unverzüglich gegenüber der Schule anzuzeigen, da nur bei einer zeitnahen Klärung und Behebung etwaiger Mängel das Versetzungsziel erreicht werden kann. Die Schülerin hat nicht dargelegt, dass sie oder ihre schon mit dem Halbjahreszeugnis über den schlechten Leistungsstand informierten Erziehungsberechtigten hinsichtlich der festgelegten Fördermaßnahmen Einwände erhoben oder Abhilfe begehrt hätten. Das Unterlassen individueller Fördermaßnahmen begründet weder einen Anspruch auf Erteilung einer besseren Note noch auf Versetzung. Das Gesetz enthält keine Vorgaben für bestimmte Fördermaßnahmen."

5. Fälle und Lösungen

141 **F** **Der Beschwerdebrief**

Kurz vor den Versetzungskonferenzen geht folgender Brief von Herrn H. ein:

„Sehr geehrte(r) …!

Gegen die Klassenarbeit protestiere ich. Wenn meine Tochter nicht versetzt wird, nur weil das ein Chaos war, lasse ich mir das nicht gefallen. In der Klasse war es laut, und einige Schüler haben abgeschrieben, nur meine Tochter wurde an einen Einzeltisch gesetzt, weil sie angeblich abgeschrieben hatte. Die Lehrerin hat aber gar nicht richtig aufgepasst. Auch die Note ist ungerecht. Man kann doch keine fünf geben, nur weil die Schrift nicht schön genug ist. Aber Frau L kann meine Tochter ohnehin nicht leiden, das hat sie ja auch gesagt. Im Übrigen war die Arbeit viel zu schwer.

Unser Nachbar, der Deutschlehrer ist, meint, die Arbeit ist mindestens ausreichend. Das will er auch vor Gericht sagen. Als ich Frau L abends angerufen habe, hat sie gesagt, ich solle in die Schule kommen. Ich bin aber berufstätig und habe keine Zeit."

Fallfrage:

– Nach dem Erhalt des Briefes ist ein Gespräch mit Herrn H, der Kollegin L und der Tochter des H zu führen. Welche Fragen sind Herrn H, seiner Tochter und Frau L zu stellen, um die rechtlichen Probleme klären zu können?

Lösung:

Es könnte ein Verfahrensfehler vorliegen, falls es während des Schreibens der Klassenarbeit tatsächlich laut und chaotisch zugegangen ist. In dem Gespräch ist zu klären, wie stark die Beeinträchtigung tatsächlich war, um feststellen zu können, ob ein erheblicher Verfahrensfehler vorliegt. Dass alle Schüler der Klasse unter diesen Bedingungen arbeiten mussten, beseitigt den Verfahrensfehler nicht, da jeder Schüler einen Anspruch auf ein an objektiven Maßstäben gemessenes ordnungsgemäßes Verfahren hat.

Die Verpflichtung, die Arbeit an einem Einzeltisch zu schreiben, ist keine unzulässige Benachteiligung der Schülerin. Es muss aber versucht werden, festzustellen, wie viele Schüler abgeschrieben haben und welchen Umfang diese Täuschungshandlungen hatten, da Täuschungshandlungen einiger Schüler zwar grundsätzlich nicht zur Anfechtbarkeit einer Arbeit führen, weil es keinen Anspruch auf Gleichheit im Unrecht gibt, aber dann etwas anderes gilt, wenn die Täuschungen ein Ausmaß annehmen, das jede Vergleichbarkeit der Leistungen ausschließt.

Die Schrift kann nur dann als Bewertungskriterium herangezogen werden, wenn sie sich aus sachlichen Gründen als Teil der Bewertung rechtfertigen lässt und vorher als eine Bewertungsgrundlage genannt wurde.

Eine persönliche Abneigung der L gegen die Tochter des H ist nur dann von Bedeutung, wenn sie sich in der Bewertung der Arbeit sowie den Rand- und Schlussbemerkungen niederschlägt. Herr H sollte daher gebeten werden, entsprechende Stellen der Korrektur zu benennen.

Der Schwierigkeitsgrad einer Arbeit wird vom Lehrer im Rahmen seiner pädagogischen Freiheit festgelegt. L ist nach den Kriterien für die gestellten Anforderungen zu fragen. Dabei sollte sie insbesondere erläutern, inwieweit die Anforderungen in der Arbeit sich an den Inhalten und Zielen der Richtlinien orientierten unter Berücksichtigung der durchschnittlichen Leistungsfähigkeit der Klasse.

Die Meinung des Nachbarn des H zur Bewertung der Arbeit ist irrelevant.

Für das Gespräch sollte Herrn H ein geeigneter Termin z. B. an einem späten Nachmittag angeboten werden.

F Die verkürzte Prüfung 142

Für eine mündliche Prüfung ist eine Dauer von 20 Minuten vorgeschrieben. Eine Schülerin wird von ihrer Mutter und einer Freundin am Prüfungstag zur Schule begleitet. Die Schülerin besteht die Prüfung nicht. Im Prüfungsprotokoll wird als Prüfungszeit 10:15 Uhr bis 10:35 Uhr angegeben. Die Mutter und die Freundin sagen aus, dass die Schülerin um 10:15 Uhr an ihnen vorbeigegangen sei auf dem Weg vom Vorbereitungsraum zum Prüfungsraum. Um 10:34 Uhr habe sie den Prüfungsraum verlassen. Sie hätten beide auf ihre Uhren gesehen. Zu Beginn der Prüfung sei die Schülerin gefragt worden, ob sie prüfungsfähig sei, wie sie sich fühle und ihr sei ein Sitzplatz angeboten worden. Während der Prüfung habe ein Prüfer wiederholt „o.k." und „in Ordnung" gesagt. Außerdem habe man sich am Ende der Prüfung von der Schülerin verabschiedet und ihr erklärt, wie lange sie auf die Mitteilung des Ergebnisses warten müsse.

Fallfrage:
Ist die Prüfung wegen einer unzulässigen Verkürzung der Prüfungszeit rechtswidrig?

Das Verwaltungsgericht Hannover (Az.: 6 A 5912/08; SchulRecht 3-4/2016, S. 49 ff.) hat die Klage abgewiesen. Nur wesentliche Verfahrensfehler können zur Aufhebung einer Prüfungsentscheidung und einem Anspruch auf Wiederholung der Prüfung führen. Nur geringfügige Unter- oder Überschreitungen der vorgegebenen Prüfungsdauer wirken sich nicht auf das Leistungsbild aus. Allerdings sind an die Unterschreitung der vorgeschriebenen Prüfungszeit strengere Maßstäbe anzulegen als an die Überschreitung, da bei einer Verkürzung der Prüfungszeit eine weitaus größere Gefahr für eine chancenungleiche Verfälschung des Prüfungsergebnisses besteht. Das Verwaltungsgericht ist daher davon ausgegangen, dass eine Unterschreitung der Mindestdauer einer mündlichen Prüfung von 20 Minuten um mehr als 10 % einen wesentlichen Verfahrensfehler darstellt. Dabei ist aber zu berücksichtigen, dass zur Prüfungszeit nicht nur der reine Frage- und Antwortablauf zwischen dem Prüfer und dem Prüfling zählt, sondern auch die mit einer mündlichen Prüfung notwendigerweise verbundenen Formalien wie Begrüßung, Fragen nach der Prüfungsfähigkeit und dem Aufgabenverständnis sowie die Verabschiedung.

143 Der Behauptung der Schülerin im vorliegenden Fall, die Prüfungszeit sei unzulässig unterschritten worden, steht die Beweiskraft des Protokolls entgegen. Das Protokoll stellt eine öffentliche Urkunde dar und begründet den vollen Beweis über die darin bezeugten Tatsachen und damit auch über Beginn und Ende der Prüfung. Mit dem Hinweis auf die von der Mutter und der Freundin festgestellte Uhrzeit kann der Beweis der Unrichtigkeit des Protokolls nicht geführt werden, da Uhren durchaus um ein oder zwei Minuten voneinander abweichen können.

Wäre die Prüfungszeit überschritten worden, läge ein Überschreiten der höchstzulässigen Prüfungszeit um 30 % nach Einschätzung der Rechtsprechung noch im zulässigen Bereich, während eine Überschreitung um 50 % zur Rechtswidrigkeit der Prüfung führen würde.

144 **F** **Attest und Glaubwürdigkeit**

Ein Schüler versäumt eine Klausur, legt ein Attest vor und wird am Abend des Klausurtages als Beleuchter bei einer Theateraufführung seiner Jahrgangsstufe tätig. Die Schule erkennt das Attest daher nicht an und verweigert einen Nachschreibetermin.

Fallfrage:
Begründet die Tätigkeit am Abend ausreichende Zweifel an der Glaubwürdigkeit des Attestes?

Das Oberverwaltungsgericht Hamburg (Az.: 1 Bs 208/11; SchulRecht 9-10/2013, S. 131) hat die Schule verpflichtet, den Schüler zur Nachschreibklausur zuzulassen, da die Schule zwar nicht in jedem Fall an die Feststellungen eines ärztlichen Attestes gebunden ist, bloße Zweifel der Schule allerdings nicht ausreichen, um einem die Schulunfähigkeit bescheinigenden ärztlichen Attest die Grundlage zu entziehen.

Ein die Schulunfähigkeit feststellendes ärztliches Attest ist für die Schule nur dann unbeachtlich und ausnahmsweise nicht als Nachweis geeignet, wenn es bestimmten inhaltlichen Mindestanforderungen nicht genügt oder aber sich aus sonstigen Gründen als unrichtig erweist. Auch das Verhalten des Schülers in zeitlichem Zusammenhang mit der Schulunfähigkeitsbescheinigung kann dazu führen, dass von der offensichtlichen Unrichtigkeit eines ärztlichen Attestes auszugehen ist; es kommt aber auf die Umstände des Einzelfalles an. Bei bloßen Zweifeln an der Richtigkeit des Attestes ist die Schule gehalten, der Sache nachzugehen und gegebenenfalls weitere Ermittlungen anzustellen. Die Schule kann sich Gewissheit über die Richtigkeit eines Attestes verschaffen, indem sie zum Beispiel den Schüler befragt oder Rücksprache mit dem ausstellenden Arzt nach Entbindung von seiner Schweigepflicht nimmt.

Die inhaltliche Richtigkeit des Attestes ist nicht durch die Tätigkeit des Schülers als Beleuchter bei einer Theateraufführung seiner Jahrgangsstufe am Abend widerlegt. Es ist möglich, dass er sich in der Vorstellung, seine Anwesenheit sei für die Durchführung der Aufführung zwingend erforderlich, in angeschlagenem Gesundheitszustand zu der Schulveranstaltung begeben hat. Außerdem stellt die Teilnahme an einer Klausur andere Anforderungen an den Gesundheitszustand und die intellektuelle Leistungsfähigkeit als die Tätigkeit als Beleuchter bei einer Theateraufführung. Die Schule kann daher nicht von der Unbeachtlichkeit des Attestes ausgehen, sondern allenfalls eine schulärztliche Untersuchung bei zukünftigen Zweifeln an Attesten des Schülers anordnen.

F Auswendig gelernte Übungsklausur 145

Die schriftliche Klassenarbeit eines Schülers wird wegen eines Täuschungsversuchs mit der Note „ungenügend" bewertet. Bei der Bearbeitung einer Teilaufgabe hat er einen vorher auswendig gelernten Text wiedergegeben. Der Text stammt aus einer für jeden Prüfling zugänglichen Übungsklausur.

Fallfrage:
Ist das Auswendiglernen und Wiedergeben eines fremden Textes eine Täuschungshandlung?

Rechtslage:

Das Verwaltungsgericht Gießen (Az.: 7 K 3318/12; SchulRecht 7-8/2015, S. 106 f.) hat entschieden, dass die Wiedergabe eines auswendig gelernten Textes, den ein Dritter verfasst hat, keine selbstständige Urteilsbildung über einen Sachverhalt darstellt. Es handelt sich nicht um eine eigenständige Leistung und die Leistung darf daher als Täuschungsversuch mit „ungenügend" bewertet werden. Das gilt in besonderem Maße, wenn bereits in der Vorbemerkung zur Aufgabenstellung die Schüler darauf hingewiesen wurden, dass bei der Beantwortung der Fragen ausschließlich eigene Worte zu verwenden sind. Es hängt von den Regelungen im Gesetz oder einer Prüfungsordnung ab, ob bei einer wegen Täuschungsversuchs mit „ungenügend" bewerteten Teilleistung die anderen Teilleistungen zu bewerten sind, um dann eine Gesamtnote zu bilden, oder ob die gesamte Leistung mit „ungenügend" zu bewerten ist.

Ob es sinnvoll ist, eine Aufgabe in einer Klausur zu stellen, bei der ein wesentlicher Teilbereich aufgrund einer auswendig gelernten Übungsklausur beantwortet werden kann, ist keine Rechtsfrage.

VII. Aufsicht und Haftung

1. Anforderungen an die Aufsicht

a) Regelungsgehalt einschlägiger Normen

F **Die Schulordnung** **146**

Eine Schulkonferenz erörtert Probleme der Aufsicht.

Lehrer L. 1:

„Es darf eben nicht vorkommen, dass Schüler sich anschreien und beschimpfen, die Aufsicht greift aber erst ein, wenn es zu spät ist, weil bereits die ersten Schläge ausgeteilt worden sind."

Elternvertreterin:

„Grundsätzlich sollten die Kleinen aus der 5. bis 7. Klasse sich auf einem anderen Teil des Schulhofes aufhalten als die Großen aus den höheren Klassen."

Lehrerin L. 2:

„Ich halte das nicht für sinnvoll. Denken Sie doch daran, dass der Uwe aus der 9. Klasse vor kurzem einige von den Kleinen daran gehindert hat, den Schulhof zu verlassen."

Lehrerin L. 3:

„Außerdem gibt es in der 7. Klasse einige, die man wohl nur mit viel Humor als „Kleine" bezeichnen kann."

Aufgabe:

Formulieren Sie eine Vorschrift, die in die Schulordnung aufgenommen werden kann, um den Aufsichtführenden Hinweise für eine Erfüllung ihrer Aufgabe an die Hand zu geben.

Vergleichen Sie diese Formulierung mit den Formulierungen des Schulgesetzes zur Aufsichtspflicht. Für den Vergleich sollten folgende Kriterien herangezogen werden:

1. Die Formulierung ist zu weit und unbestimmt.
2. Die Formulierung ist zu eng.
3. Es liegt eine Überregelung vor: Auch selbstverständliche Dinge werden ausdrücklich geregelt.
4. Es liegt eine Aufzählung von Einzelfällen vor (Kasuistik), die zu lang und doch lückenhaft ist.
5. Die Formulierung ist zu kompliziert und undurchschaubar.

Lösungshinweise:

Typisch für Vorschriften zur Aufsichtspflicht ist folgende Formulierung: „Die Aufsichtsmaßnahmen der Schule sind unter Berücksichtigung möglicher Gefährdung nach Alter, Entwicklungsstand und der

Ausprägung des Verantwortungsbewusstseins der Schüler … auszurichten."

Die Vorschriften der Länder zur Aufsichtspflicht verwenden weite, unbestimmte Begriffe wie Gefährdung, Entwicklungsstand und Verantwortungsbewusstsein, die sehr unscharf sind. Diese Unschärfe ist aber eher in Kauf zu nehmen, als eine zu enge Formulierung oder gar die Aufzählung von Einzelfällen, die zahlreiche Aufsichtssituationen von vornherein gar nicht erfassen würden. Sehr detaillierte Regelungen finden sich dagegen häufig bei den Sicherheitsvorschriften für einzelne Fächer oder für außerunterrichtliche Aktivitäten wie Schlittschuhlaufen oder Klassenfahrten.

Die weite Formulierung der Normen zur Aufsichtspflicht entspricht der unendlichen Vielzahl denkbarer Situationen, bei denen nur bezogen auf den konkreten Einzelfall unter Berücksichtigung aller Umstände entschieden werden kann, ob eine Verletzung der Aufsichtspflicht vorliegt.

F Die Wanderung

Die Lehrerin L wandert mit einer Klasse durch einen Wald und erklärt den Schülern die verschiedenen Baum- und Pflanzenarten. Während L vor der Klasse hergeht, wird die Schülerin S, die am Ende der Gruppe geht, von einem herabfallenden Ast verletzt.

Fallfrage:
– Hat L ihre Aufsichtspflicht verletzt?

Lösungshinweis:

Die Anwendung der Normen zur Aufsichtspflicht auf den geschilderten Fall scheitert in der Regel schon bei der Prüfung des ersten Tatbestandsmerkmals, z. B. der möglichen Gefährdung, da sich diese Gefährdung mangels konkreter Angaben im Sachverhalt nicht beurteilen lässt. Die Aussage, es habe sich um eine Wanderung durch einen Wald gehandelt, ist viel zu unbestimmt, als dass sie Rückschlüsse auf mögliche Gefährdungen zuließe. Es fehlen auch Angaben zum Alter der Schüler, ihrem Entwicklungsstand und ihrem Verantwortungsbewusstsein.

Die weite Formulierung der Normen zur Aufsichtspflicht soll die Berücksichtigung aller bedeutsamen Umstände des Einzelfalles ermöglichen. Ihre Anwendung verlangt daher auch eine besonders umfangreiche und sorgfältige Erfassung des Geschehens, um vorschnelle Beurteilungen zu verhindern.

Einer genaueren Beschreibung der Anforderungen an eine korrekte Erfüllung der Aufsichtspflicht dient die von der Rechtsprechung entwickelte Kennzeichnung einer guten Aufsicht als kontinuierlich, aktiv und präventiv.

b) Kontinuierliche Aufsicht

Die Aufsicht ist kontinuierlich, wenn die Schüler sich jederzeit beaufsichtigt fühlen. Selbstverständlich ist es Lehrern nicht möglich, jeden einzelnen Schüler ständig zu beaufsichtigen, die Schüler dürfen aber nie das Gefühl haben, eine Beobachtung durch Lehrer sei für eine gewisse Zeit völlig auszuschließen. Aus diesem Grundsatz ergibt sich beispielsweise die Verpflichtung, bei der Aufsicht auf dem Schulhof, bei Unterrichtsgängen und Wanderungen häufiger den Standort zu wechseln und die Aufmerksamkeit auf die Aufsicht zu richten und nicht auf intensive Gespräche mit Kollegen oder Schülern. **147**

c) Präventive und aktive Aufsicht

Das Erfordernis der präventiven Aufsichtsführung verlangt von Lehrern, mögliche Gefahren vorausschauend zu erfassen, indem sie versuchen, typische Gefahren zu erkennen. Lehrer sind verpflichtet, Hinweisen auf besondere Gefahren, etwa einer vorübergehend vorhandenen Großbaustelle, nachzugehen, um sich Klarheit über das Ausmaß der möglichen Gefährdung zu verschaffen. **148**

Die Aufsicht ist aktiv auszuüben. Sie darf sich nicht auf Hinweise und Belehrungen beschränken, sondern umfasst die Kontrolle des Verhaltens der Schüler und das Eingreifen bei absehbarem Fehlverhalten. Es genügt daher nicht, Schüler auf mögliche Gefahren aufmerksam zu machen und sie vor bestimmten Verhaltensweisen zu warnen, vielmehr muss der Lehrer sich an die Gefahrenstelle begeben, um bei falschem Verhalten der Schüler sofort eingreifen zu können. **149**

F Aufsicht und Körperverletzung **150**

Ein zehn Jahre alter Schüler der vierten Klasse eines sonderpädagogischen Förderzentrums hielt sich gegen 13:25 Uhr zusammen mit 46 weiteren Schülern der Klassen 1-4 vor der Schule im Bereich der Bushaltestelle auf. Sämtliche Schüler warteten auf den Schulbus. Die Busaufsicht wurde von zwei Lehrerinnen ausgeübt. Der Schüler rannte im Bereich der Bushaltestelle herum und trat hierbei mit dem Schuh in die Wade der Lehrerin. Trotz Aufforderung der Lehrerin entschuldigte sich der Schüler nicht. Im Weiteren sprang er in Pfützen und bespritzte hierdurch Schüler der ersten Klasse mit Matsch. Aufforderungen der Lehrerin folgte er nicht. Er war nach Aussage der Lehrerin „außer Rand und

Band". Schlussendlich packte die Lehrerin den Schüler am linken Oberarm und zog ihn in das Bushäuschen. Am Oberarm des Schülers traten eine längliche Rötung und ein kleines Hämatom auf.

Fallfrage:
Hat die Lehrerin eine Körperverletzung begangen?

Rechtslage:

Die Lehrerin hat eine fahrlässige Körperverletzung begangen, die aber nicht rechtswidrig ist, da sie zu ihrem Handeln befugt war. Das Amtsgericht Augsburg (Az.: 15 C 259/09; SchulRecht 9-10/2014, S. 146 f.) hat die Klage abgewiesen: „Nicht gerechtfertigt war diese Aktion aufgrund des Trittes in die Wade. Es kann offen bleiben, ob dieser Tritt absichtlich oder fahrlässig erfolgte. Jedenfalls war zu dem Zeitpunkt, als die Lehrerin den Schüler in das Bushäuschen zog, dieser Vorfall schon abgeschlossen und es bestand kein gegenwärtiger Angriff, der eine Notwehr gerechtfertigt hätte.

Gerechtfertigt war das Tun der Lehrerin aber als Nothilfe. Der Schüler bespritzte mit Absicht andere Kinder durch Springen in matschige Pfützen. Die Lehrerin war im Rahmen ihrer Aufsichtspflicht verpflichtet, den Schüler hiervon abzuhalten und das Eigentum der anderen Schüler zu schützen.

Ein weiterer Rechtfertigungsgrund ergibt sich aus der Aufsichtspflicht als Lehrkraft. ... Die Aufsichtspflicht umfasst auch das Recht und die Pflicht zu einem körperlichen Eingreifen, sollte ein Schüler sich selbst oder andere Kinder gefährden oder schädigen. Für das Gericht steht fest, dass der Schüler bei dem Vorfall für Belehrungen und Ermahnungen nicht zugänglich war. Der Schüler war „außer Rand und Band", er tobte herum, es bestand die Gefahr, dass er den Sicherheitsbereich verlässt, er beschmutzte andere Schüler. Die Lehrerin als aufsichtsführende Lehrkraft war aufgrund dieses Verhaltens verpflichtet, den Schüler zum eigenen Schutz und zum Schutz der anderen Kinder körperlich festzuhalten. Sie war berechtigt, ihn am Oberarm zu packen und in das Bushäuschen zu ziehen. Diese Aktion war angemessen und verhältnismäßig. Das hierdurch (ungewollte) geringfügige Verletzungen verursacht wurden, hat der Schüler hinzunehmen."

Die Kriterien der kontinuierlichen, präventiven und aktiven Aufsichtsführung können nicht unabhängig voneinander beurteilt werden, sondern nur in gegenseitiger Abhängigkeit. Außerdem ist die Verpflichtung der Schule, ein möglichst hohes Maß an Sicherheit für die Schüler und andere Personen zu gewährleisten, mit dem Ziel, die Schüler zur Selbstständigkeit zu erziehen, in Einklang zu bringen.

F **Steinwürfe vom Schulhof** 151

Von einem Schulhof einer Grundschule aus, auf dem eine Lehrerin Aufsicht führt, die vor allem auf eine in dem Pausenhofbereich gelegene Kletteranlage achtet, werfen Schüler Steine in den Swimmingpool auf einem Nachbargrundstück. Durch die Steinwürfe wird die Bodenplane des Swimmingpools beschädigt. Der Eigentümer des Swimmingpools behauptet, schon häufiger hätten sich in den Unterrichtspausen Schüler der Grundschule an seinem Gartenzaun versammelt und Steine und Äste über den Zaun geworfen. Seine Frau habe mehrfach am Zaun verschiedene Aufsicht führende Lehrerinnen darauf hingewiesen. Die Hinweise hätten jedoch keine Besserung gebracht.

Fallfrage:
Hat die Lehrerin ihre Aufsichtspflicht verletzt? Hat die Schulleitung ihre Pflicht zur Organisation einer ausreichenden Aufsicht verletzt?

Rechtslage:

Das Landgericht Bonn (Az.: 1 O 110/12; SchulRecht 3-4/2013, S. 35 f.)) hat die Klage abgewiesen: „Das Ausmaß der notwendigen Beaufsichtigung ist von den konkreten Umständen des Einzelfalls abhängig. Dabei sind die Erziehungsziele und die den Kindern zuzutrauende und zuzumutende Eigenverantwortung zu berücksichtigen. Bei Grundschulkindern auch schon der ersten und zweiten Klasse ist es ohne konkreten Anlass nicht erforderlich, eine Überwachung durch ständigen Sichtkontakt, wie sie bei Kindergartenkindern noch erfolgen kann und muss, sicherzustellen. Denn es ist Ziel der Erziehung in der Grundschule, den Kindern eine gewisse Eigenständigkeit zu vermitteln, wobei schon davon ausgegangen werden kann, dass sie ein grundlegendes Unrechtsbewusstsein betreffend solcher Sachen haben, die jedenfalls nicht ihnen selbst gehören. Es wäre daher widersinnig, den Kindern das Gefühl ständiger Beobachtung zu vermitteln. Weiter ist es schon von der Personalausstattung der Schule her jedenfalls auf dem Pausenhof nahezu unmöglich, eine vollständige, permanente Überwachung aller Kinder sicherzustellen.

Es könnte daher nur in Betracht kommen, dass die Schule besonders sensible Bereiche, wie etwa hier die Grundstücksgrenze des Nachbarn, mit einer eigens abgestellten Lehrkraft überwacht, also nicht die Kinder, sondern die Örtlichkeit beaufsichtigt. Für eine solche besondere Maßnahme bedarf es allerdings aus Gründen der Zumutbarkeit eines besonderen Anlasses, an dem es hier jedoch fehlt.

Dabei kann zu Gunsten des Nachbarn zugestanden werden, dass es schon häufiger zu Steinwürfen durch Kinder in den Garten gekommen war und verschiedene Aufsichtskräfte durch die Ehefrau des Nachbarn darauf angesprochen wurden. Eine Pflicht der einzelnen, die Aufsicht führenden Lehrkraft zur unbedingten Weitergabe von Beschwerden Dritter besteht nicht, zumal es nicht Teil des Vortrags des Nachbarn ist, dass eine Weitergabe an die Schulleitung zugesagt wurde. Denn sowohl objektiv, wie auch subjektiv aus Sicht der Lehrkraft ist es zumutbar und zu erwarten, dass sich der Nachbar mit Kritik, welche die Organisation der Pausenaufsicht betrifft, an die organisierende Stelle, die Schulleitung, wendet." Die Schulleitung ist aber im vorliegenden Fall nicht informiert worden.

Neben einer altersangemessenen Beaufsichtigung, die auch das Erziehungsziel der Selbstständigkeit berücksichtigt, begrenzt die Zumutbarkeit von Aufsichtsmaßnahmen die Aufsichtspflicht. Im vorliegenden Fall wäre der Einsatz einer zweiten Aufsichtspersonen zur Kontrolle der Grenze zum Nachbargrundstück möglich, wegen des damit verbundenen dauerhaften und erheblichen Personalaufwandes durch eine Verdoppelung jeder Pausenaufsicht auf dem Schulhof, der Schule aber nicht zumutbar gewesen. Selbst wenn die Schulleitung vom Nachbarn über die Vorfälle informiert worden wäre, wäre sie also nicht verpflichtet gewesen, dauerhaft eine zweite Aufsicht einzuteilen. Ein ausdrückliches Verbot durch die Klassenlehrerinnen und eine erhöhte Aufmerksamkeit der Aufsicht führenden Lehrerin für die Gefahrenlage hätten ausgereicht.

d) Umfang und Übertragung der Aufsichtspflicht

152 Die Aufsichtspflicht besteht nicht nur gegenüber minderjährigen Schülern, sondern auch gegenüber volljährigen Schülern, da die Schule auch diesen Schülern gegenüber eine Fürsorge- und Schutzpflicht hat. Allerdings sind die Anforderungen an Aufsichtsmaßnahmen gegenüber volljährigen Schülern entsprechend dem Alter, Entwicklungsstand und Verantwortungsbewusstsein dieser Schüler weniger hoch als bei minderjährigen Schülern. Bei volljährigen Schülern gilt der Grundsatz der aktiven Aufsicht nur eingeschränkt. In aller Regel reicht eine bloße Belehrung über mögliche Gefahren aus, da volljährige Schüler grundsätzlich für ihr Verhalten selbst verantwortlich sind und eine ausreichende Einsichtsfähigkeit und Selbstdisziplin vorausgesetzt werden muss.

153 Der Verwaltungsgerichtshof Baden-Württemberg führt zum Umfang der Aufsichtspflicht aus: „Diese aus dem staatlichen Erziehungsauftrag des Artikel 7 Absatz 1 GG und dem Minderjährigenschutz folgende Aufsichtspflicht der Schule geht dahin, die ihr anvertrauten unmündigen Schüler vor körperlichen und materiellen Schäden zu bewahren und zu verhindern, dass andere Personen (Mitschüler, sonstige Dritte) durch sie einen Schaden erleiden; ... die Aufsichtspflicht ist räumlich begrenzt auf die schulischen Anlagen und Orte, an denen schulische Veranstaltungen stattfinden. In zeitlicher Hinsicht setzt sie eine angemessene Zeit vor Schulbeginn ein, erstreckt sich auf die gesamte Unterrichtszeit ... und endet eine angemessene Zeit nach Beendigung des Unterrichts". *(VGH BaWü, → Az.: 9 S 592/86i; SPE 140 Nr.9 S.11–19, hier: S.14)*

Eine Übertragung von Aufsichtsaufgaben auf andere Personen, z.B. **154** Hausmeister oder Eltern, ist nicht ausgeschlossen, die Aufsicht bleibt aber letztlich immer eine Aufgabe der Lehrer: „... auch für die unterrichtsfreien Zeiträume bleibt die Beaufsichtigung der Schüler während ihres Aufenthaltes im Schulbereich eine erzieherische und betreuende Aufgabe, die an das Lehramt gekoppelt ist und daher ... Sache ... der Lehrer ...ist. Das bedeutet insbesondere, dass der Schulhausmeister als verantwortlich zu betrauende Aufsichtsperson grundsätzlich ausscheidet... Das schließt nicht aus, gelegentlich auch einmal den Schulhausmeister ... unterstützend zur Aufsichtsführung über die Schüler mit heranzuziehen". (a.a.O., S. 15)

Da die letzte Verantwortlichkeit für die Aufsicht immer bei den Lehrern liegt, müssen sie Personen, die unterstützend zur Aufsichtsführung herangezogen werden, sorgfältig auswählen. Sind Eltern bereit, bei einer Feier in der Schule oder einer Klassenfahrt unterstützend tätig zu werden, müssen die zuständigen Lehrer entscheiden, ob die Eltern grundsätzlich geeignet sind, Aufsichtsaufgaben zu übernehmen und mit welchen konkreten Aufgaben man die Eltern betrauen kann. Für die Auswahl geeigneter Aufsichtspersonen und die Übertragung konkreter Aufgaben bleibt der Lehrer verantwortlich.

Der Schulträger ist verantwortlich für die Sicherheit des Gebäudes **155** und Geländes. Auf Grund seiner Verkehrssicherungspflicht muss er das Grundstück und Gelände so einrichten, dass Schüler, Besucher und sonstige bestimmungsgemäße Benutzer vor Gefahren bewahrt werden. Auch bei einem vom Förderverein und Lehrern organisierten Schulfest wird der Schulträger nicht von jeder Verkehrssicherungspflicht befreit und kann daher im Falle eines Unfalles haftbar gemacht werden. (LG Bonn, Az.: 1 O 355/97; SchulRecht 3/2002, S. 57 f.) Der Schulträger hat Schüler auch vor den Folgen ihrer Unerfahrenheit und Unbesonnenheit zu schützen, kann allerdings auch darauf vertrauen, dass Kinder sich offensichtlich aufdrängenden Gefahren ausweichen. (Bundesgerichtshof, Az.: VI ZR 379/98; SchulRecht 3/2003, S. 55 f.)

2. Haftung bei Verletzung der Aufsichtspflicht

156 Bei der Haftung des Lehrers sind Personenschäden, die zur Schule gehörende Personen, also vor allem Schüler und Lehrer, erleiden, und Personenschäden Dritter sowie Sachschäden der zur Schule gehörenden Personen oder Dritter zu unterscheiden.

Bei Personenschäden der zur Schule gehörenden Personen, die auf eine Verletzung der Aufsichtspflicht zurückzuführen sind – Schüler werden bei einer Prügelei auf dem Schulhof verletzt – entsteht ein Anspruch des Geschädigten gegen den Träger der gesetzlichen Unfallversicherung. Dieser Anspruch umfasst die Heilbehandlung und einen eventuellen Rentenanspruch.

Der Geschädigte muss nicht nachweisen, dass der aufsichtsführende Lehrer schuldhaft seine Pflicht verletzt hat, er hat aber auch keine Ansprüche gegen den Lehrer oder dessen Dienstherren. Er ist auf seine Ansprüche gegen den Träger der gesetzlichen Unfallversicherung beschränkt. Der Lehrer wird also gegenüber dem Schüler von jeder unmittelbaren Haftung für Personenschäden befreit. Diese Haftungsfreistellung entfällt lediglich bei einer vorsätzlichen Aufsichtspflichtverletzung. In diesem Fall kann der Schüler Ansprüche unmittelbar dem Lehrer gegenüber geltend machen oder sich an die Gesetzliche Unfallversicherung wenden, die dann Regress beim Lehrer nehmen kann.

157 **F** **Unfall im Chemieunterricht**

Ein Schüler einer sechsten Klasse wird während eines Standardexperiments zur Verbrennung verletzt, als die Lehrerin eine geringe Menge Brennspiritus aus einer Flasche in von den Schülern gehaltene Schälchen nachfüllt.

Fallfrage

Hat der Schüler einen Schmerzensgeldanspruch gegen die Lehrerin?

Die gesetzliche Unfallversicherung schließt Schmerzensgeldansprüche von Schulangehörigen gegeneinander aus, es sei denn, es läge vorsätzliches Handeln vor. Für die Annahme eines Vorsatzes ist dabei erforderlich, dass der Schädiger nicht nur bezüglich der Verletzungshandlung vorsätzlich gehandelt hat, sondern dass er auch den Verletzungserfolg vorsätzlich herbeigeführt hat. Vorsätzlich im Sinne eines bedingten Vorsatzes handelt dabei, wer einen als möglich erkannten pflichtwidrigen Erfolg billigend in Kauf nimmt.

Das Landgericht Osnabrück (Az.: 5 O 596/14); SchulRecht 3-4/2016, S. 51 ff.) hat die Klage abgewiesen, da nicht festgestellt werden konnte, dass die Lehrerin die Verletzungshandlung, die Explosion der Spiritusflasche, vorsätzlich herbeigeführt hat und die Verletzung des Schülers billigend in Kauf genommen hat. Sollte die Lehrerin eine Flamme in dem Schälchen übersehen haben, könnte ihr Verhalten als grob fahrlässig gewertet werden. Es wäre aber nicht vorsätzlich. Sollte ein Schüler vorsätzlich oder fahrlässig gegen die Flasche gestoßen haben, läge keine Fahrlässigkeit der Lehrerin vor.

Der Träger der gesetzlichen Unfallversicherung kann auch dann ge- **158**
gen den Lehrer einen Regressanspruch geltend machen, wenn der Lehrer grob fahrlässig gehandelt hat. Bei fahrlässigem Handeln bestehen keinerlei Ansprüche gegen den Lehrer.

Der im Gegensatz zum vorsätzlichen Handeln praktisch bedeutsamere Fall des grob fahrlässigen Fehlverhaltens liegt aber nur selten vor, da Voraussetzung für ein grob fahrlässiges Verhalten ein Außerachtlassen der offenkundigsten und naheliegendsten Überlegungen ist, die sich in der gegebenen Situation geradezu aufdrängen müssen. Maßstab ist dabei nicht das Verhalten eines gedachten perfekten Lehrers, sondern das eines durchschnittlich sorgfältigen Lehrers.

Es kann in einem konkreten Fall umstritten sein, ob die Aufsichtspflicht erfüllt wurde oder ob die Nichterfüllung der Aufsichtspflicht ursächlich für den eingetretenen Schaden war. Lassen sich diese Fragen nicht eindeutig beantworten, kommt es entscheidend auf die Beweislast an. In dieser Frage hat der Bundesgerichtshof seine Rechtsprechung vor einigen Jahren grundlegend geändert. Über Jahrzehnte hatte er es abgelehnt, den § 832 Abs. 1 BGB, der für die Aufsicht von Eltern über ihre minderjährigen Kinder und die Aufsicht auf der Grundlage von Vertragsverhältnissen zum Beispiel in privaten Kindergärten oder Schulen in privater Trägerschaft gilt, auch auf die Aufsicht an öffentlichen Schulen anzuwenden. Daher musste ein Geschädigter glaubhaft machen, dass gegen Regeln der Aufsichtsführung verstoßen worden war und dass diese Verstöße ursächlich waren für den eingetretenen Schaden. Diese Auffassung hat der Bundesgerichtshof aufgegeben (Urteil vom 13.12.2012, Az.: III ZR 226/12; SchulRecht 5-6/2013, S. 60 ff) und den § 832 Abs. 1 BGB auch auf die Erfüllung der Aufsichtspflicht an öffentlichen Schulen angewandt.

§ 832 Abs. 1 BGB:

„Wer kraft Gesetz zur Führung der Aufsicht über eine Person verpflichtet ist, die wegen Minderjährigkeit … der Beaufsichtigung bedarf, ist zum Ersatz des Schadens verpflichtet, den diese Person einem Dritten widerrechtlich zufügt. Die Ersatzpflicht tritt nicht ein, wenn er seiner Aufsichtspflicht genügt oder wenn der Schaden auch bei gehöriger Aufsichtsführung entstanden sein würde."

Eine zur Aufsichtsführung verpflichtete Person haftet danach für einen durch die zu beaufsichtigende Person angerichteten Schaden, es sei denn, sie kann darlegen, dass sie ihre Aufsichtspflicht erfüllt hat oder dass der Schaden auch eingetreten wäre, wenn sie ihre Aufsichtspflicht erfüllt hätte.

159 Lässt sich nicht eindeutig klären, ob Lehrer ihre Aufsichtspflicht erfüllt haben oder nicht, scheitert der Anspruch eines Geschädigten nicht mehr an dem fehlenden Nachweis einer Verletzung der Aufsichtspflicht, sondern der Schadensersatzanspruch besteht, da es den Lehrern nicht gelungen ist, nachzuweisen, dass sie ihre Aufsichtspflicht erfüllt haben. Für den Kausalzusammenhang zwischen einer Aufsichtspflichtverletzung und dem eingetretenen Schaden muss nicht der Geschädigte nachweisen, dass es diesen Zusammenhang gibt, sondern die Schule muss nachweisen, dass der Schaden auch dann eingetreten wäre, wenn sie ihre Aufsichtspflicht erfüllt hätte.

Diese Rechtsprechung beseitigt schwer nachvollziehbare Unterschiede zwischen privaten und öffentlichen Bildungseinrichtungen. Sie ist auch sachlich gerechtfertigt, da es der Aufsichtspflicht als einer gesetzlichen Pflicht gegenüber dem Geschädigten entspricht, dass der Aufsichtspflichtige Rechenschaft darüber ablegt, was er zur Erfüllung seiner Pflicht getan hat. Dagegen ist dem Geschädigten der Nachweis der Aufsichtspflichtverletzung häufig nicht möglich, da er regelmäßig nicht weiß, welche konkreten Maßnahmen zur Erfüllung der Aufsichtspflicht im Einzelfall ergriffen oder unterlassen wurden.

Die Rechtsprechung des Bundesgerichtshofs erhöht die Anforderungen an die Darlegung der Schulen zur Erfüllung der Aufsichtspflicht. Bleibt nach einer Beweisaufnahme unklar, wobei verbleibende und nicht unerhebliche Zweifel genügen, ob ein aufsichtspflichtiger Lehrer seine Pflichten verletzt hat, so gehen diese Unklarheiten zulasten des Lehrers. Diese Rechtsprechung ist aber kein Anlass für übertriebene Besorgnisse bei Lehrern und Schulleitern, da sie durch die Haftungsübernahme des Staates nach Art. 34 GG entlastet werden. Außerdem hat der hohe Rechtfertigungsdruck, den Eltern, Schüler und die Schulaufsicht auf Lehrer und Schulleiter auch bisher schon bei Schadensereignissen wegen einer möglichen Verletzung der Aufsichtspflicht ausgeübt haben, in der Praxis häufig zu Verhaltensweisen geführt, die den neuen Maßstäben des Bundesgerichtshofs entsprechen.

Bei Personenschäden Dritter, zum Beispiel eines Passanten, haftet zunächst der Dienstherr des Beamten. Die persönliche Inanspruchnahme des Beamten durch den geschädigten Dritten ist durch Artikel 34 Satz 1 GG ausgeschlossen.

Artikel 34 Satz 1 GG :

„Verletzt jemand in Ausübung eines ihm anvertrauten öffentlichen Amtes die ihm einem Dritten gegenüber obliegende Amtspflicht, so trifft die Verantwortlichkeit grundsätzlich den Staat oder die Körperschaft, in deren Dienst er steht.“ 160

Der Staat kann aber vom Beamten verlangen, dass er ihm den Haftungsbetrag ersetzt, falls der Beamte seine Aufsichtspflicht vorsätzlich oder grob fahrlässig verletzt hat.

Artikel 34 Satz 2 GG :

„Bei Vorsatz oder grober Fahrlässigkeit bleibt der Rückgriff vorbehalten.“

Die Regelung des Artikel 34 GG gilt auch für alle Sachschäden, die infolge einer Aufsichtspflichtverletzung entstanden sind, wobei es unerheblich ist, ob es sich bei den Geschädigten um zur Schule gehörende Personen oder Dritte handelt.

F **Diebstahl aus der Sportumkleide** 161

Mehrere unbekannte Täter entwendeten ein Sweatshirt, eine teure Armbanduhr sowie ein iPhone 5 eines fünfzehnjährigen Schülers der neunten Klasse aus der Umkleidekabine während des Sportunterrichts. Der Sportlehrer hatte es entgegen seiner Aufgabe versäumt, die Umkleidekabine für die Zeit des Sportunterrichts abzuschließen. Die Schule hatte Monate zuvor mit einem Elternrundschreiben auf wiederholt vorgekommene Diebstähle von Wertgegenständen aus Klassenräumen sowie aus Sportumkleidekabinen hingewiesen. Die gestohlenen Gegenstände haben einen Gesamtwert von ca. 1400 Euro.

Fallfrage:
Hat der Schüler einen Schadensersatzanspruch gegen das Land und den Lehrer?

Rechtslage:

162 Das Land ist dem Schüler gemäß § 839 BGB in Verbindung mit Art. 34 GG zum Schadensersatz verpflichtet, weil der Sportlehrer gegen seine Aufsichtspflicht verstoßen hat, indem er vergessen hat, während des Sportunterrichts die Umkleidekabine abzuschließen. Das Landgericht Hamburg (Az.: 303 O 39/14; SchulRecht 11-12/2015, S. 178 f.) hat aber bei der Höhe des Schadensersatzes deutliche Abstriche vorgenommen. Der Schüler kann wegen seines Mitverschuldens lediglich Ersatz für eine Armbanduhr von geringerem Wert verlangen. Der Schüler wusste, dass er während des Sportunterrichts seine Armbanduhr nicht würde

tragen können. Er musste weiter wissen, dass in einer Umkleidekabine Gegenstände schon allein deswegen nicht vollständig sicher verwahrt werden können, weil alle Mitschüler Zugang zu dieser Kabine haben. Das Land muss auch nur die Hälfte des Wertes des iPhones ersetzen. Es war „… in keiner Weise erforderlich, ein Mobiltelefon, noch dazu ein teures Smartphone, mit in die Schule zu nehmen. Etwaige dringende Telefonate wegen plötzlicher Erkrankung oder ähnlichem können über das Schulsekretariat erledigt werden; im Unterricht ist das Verwenden von Mobiltelefonen ohnehin nicht erlaubt. Das Gericht ist sich darüber im Klaren, dass es heute dennoch vollkommen üblich ist, wenn nahezu jeder Schüler ein Mobiltelefon mit in die Schule nimmt, und dass es sich bei diesen Mobiltelefonen häufig um Smartphones des jeweils neuesten Typs handelt. Diese Wirklichkeit ändert aber nichts daran, dass Schüler mit dafür verantwortlich sind, Schäden an ihren Gegenständen zu vermeiden oder wenigstens klein zu halten. Wenn alle Schüler ein Smartphone mit in die Schule nehmen, müssen sich eben alle Schüler im Fall eines Verlustes ihres Smartphones gegebenenfalls ein Mitverschulden anrechnen lassen." (LG Hamburg, a.a.O.) Das Gericht hat die Anrechnung eines fünfzigprozentigen Mitverschuldens für gerechtfertigt gehalten.

163 Den Schutz der gesetzlichen Unfallversicherung und des Artikel 34 GG genießen auch alle Personen, die bei der Aufsicht unterstützend tätig werden. Auch Eltern, die Aufsichtsaufgaben übernehmen, sind daher von einer Haftung für fahrlässiges Verhalten freigestellt. Lediglich bei grob fahrlässigem oder vorsätzlichem Handeln können der Träger der gesetzlichen Unfallversicherung oder der Staat Rückgriff nehmen.

3. Schülerunfall

164 Verursachen Schüler einen Unfall anderer zur Schule gehörender Personen oder erleiden sie einen solchen Unfall, tritt die gesetzliche Unfallversicherung für den Schaden ein. Der Schädiger kann nur bei vorsätzlichem Handeln unmittelbar in Anspruch genommen werden. Sein Vorsatz muss sich dabei auf die Tathandlung und den Erfolg der Handlung beziehen.

165 **F** **Tätlichkeit und Schmerzensgeld**

Ein 14jähriger Schüler fühlte sich von einem Mitschüler provoziert und schlug ihm zweimal gegen das rechte Auge. Der Mitschüler erlitt eine schwere Gehirnerschütterung und eine schwere Augenverletzung, die zu einer Operation führte. Er fordert von dem Täter ein Schmerzensgeld von mindestens 20.000 €.

Rechtslage:

Das Gericht (Oberlandesgericht Hamm, Az.: 26 U 31/13; SchulRecht 7-8/2014, S. 115 f.) hat dem verletzten Schüler ein Schmerzensgeld von 1000 € zugesprochen.

Der Schüler hat eine vorsätzliche und rechtswidrige Körperverletzung begangen. Dies reicht aber bei einem Schulbusunfall wegen der gesetzlichen Vorschriften nicht aus, um Ersatzansprüche zu begründen. „Erforderlich ist vielmehr ein doppelter Vorsatz, der nicht nur die vorsätzliche Handlung, sondern auch die vorsätzlich herbeigeführte Schadensfolge erfordert.

Ebenso wie das Landgericht geht auch der Senat (des Oberlandesgerichts) nicht davon aus, dass der Schüler die hier tatsächlich eingetretene schwere Folge beabsichtigt oder dies auch nur annähernd für möglich gehalten hat. Wegen seiner übergroßen Wut ist der Senat aber durchaus davon überzeugt, dass er dem Mitschüler ernstlich wehtun wollte und dabei nicht nur das erheblich blaue Auge, sondern auch die Gehirnerschütterung mindestens billigend in Kauf genommen hat. Wer nämlich mit solch einer heftigen Wucht auf den Kopf zuschlägt, weiß auch mit 14 Jahren, dass dies nicht völlig ohne Folgen bleiben wird. … Aufgrund des noch sehr jungen Alters und des entsprechenden Bildungsstandes hat der Schüler aber sicherlich nicht die tatsächlich eingetretene Folge auch nur annähernd vor Augen gehabt." (OLG Hamm, a.a.O.)

Ein Schmerzensgeld setzt voraus, dass der Täter Verletzungen billigend in Kauf genommen hat. Folgen, die er nicht billigend in Kauf genommen hat, sind bei der Bemessung des Schmerzensgeldes nicht zu berücksichtigen.

Schmerzensgeldansprüche gegen Schüler, die Mitschüler oder andere Schulangehörige verletzt haben, sind zum einen selten, weil in Abweichung von dem im Zivilrecht geltenden Vorsatzbegriff, bei dem sich das Wissen und Wollen des Verletzers nur auf die Verletzungshandlung, nicht aber auf den konkret eingetretenen Schaden beziehen muss, ist es bei einem vorsätzlich herbeigeführten Schulunfall zur Haftungsbegründung erforderlich, dass sich der Vorsatz auch auf die Schadensfolge beziehen muss. Zum anderen unterstellt die Rechtsprechung Kindern und Jugendlichen, nur in seltenen Fällen andere ernsthaft verletzen zu wollen.

Bei vorsätzlicher oder grob fahrlässiger Herbeiführung des Unfalls kann der Versicherungsträger Regress nehmen. In diesem Fall genügt es, wenn der Vorsatz sich auf die Tathandlung oder das Unterlassen bezieht, die Folgen müssen nicht vom Vorsatz umfasst werden (§ 110

Abs.1 Satz 3 SGB VII). Ein Regress ist aber gegenüber Schülern sehr selten.

166 **F** **Der Tritt gegen das Knie**

Als zwei Schüler nach dem Ende der Pause vor dem gemeinsamen Klassenraum miteinander rangelten, kam ein Mitschüler hinzu und trat einen der Schüler mehrmals gegen dessen rechtes Bein und traf dabei das Kniegelenk. Der Schüler erlitt einen Kreuzbandriss. Der verletzte Schüler fordert Schmerzensgeld und Schadensersatz.

Rechtslage:

Der tretende Schüler hat nach Auffassung des Gerichts (Oberlandesgericht Hamm: Az.: 9 U 29/14; SchulRecht 9-10/2014, S. 148) nicht mit bedingtem Vorsatz hinsichtlich der Knieverletzung gehandelt. Tritte gegen das Knie einer anderen Person würden zwar eine nicht unerhebliche Verletzungsgefahr in sich bergen und seien nicht Bestandteil der üblichen Raufereien zwischen Schülern, derartige Raufereien seien im vorliegenden Fall aber durchaus üblich und es habe im Vorfeld zwischen den Schülern keine Unstimmigkeiten gegeben, die ein überhartes Einsteigen gegen den Schüler mit dem Vorsatz, diesem ernsthafte Verletzungen zuzufügen, erklären könnten. „Nicht zuletzt aufgrund des jugendlichen Alters des tretenden Schülers mit 15 Jahren und zehn Monaten und dem damit einhergehenden Übermut im Rahmen der Rauferei ist davon auszugehen, dass der Mitschüler im Zeitpunkt der Ausführung seiner Tritte weder eine Verletzung des Knies in Form des Kreuzbandrisses in sein Vorstellungsbild aufgenommen noch sich mit dem als möglich erscheinenden Erfolgseintritt einverstanden erklärt hat." (OLG Hamm, a.a.O.)

Schüler stehen während des Schulbesuchs und bei schulischen Veranstaltungen unter dem Schutz der gesetzlichen Unfallversicherung. Zur Schulbezogenheit eines Unfalls führt der Bundesgerichtshof *(→ Az.: VI ZR 18/87; SPE 878 Nr. 47)* aus:

„Die Schulbezogenheit ist zu bejahen, wenn die Verletzungshandlung durch die Schulsituation bedingt oder wenigstens begünstigt worden ist, wenn sie mit dem Schulbetrieb in einem „inneren Zusammenhang" steht; im Gegensatz hierzu steht ein Unfall, zu dem es nur „bei Gelegenheit" des Schulbesuchs gekommen ist…

Schulbezogen im Sinne dieser Rechtsprechung sind insbesondere Verletzungshandlungen, die aus Spielereien, Neckereien und Raufereien unter den Schülern hervorgegangen sind, ebenso Verletzungen, die in Neugier, Sensationslust und dem Wunsch, den Schulkameraden zu imponieren, ihre Erklärung finden; dasselbe gilt für Verletzungshandlungen, die auf übermütigen und bedenkenlosen Verhaltensweisen in einer Phase der allgemeinen Lockerung der Disziplin – insbesondere in den Pausen oder auf Klassenfahrten oder nach Beendigen des Unterrichts oder während der Abwesenheit der Aufsichtsperson – beruhen."

„Rangeleien und Raufereien, bei denen die Zufügung von Schmerzen durchaus gewollt ist oder zumindest billigend in Kauf genommen wird, gehören in diesem Alter (zwölf Jahre) zu den typischen, auch durch die Schulsituation bedingten Verhaltensweisen. Die Beteiligten beabsichtigen dabei in der Regel nicht, einander ernsthafte oder gar dauerhafte Verletzungen zuzufügen, zu denen es gleichwohl gelegentlich kommen kann." (Oberlandesgericht Koblenz, Az.: 5 U 471/13; SchulRecht, 5-6/2014, S. 77 f.)

Die Rechtsprechung legt den Begriff der Schulbezogenheit weit aus, da der durch die gesetzliche Unfallversicherung – außer bei vorsätzlicher Schädigung – vorgesehene Ausschluss der unmittelbaren Haftung des Schädigers dem Schulfrieden zwischen allen am Schulleben Beteiligten dient. *(BGH, a.a.O., S. 23)*

Schüler sind auch auf dem Schulweg versichert. Zu den Schulwegunfällen gibt es eine umfangreiche Einzelfallrechtsprechung *(→ SPE Nr. 878).*

4. Elternunfall

F **Die gefährliche Coladose** **167**

I. Die Mutter einer Schülerin begleitet die 9. Klasse als Aufsichtsperson auf eine Klassenfahrt. Im Schullandheim stolpert sie über eine leere Coladose, die offenbar einer der Schüler auf den Boden geworfen hat.

II. Die Mutter einer Schülerin holt ihre Tochter, die an der Klassenfahrt der 9. Klasse teilgenommen hat, an der Schule vom Bus ab. Sie stolpert über eine leere Coladose, die offenbar einer der Schüler auf den Boden geworfen hat.

Fallfrage:
- Worin liegt der für die Ersatzansprüche der Mutter rechtlich erhebliche Unterschied zwischen den beiden Fällen?

Rechtslage:

Im ersten Fall nimmt die Mutter Funktionen innerhalb der Schule wahr, da sie die Lehrer bei der Aufsicht unterstützt. Sie steht bei der Ausübung von Hilfsfunktionen unter dem Schutz der gesetzlichen Unfallversicherung. Das gilt auch für Eltern, die ehrenamtlich für die Schule tätig sind.

Im zweiten Fall nimmt die Mutter ausschließlich ihre eigenen Interessen und Aufgaben wahr. Sie steht dabei nicht unter dem Schutz der gesetzlichen Unfallversicherung.

Die Fälle verdeutlichen auch einen der großen Vorteile des Schutzes durch die gesetzliche Unfallversicherung. In beiden Fällen kann nicht nachgewiesen werden, wer die Coladose auf den Boden geworfen hat. Der gesetzliche Unfallschutz besteht unabhängig von dem Nachweis, dass eine zur Schule gehörende Person für den Unfall verantwortlich ist. Gelingt es der Mutter dagegen im 2. Fall nicht, den Schüler zu benennen, der die Coladose auf den Boden geworfen hat, muss sie den Schaden selber tragen.

Hätte die Mutter in den obigen Fällen keinen Schaden erlitten, sondern selbst einen Körperschaden schuldhaft verursacht, müsste sie grundsätzlich nach zivilrechtlichen Bestimmungen haften. Bei der Wahrnehmung von Aufsichtsaufgaben wie in Fall 1 haftet sie aber gegenüber zur Schule gehörenden Personen (Schüler, Angestellte, Lehrer) zunächst nicht, da die Unfallversicherung für den Schaden aufkommt. Der Versicherungsträger kann dann bei grob fahrlässigem oder vorsätzlichem Handeln Rückgriff nehmen.

Bei der Schädigung schulfremder Personen gilt für Aufsicht führende Eltern ebenso wie für Lehrer die Regelung des § 839 BGB in Verbindung mit Art. 34 GG, die eine unmittelbare Inanspruchnahme durch den Geschädigten und einen Rückgriff bei fahrlässigem Handeln ausschließen.

5. Fälle und Lösungen

168 **F** **Der Stich mit dem Drahtstern**

Ein sechsjähriger Grundschüler wurde in der Schule von einem Mitschüler mit einem aus Zaundraht in Form eines Sterns mit verdrehtem Schweif gefertigten Gegenstand, der 9 cm groß, mit einer 4 cm langen Spitze versehen und aus 3-4 mm starkem Eisendraht gefertigt war, in das linke Auge gestochen. Die zu diesem Zeitpunkt aufsichtsführende Lehrerin hatte am gleichen Tag zu einem früheren Zeitpunkt den Drahtstern, den der Großvater dem Schüler geschenkt hatte, bei diesem Schüler bemerkt und den Schüler aufgefordert, den Gegenstand in seinen Schulranzen zu packen. Nach dem Vorfall hatten weder die Lehrerin noch die Schulleitung den Schüler bis zum Eintreffen seiner von der Schule informierten Eltern einem Notarzt vorgestellt oder den Rettungsdienst verständigt. Gegenüber der Schule befindet sich die Arztpraxis eines Facharztes für Allgemeinmedizin. Die Eltern sind mit dem Schüler zunächst zum Augenarzt, dann auf den Rat des Arztes hin in eine Augenklinik gefahren.

Der Schüler ist auf dem linken Auge erblindet und fordert von der aufsichtführenden Lehrerin und der Schulleitung Schmerzensgeld und Schadensersatz.

Fallfrage:
Hat die Lehrerin ihre Aufsichtspflicht verletzt?
Hätte vor der Benachrichtigung der Eltern ein Notarzt oder Rettungsdienst gerufen werden müssen?

Rechtslage:

„Von dem verletzten Schüler ist nicht vorgetragen worden, dass es zuvor eine Auseinandersetzung zwischen diesem Mitschüler und ihm gegeben hat oder dass andere Anhaltspunkte gegeben waren, aus denen ein aggressives Verhalten des Mitschülers erklärbar wäre. Insoweit war es vollkommen ausreichend, dass die Lehrerin den Mitschüler aufgefordert hat, den Gegenstand in seinen Schulranzen zu packen. Zwar ergibt sich aus der nachträglichen Betrachtung, dass es im vorliegenden Fall besser gewesen wäre, wenn sie den betreffenden Gegenstand dem Schüler weggenommen hätte. Dass sie dies jedoch nicht getan hat, stellt keine schuldhafte Verletzung ihrer Aufsichtspflicht dar. Insoweit ist auch zu berücksichtigen, dass selbst die Mutter des Mitschülers offensichtlich in Kenntnis dessen, dass ihr Sohn das Geschenk des Großvaters mit in die Schule nehmen wollte, dies nicht generell untersagt hat.

Auch ein schuldhaftes fehlerhaftes Verhalten des Personals der Grundschule nach der Verletzung liegt nicht vor. Unabhängig davon, dass dann, wenn offensichtlich eine Augenverletzung vorliegt, der Verletzte der nächsterreichbaren Arztpraxis des entsprechenden Fachgebietes zuzuführen ist, kann ein schuldhaftes fehlerhaftes Verhalten des Schulpersonals nicht festgestellt werden. Unstreitig gab es im Ort selbst keine Arztpraxis eines Augenarztes. (Es) ist auch zu berücksichtigen, dass die betreffenden Lehrerinnen eine konkrete Verletzung des Auges, wie sie behaupten, nicht haben wahrnehmen können und sie zudem auch die Eltern offensichtlich ohne schuldhaftes Zögern informiert haben. Auch die Eltern haben zwar eine fachärztliche Behandlung als notwendig gesehen, aber nicht eine notfallmäßige Verbringung des Schülers in eine Fachklinik. Es kann auch von dem Lehrpersonal nicht erwartet werden, dass dieses obligatorisch über solche medizinischen Kenntnisse verfügt, dass es in einer solchen Situation auch einschätzen kann, ob ein normaler Transport zum nächsten Facharzt ausreichend ist oder ob dies über einen Rettungstransport erfolgen muss." (Landgericht Neubrandenburg, Az.: 4 O 209/09; SchulRecht 5-6/2014, S.82)

169 **F** **Die eingeschlossenen Schüler**

Während einer Filmvorführung in einem Bühnensaal der Schule aßen Schüler einer sechsten Klasse unerlaubt Obst. Am Ende der Filmvorführung waren Schüler nicht bereit, die auf dem Boden liegenden Obstschalen aufzuheben und mehrere Schüler verließen den Raum. Der Lehrer schloss daraufhin den Raum von außen ab und ging zum etwa 17 m entfernten Sekretariat, um den Schulleiter zu holen. Der Bühnensaal verfügte über einen Notausgang, der aber für die Schüler nicht unmittelbar sichtbar war. Der Lehrer hatte einige Monate zuvor schon einmal in einer Konfliktsituation Schüler eingeschlossen und war vom Schulleiter angewiesen worden, zukünftig keine Schüler mehr einzuschließen. Der Lehrer und der Schulleiter kamen nach etwa zwei Minuten zu dem Bühnensaal. Auf Anweisung des Schulleiters sammelten die Schüler die Obstschalen auf. Das Land mahnte den Lehrer wegen des Einschließens der Schüler ab.

Fallfrage:
Muss die Abmahnung aus der Personalakte entfernt werden?
Wie wäre der Fall zu beurteilen, wenn der Lehrer im Klassenraum geblieben wäre?

„Schüler einer sechsten Klasse, die etwa zwölf Jahre alt sind, bedürfen grundsätzlich keiner ständigen Aufsicht, sondern dürfen über kürzere Zeiträume unbeaufsichtigt bleiben. Dies gilt jedoch nicht in Ausnahmesituationen … in dieser Situation war ein unüberlegtes Handeln der Schüler zu befürchten, das beträchtliche Gefahren für die Schüler und das Mobiliar der Schule mit sich brachte. Die besondere Gefährdung beruhte auf drei Faktoren.

Erstens waren die Schüler wegen der Auseinandersetzung mit dem Lehrer besonders gereizt und aggressiv. Die Situation war eskaliert. Der Lehrer wusste sich nicht anders als durch das Einschließen zu helfen. Dadurch führte er wiederum den Schülern deren Hilflosigkeit vor Augen und zeigte ihnen, dass er in physischer Hinsicht überlegen war. Unüberlegte Gegenreaktionen zur Demonstration der eigenen Stärke waren zu erwarten.

Zweitens konzentrierten sich zu erwartende Aggressionen zwangsläufig auf die schwächeren anwesenden Schüler und das Mobiliar. An anderen Personen oder Sachen konnten sich gewalttätige Schüler nicht abreagieren. Die möglichen Opfer unter den Schülern hätten sich nur unter Schwierigkeiten der Situation entziehen können. Der Notausgang war nicht ohne weiteres einsehbar. Zudem besteht vor der Benutzung eines Notausgangs eine psychische Hemmschwelle, weil zu erwarten ist, dass hinterher nach dem Grund der Nutzung gefragt wird.

Genau diese Gründe hielten die Schüler schließlich auch davon ab, den Bühnensaal durch den Notausgang zu verlassen, obwohl sie vorher versucht hatten, durch die normale Tür zu entkommen

Drittens war es eine Folge des Einschließens, dass in einer Notsituation Hilfe nicht schnell herbeigerufen werden konnte. … Auch durch den Notausgang hätten Dritte nicht zur Hilfe herbeikommen können. Beim plötzlichen Eintritt einer kritischen Situation hätten die eingeschlossenen Schüler nur schwer Hilfe herbeiholen können. Notsituationen können dabei nicht nur aufgrund der zu erwartenden Aggressionen eintreten, sondern auch aus anderen in der Abmahnung genannten Gründen wie einer Übelkeit oder einem Brand. …

Die Weisung des Schulleiters macht die Pflichtverletzung noch schwerwiegender, weil dem Lehrer dadurch die arbeitsrechtliche Bewertung des Einschließens von Schülern bereits bekannt war. … Die Abmahnung war verhältnismäßig. … Das mildere Mittel der Anweisung durch die Schulleitung hatte sich als nicht effektiv erwiesen, da es bei dem Lehrer nicht zu einer Verhaltensänderung geführt hatte." (Arbeitsgericht Düsseldorf, Az.: 12 Ca 927/10; SchulRecht 11-12/2014, S. 174 ff.)

Wäre der Lehrer im Klassenraum geblieben und hätte sich zusammen mit den Schülern eingeschlossen, hätte die besondere Gefahrenlage eines Einschließens von außen nicht bestanden. Die Schüler hätten weder das Gefühl gehabt, wehrlos und ohne unmittelbare Beschwerdemöglichkeit in einem Raum festzusitzen, noch hätte die Gefahr einer sich daraus ergebenden besonderen Aggressivität bestanden. Die Möglichkeit, bei einer besonderen Gefahrenlage die Tür jederzeit öffnen zu können, wäre gegeben gewesen. Außerdem hätte der Lehrer die Schüler auf den Notausgang hinweisen und sie auffordern können, diesen in einer Gefahrenlage zu benutzen.

F Die stürzende Matte 170

Eine Grundschülerin einer ersten Klasse wurde durch eine umfallende, gerade zuvor von mehreren Schülern unsachgemäß hochkant aufgestellte Weichbodenmatte mit einem Gewicht von 130 kg am Bein verletzt. Das längsseitige Aufstellen der Matte war vorher geübt worden. Die Schülerin fordert vom Sportlehrer Schmerzensgeld.

Fallfrage:
Hat der Lehrer seine Aufsichtspflicht verletzt?
Besteht ein Schmerzensgeldanspruch?

Ein Schmerzensgeldanspruch ist offensichtlich zu verneinen, da es keinerlei Hinweise darauf gibt, und es auch kaum vorstellbar ist, dass der Lehrer eine Verletzung der Schülerin durch die umstürzende Matte billigend in Kauf genommen hätte. Die gesetzliche Unfallversicherung lässt bei Schulunfällen einen Schmerzensgeldanspruch des Verletzten aber nur zu, wenn die Verletzung vorsätzlich herbeigeführt wird, also die Verletzungshandlung gewollt ist und der Verletzungserfolg zumindest billigend in Kauf genommen wird. Dafür gibt es hier keinerlei Anzeichen. (Oberlandesgericht Frankfurt am Main, Az.: 1 U 200/12; SchulRecht 11-12/2014, S. 176 f.)

Für den Schmerzensgeldanspruch der Schülerin kommt es letztlich nicht darauf an, ob der Lehrer seine Aufsichtspflicht überhaupt verletzt hat. Das Oberlandesgericht Frankfurt am Main hat aber auch zu dieser Frage Stellung genommen und eine Aufsichtspflichtverletzung verneint. „Dass er an einer anderen Stelle der Turnhalle andere Sportgeräte entgegennahm, statt – wie die Schülerin meint – sich in unmittelbarer Nähe des Ortes aufzuhalten, an dem die Erstklässler die für sie zweifellos unhandlichen, 130 kg schweren Weichbodenmatten wegräumten und dazu hochkant stellten, ist ihm nach Einschätzung des Senats nicht vorzuwerfen. Der Lehrer hat im Rahmen des Sportunterrichts vor dem Unfalltag mit den Kindern geübt, wie eine Weichbodenmatte längsseits an der Turnhallenwand aufzustellen sei, und hierbei den Schülern auch erklärt, dass die Matte keinesfalls hochkant aufgestellt werden darf. Vor dem Hintergrund dieses Übens begegnet der Senat der Wertung der Schülerin mit erheblicher Skepsis, dass es „per se nicht die Aufgabe von Erstklässlern sei, schwere Turnmatten ohne jegliche Unterstützung eines Lehrers wegzuräumen; was auch Erstklässler mit der ihrem Alter eigenen körperlichen Konstitution beim Umgang mit den von ihnen benutzten Sportgeräten zuzumuten ist, ist eine Frage des Einübens des Umgangs mit einer solchen Situation, und ein solches Einüben hat unstreitig stattgefunden. Entsprechend den vom Land vorgelegten Unterrichtsprotokollen wurde schon im ersten Schulhalbjahr das Aufbauen und Transportieren der Sportgeräte und der korrekte Umgang mit den Matten vermittelt. Der Lehrer reagierte unverzüglich, als er wahrnahm, dass die hochkant aufgestellte Matte am Umfallen war.“ (OLG Frankfurt am Main, a.a.O.O.)

VIII. Erzieherische Einwirkungen und Ordnungsmaßnahmen

1. Erzieherische Einwirkungen

F **Der Aufsatz** 171

Ein Schüler einer neunten Klasse hat den Vorwurf sexueller Übergriffe gegenüber einem Lehrer erhoben, diesen Vorwurf aber gegenüber den Strafverfolgungsbehörden deutlich abgeschwächt. Das strafrechtliche Ermittlungsverfahren gegen den Lehrer dauerte nahezu ein Jahr. Es wurde eingestellt, da die erhobenen Anschuldigungen nicht belegbar waren. Der Schüler muss auf Beschluss der Klassenkonferenz eine schriftliche Ausarbeitung zu dem Thema „Verantwortung für sein eigenes Handeln übernehmen" anfertigen, bei der Schulleitung abgeben und Teile dieser Arbeit vor dem Plenum der Schülervertretung präsentieren.

Fallfrage:
Kann der Schüler gegen diese Entscheidung einen Widerspruch einlegen?

Rechtslage:

Der Schüler könnte Widerspruch einlegen, wenn es sich bei der Maßnahme um einen Verwaltungsakt handelte. Ordnungsmaßnahmen sind wegen der Schwere des mit ihnen verbundenen Eingriffs in das Persönlichkeitsrecht der Schüler oder wegen der mit ihnen verbundenen Bedeutung für den späteren Lebensweg Verwaltungsakte. Maßnahmen, durch die Schüler lediglich im Rahmen der erzieherischen Einwirkungen zurechtgewiesen werden, wie zum Beispiel durch eine Eintragung in das Klassenbuch, die Weisung eines Lehrers an Schüler, den von ihnen verschmutzten Klassenraum zu säubern, die Anordnung des „Nachsitzens" oder die Auferlegung einer Arbeit, greifen nicht regelnd in den Rechtskreis der Schüler ein. „Darüber hinaus bestünde die Möglichkeit, solche Erziehungsmaßnahmen durch einen sofortigen Widerspruch zu unterbinden, wenn man sie als Verwaltungsakte ansehen würde. Dies ließe sich mit den Erfordernissen des pädagogischen Alltags nicht vereinbaren." (Verwaltungsgericht Berlin, Az.: 3 L 1.14; SchulRecht 3-4/2016, S. 47 ff.)

Während die Ordnungsmaßnahmen in den Schulgesetzen der Länder 172
abschließend aufgezählt sind, werden erzieherische Einwirkungen nur beispielhaft aufgeführt. Bei Fehlverhalten von Schülern sollen zunächst erzieherische Maßnahmen eingesetzt werden. Ordnungsmaßnahmen kommen nur in Betracht, wenn wegen der besonderen Schwere des

Fehlverhaltens eine Erziehungsmaßnahme keine geeignete Maßnahme darstellt. Über Erziehungsmaßnahmen entscheiden die einzelnen Lehrer. Die Erziehungsberechtigten müssen nicht vorher angehört werden.

Es ist rechtlich unbedenklich, wenn nicht ein einzelner Lehrer, sondern die Klassenkonferenz über die Anordnung der Erziehungsmaßnahme entscheidet, da Erziehungsmaßnahmen auch nach einer Absprache unter mehreren Lehrern ergriffen werden können. Ist eine Konferenz zusammengetreten, bei der ursprünglich eine Ordnungsmaßnahme beschlossen werden sollte, kann die Konferenz stattdessen auch eine Erziehungsmaßnahme beschließen. (VG Berlin a.a.O.)

„Durch den in der Schule in deutlich schwerwiegenderer Art und Weise erhobenen Vorwurf gegen den Sportlehrer beeinträchtigt der Schüler die Unterrichts- und Erziehungsarbeit in der Schule, indem er weiterhin die Autorität und Integrität des Lehrers infrage stellt. Dem Schüler war aufgrund der Gespräche mit der Schulleitung auch klar, dass ein massiver Vorwurf sich nachteilig auf den Schulfrieden auswirken und insbesondere die Erziehungs- und Unterrichtssituation im Sportunterricht des betroffenen Lehrers erheblich erschweren und das Lehrer-Schüler-Verhältnis belasten würde … Die Aufgabenstellung knüpft unmittelbar an das Verhalten an, mit dem der Schüler die Unterrichts- und Erziehungsarbeit und das vertrauensvolle Verhältnis zwischen Schülern und Lehrern gestört hat. Entgegen der Ansicht des Schülers wird er durch die Erziehungsmaßnahmen nicht öffentlich diskreditiert oder gezwungen vorzutragen, dass er einen Lehrer zu Unrecht einer Straftat bezichtigt habe. Von ihm wird allein eine allgemeine Ausarbeitung zu dem genannten Thema verlangt, ohne dass er sich dabei konkret zu den von ihm gegenüber dem Sportlehrer erhobenen Vorwürfen äußern müsste." (Verwaltungsgericht Berlin, a.a.O.) Die Maßnahme ist daher verhältnismäßig.

2. Ermessensentscheidung

173 **F** **Das Geltungsbedürfnis**

Schüler S besucht die sechste Klasse einer Realschule. Er stört den Unterricht trotz häufiger Ermahnungen ständig durch Zwischenrufe sowie unpassende und unverschämte Bemerkungen. Aufforderungen der Fachlehrer, den Unterricht zu verlassen, befolgt er gern. Die Klassenlehrerin schickt den Eltern daraufhin einen Brief, in dem sie das Verhalten des S schildert und um ein Gespräch bittet. Das Gespräch findet statt, führt aber nicht zu einer Verhaltensänderung des S., der weiterhin den Unterricht stört. Nachdem S Ventile aus den Fahrrädern seiner Mitschüler geschraubt hat, lehnen die Eltern ein von der Schule schriftlich angebotenes weiteres Gespräch ohne Begründung ab. Nach Auffassung der Lehrer des S, die die Verhängung einer der in den Schulgesetzen vorgesehenen Ordnungsmaßnahmen für erforderlich halten, ist der wichtigste Grund für das Fehlverhalten des S „ein übersteigertes, ohne Bedenken befriedigtes Geltungsbedürfnis und die Billigung durch eine dem Schüler willfährige Klientel".

Fallfragen:
- Ist die Verhängung einer Ordnungsmaßnahme zu befürworten? Wenn ja, welche Ordnungsmaßnahme sollte verhängt werden?
- Die Fragen sind mithilfe der folgenden Vorschriften und Rechtsgrundsätze zu beantworten:

§ 253 Abs. 1 Satz 4 SchulG NRW:
„Ordnungsmaßnahmen sind nur zulässig, wenn erzieherische Einwirkungen nicht ausreichen."
Der Vorrang erzieherischer Maßnahmen vor Ordnungsmaßnahmen findet sich entweder auch ausdrücklich in den Schulgesetzen anderer Länder oder ergibt sich aus dem Grundsatz der Verhältnismäßigkeit.

Rechtsgrundsatz:
Die Ordnungsmaßnahme muss unter Berücksichtigung aller Umstände des Einzelfalles dem Grundsatz der Verhältnismäßigkeit entsprechen.

Lösungshinweise:

Vor der Anwendung einer Ordnungsmaßnahme ist zu prüfen, ob andere erzieherische Einwirkungen ausreichen. Erzieherische Einwirkungen werden in den Schulgesetzen der Länder allenfalls beispielhaft, aber im Gegensatz zu den Ordnungsmaßnahmen nicht abschließend aufgezählt. Diese Zurückhaltung des Gesetzgebers trägt der Tatsache Rechnung, dass es unmöglich ist, die Vielzahl denkbarer erzieherischer Einwirkungen abschließend aufzuzählen. Eine solche Aufzählung wäre auch nicht wünschenswert, da sie die pädagogische Entscheidungsfreiheit des Lehrers einengen würde. Denkbare erzieherische Einwirkungen sind zum Beispiel die mündliche oder schriftliche Missbilligung des Fehlverhaltens durch einzelne Lehrer, ein Gespräch mit dem Schulleiter, der Ausschluss von der laufenden Unterrichtsstunde, das Gespräch mit dem Schüler und den Eltern, eine schriftliche Benachrichtigung der Eltern, die zeitweise Wegnahme von Gegenständen, die Verpflichtung, versäumten Unterrichtsstoff außerhalb der Unterrichtszeit in der Schule nachzuholen und die Übertragung von erzieherisch wirksamen Aufgaben. **174**

Einige der aufgezählten erzieherischen Einwirkungen sind im geschilderten Fall bereits erfolglos angewandt worden: der mündliche

Tadel, das Gespräch, der Ausschluss von der laufenden Unterrichtsstunde und die Benachrichtigung der Eltern. Es bliebe ein Gespräch mit dem Schulleiter. Ob ein solches Gespräch ausreicht, um das Verhalten des S zu ändern, ist aber sehr zweifelhaft, da die Reaktion des S auf die bisher angewandten erzieherischen Einwirkungen vermuten lässt, dass er auch dieses Gespräch lediglich als Bestätigung seiner Sonderstellung auffassen würde.

Bereits an dieser Stelle wird deutlich, dass bei der Anwendung der erzieherischen Maßnahmen und der Ordnungsmaßnahmen Prognoseentscheidungen gefällt werden müssen, deren Richtigkeit erst die Zukunft erweisen kann. Niemand kann mit Bestimmtheit sagen, dass ein Gespräch mit dem Schulleiter zu keiner Verhaltensänderung führen würde. Die Entscheidung, vor der Verhängung einer Ordnungsmaßnahme zunächst ein solches Gespräch zu führen, wäre daher ebenso wenig mit Sicherheit falsch wie der Verzicht auf das Gespräch.

„Die Frage, was die Aufrechterhaltung der Schulordnung oder die Erziehungsverantwortung der Schule gebieten, kann unter pädagogischem Aspekt verschieden beantwortet werden, ebenso, ob und ggf. welche Ordnungs- und Erziehungsmaßnahmen zur Verfolgung dieses Zweckes angebracht sind oder nicht. Von der Sache her sind hier mehrere Entscheidungen denkbar, die das Recht in gleicher Weise als vertretbar ansehen kann“. *(VG Karlsruhe, → Az.: III 6/72; SPE a.F. S.II D S. 21–211, hier: 21 g)*

175 Die Tatsache, dass mehrere vertretbare Entscheidungen denkbar sind, erfasst der Rechtsbegriff des Ermessens.

Den Lehrern wird bei der Entscheidung über erzieherische Einwirkungen und Ordnungsmaßnahmen Ermessen eingeräumt. Das bringen Formulierungen der Schulgesetze wie der Lehrer „soll“ in eigener Verantwortung das Erziehungsmittel wählen und Ordnungsmaßnahmen „können“ getroffen werden deutlich zum Ausdruck.

Es sind zwei Arten des Ermessens zu unterscheiden. Bei der Verhängung von Ordnungsmaßnahmen müssen die zuständige Konferenz oder der Schulleiter zwei Entscheidungen treffen. Sie müssen entscheiden, ob überhaupt eine Maßnahme angewandt werden soll, und sie müssen entscheiden, welche der zur Verfügung stehenden Ordnungsmaßnahmen verhängt werden sollen (§ 90 Absatz 3 SchulG BaWü: „Folgende Ordnungsmaßnahmen können getroffen werden …“). In juristischer Terminologie spricht man von einem Entscheidungsermessen und einem Auswahlermessen.

Diese Ermessensentscheidungen der zuständigen Konferenz oder des Schulleiters ermöglichen bei Ordnungsmaßnahmen eine sachgerechte, am Einzelfall orientierte pädagogische Entscheidung. Durch die gesetzliche Vorgabe bestimmter Ordnungsmaßnahmen für bestimmte Pflichtverletzungen würde der Gesetzgeber die Berücksichtigung aller in der konkreten Situation pädagogisch bedeutsamen Gesichtspunkte unmöglich machen.

Ermessensentscheidungen werden von der Rechtsprechung nur eingeschränkt kontrolliert. Die Gerichte überprüfen im Wesentlichen, ob die Konferenz oder der Schulleiter erkannt hat, dass ihnen ein Ermessen zusteht und ob sie die verschiedenen Handlungsmöglichkeiten erörtert und eine begründete Entscheidung, insbesondere unter Beachtung des Verhältnismäßigkeitsprinzips, getroffen haben.

F Die beanspruchte Ordnungsmaßnahme 176

Eltern beantragen, einen Schüler aus der Klasse ihres Kindes in eine parallele Klasse zu überweisen, da er ihrem Sohn heftig in das Gesicht geschlagen habe. Ihr Sohn und seine Schwester, die ebenfalls Schülerin der Klasse ist, fühlten sich unter starkem psychischem Druck. Das habe bei ihrem Sohn zu erheblichen Fehlzeiten geführt.

Fallfrage:
Ist die Schule verpflichtet, den Schüler in eine Parallelklasse zu überweisen?

Rechtslage:

Mit dem heftigen Schlag in das Gesicht des Schülers hat der Mitschüler eine Körperverletzung begangen, gegen die Schulordnung verstoßen, den Schulbetrieb gestört und die Sicherheit des Schülers gefährdet. Die Voraussetzungen für den Erlass einer Ordnungsmaßnahme sind damit erfüllt.

Grundsätzlich besteht aber kein Anspruch von Eltern oder Schülern darauf, dass die Schule eine von ihnen für richtig gehaltene Ordnungsmaßnahme ergreift. Es handelt sich um eine Ermessensentscheidung der Schule. Gerichte können nur prüfen, ob eine unsachliche oder offensichtlich übermäßige Reaktion der Schule vorliegt, ein Gericht kann die Schule aber nicht verpflichten, eine bestimmte Ordnungsmaßnahme zu ergreifen.

„Eine Ausnahme besteht allenfalls dann, wenn das Ermessen der Schule oder der Schulaufsicht „auf Null geschrumpft", also derart eingeschränkt ist, dass einzig und allein die begehrte Ordnungsmaßnahme getroffen werden müsste. Wann eine solche Ermessensreduzierung vorliegt, lässt sich nicht abstrakt bestimmen, da sie ihrer Natur nach einzelfallbezogen ist. Da es sich um Ausnahmefälle handelt, müssen an deren Feststellung strenge Anforderungen gestellt werden.“ (Verwaltungsgericht Darmstadt, Az.: 3 L 879/14; SchulRecht 9-10/2015, S. 139 f.)

Im vorliegenden Fall hatte das Gericht Zweifel, ob der Schüler oder seine Schwester, die mit dem Vorfall nichts zu tun hatte, sich tatsächlich bedroht fühlten. Die Fehlzeiten des geschlagenen Schülers beruhten nach Auffassung des Gerichts nicht auf dem Verhalten des Mitschülers, sondern eher auf einer in der Familie häufig anzutreffenden Migräneerkrankung. Außerdem stellte das Gericht fest, die Entfernung des Mitschülers aus der Klasse sei nicht die einzige Form, den Schüler vor weiteren Übergriffen zu schützen. Die Schule hat bereits erzieherische Einwirkungen ergriffen und ihr stehen mehrere Ordnungsmaßnahmen zur Auswahl. Das Ermessen der Schule ist damit nicht so weit reduziert, dass sie verpflichtet wäre, die geforderte Ordnungsmaßnahme zu ergreifen.

177 Die Annahme, bei Störungen des Unterrichts müsse zwangsläufig eine Ordnungsmaßnahme verhängt werden, führt ebenso zur Rechtswidrigkeit der Entscheidung wegen eines Ermessensmangels wie die Vermutung, die Ordnungsmaßnahmen dürften nur in der Reihenfolge ihrer Erwähnung im Gesetz verhängt werden. Ist eine Konferenz z. B. überzeugt, die Überweisung an eine parallele Klasse oder Lerngruppe dürfe nur ausgesprochen werden, wenn der Schüler bereits einen schriftlichen Verweis erhalten habe, verkennt sie, dass sie ein Auswahlermessen hat und schränkt die Abwägung der für und gegen bestimmte Ordnungsmaßnahmen sprechenden Gesichtspunkte wesentlich ein.

178 Zur Rechtswidrigkeit der Entscheidung führt auch ein Ermessensmissbrauch. Das Ermessen wird missbraucht, wenn eine von mehreren möglichen Entscheidungen aus unsachlichen und willkürlichen Gründen gefällt wird. Ein Ermessensmissbrauch läge vor, wenn die Ordnungsmaßnahme gegen S nicht wegen der Störung des Unterrichts, sondern wegen von S geäußerter sachlicher Kritik am Unterricht ausgesprochen würde.

Selbstverständlich sind bei der Ermessensentscheidung auch richtige Tatsachen zugrunde zu legen. So muss im vorliegenden Fall feststehen, dass S und nicht ein anderer Schüler die Ventile aus den Fahrrädern geschraubt hat.

179 Wegen der bei der Ermessensentscheidung über die Anwendung von erzieherischen Maßnahmen oder Ordnungsmaßnahmen unvermeidlichen Unsicherheit in Bezug auf die Richtigkeit des Ergebnisses, ist eine sorgfältige Abwägung besonders wichtig. Das Ausmaß der Beeinträchtigung der Erziehung und des Unterrichts, insbesondere der

Verletzung der Rechte der Mitschüler, die Ursachen für das Fehlverhalten – die gelegentlich auch im Lehrerverhalten zu finden sein können –, die zur Verfügung stehenden erzieherischen Einwirkungen, das Verhalten der Eltern, und alle anderen im konkreten Fall bedeutsamen pädagogischen Gesichtspunkte sind zu berücksichtigen.

Die Lehrer haben im vorliegenden Fall erkannt, dass sie eine der in den Schulgesetzen vorgesehenen Ordnungsmaßnahmen verhängen können, dass ihnen also in Bezug auf die Verhängung einer Ordnungsmaßnahme Ermessen eingeräumt ist.

Das geschilderte Fehlverhalten des S und die Einschätzung seiner Persönlichkeit ergeben keine Hinweise darauf, dass von falschen Tatsachen ausgegangen wird oder eine willkürliche Entscheidung droht.

Es liegen daher weder ein Ermessensmangel noch ein Ermessensmissbrauch vor.

Ein Ermessensmissbrauch kann nicht nur bei willkürlichen Ent- **180**
scheidungen der Schule gegeben sein, sondern auch bei einem Verstoß gegen den Grundsatz der Verhältnismäßigkeit. Wegen seiner großen Bedeutung nicht nur für Ermessensentscheidungen, sondern für jeden Eingriff des Staates in Rechte der Bürger sind belastende Maßnahmen wie Ordnungsmaßnahmen besonders gründlich am Maßstab der Verhältnismäßigkeit zu messen.

Eine Ordnungsmaßnahme verfolgt spezial- und generalpräventive **181**
Ziele. Sie soll beim Schüler Einsicht in sein Fehlverhalten wecken und verhindern, dass er sein Fehlverhalten wiederholt (Spezialprävention). Es gehört aber auch zu den Zielen einer Ordnungsmaßnahme, andere Schüler davon abzuhalten, die gleichen Ordnungsverstöße zu begehen. Die Schule kann entscheiden, ob sie eine Ordnungsmaßnahme jeweils ausschließlich auf spezial- oder generalpräventive Gründe stützt und ob sie, wenn sie beide Gesichtspunkte heranzieht, diese kumulativ oder alternativ zugrunde legt. (Oberverwaltungsgericht Nordrhein-Westfalen, Az.: 19 B 985/14; SchulRecht 3-4/2015, S. 50)

Das Gericht (OVG NRW, a.a.O.) hat generalpräventive Begründungen in einem Fall als rechtmäßig angesehen, in dem ein Schüler ein kompromittierendes Foto oder Video von einem Lehrer in ein soziales Netzwerk einstellte, um dessen Ansehen in der Schulöffentlichkeit und auch außerhalb der Schule herabzuwürdigen. In diesem Fall hatte das generalpräventive Bedürfnis besonderes Gewicht, weil weite Kreise der Schule das Handyvideo tatsächlich zur Kenntnis genommen und Schüler dem Lehrer gegenüber bereits unpassende Bemerkungen gemacht hatten.

3. Verhältnismäßigkeit

182 Bei der Verhängung von Ordnungsmaßnahmen sind alle Umstände des Einzelfalles zu berücksichtigen, und die Ordnungsmaßnahmen müssen in einem angemessenen Verhältnis zum Verhalten des Schülers stehen. Aus dem bei einer Ordnungsmaßnahmenkonferenz zu führenden Protokoll muss hervorgehen, dass die Entscheidung auf sorgfältigen pädagogischen Überlegungen beruht. Pauschale Aussagen wie „Wegen erheblicher Beeinträchtigung des Unterrichts …" können die Anwendung einer Ordnungsmaßnahme nicht begründen.

Der Rechtsbegriff der Verhältnismäßigkeit besteht aus den drei die Abwägung strukturierenden Elementen der Geeignetheit, Erforderlichkeit und Angemessenheit.

Das Merkmal der Geeignetheit dient der Prüfung, ob die in Betracht gezogene Maßnahme überhaupt geeignet ist, den gewünschten Erfolg herbeizuführen. Da der Erfolg sich nicht mit Sicherheit voraussagen lässt, scheiden auf dieser Stufe der Abwägung nur offensichtlich ungeeignete Maßnahmen aus.

Obwohl man im vorliegenden Fall einen schriftlichen Verweis trotz des erfolglosen Schreibens an die Eltern mit der Bitte um ein Gespräch nicht als offensichtlich ungeeignet bezeichnen kann, da die Wirkung eines auf einem Konferenzbeschluss beruhenden und auf Grund eines sehr formalisierten Verfahrens zustande gekommenen schriftlichen Verweises eine andere sein wird als die eines Briefes der Klassenlehrerin an die Eltern, bestehen doch gewisse Zweifel hinsichtlich der Wirksamkeit einer solchen Maßnahme. Der Ausschluss vom Unterricht ist nicht offensichtlich ungeeignet, obwohl S der Aufforderung, die laufende Unterrichtsstunde zu verlassen, gern nachkommt, da der völlige Ausschluss vom Unterrichtsbesuch ihn der für seine Auftritte benötigten Bühne berauben würde.

Schließlich kann auch die Überweisung in eine parallele Klasse geeignet sein, zu einer Verhaltensänderung des S zu führen, da sie ihn ebenfalls von der ihm willfährigen Klientel seiner Mitschüler trennen würde.

Der Maßstab der Erforderlichkeit verlangt, unter den geeigneten Mitteln das den Schüler am wenigsten belastende, aber doch noch Erfolg versprechende Mittel auszuwählen. Auch hier wird wiederum eine mit zahlreichen Unsicherheiten befrachtete Prognose verlangt. Es verstieße gegen diesen Grundsatz „auf Nummer sicher" zu gehen und den S von der Schule zu entlassen, da mit dem schriftlichen Verweis, der Überweisung an eine parallele Klasse und dem vorübergehenden Ausschluss vom Unterricht mildere Maßnahmen zur Verfügung stehen, die zu einer Beendigung der erheblichen Beeinträchtigung des Unterrichts durch S führen können.

Bei der Entscheidung für eine dieser Maßnahmen sind die vermuteten Erfolgsaussichten und die Schwere des Eingriffs in die Rechte des S gegeneinander abzuwägen.

Die Überweisung in eine Parallelklasse genügt dem Kriterium der Erforderlichkeit. Schließlich muss die Maßnahme angemessen sein, sie darf nicht außer Verhältnis zum abzuwendenden Schaden stehen. Angesichts der erheblichen Beeinträchtigung des Unterrichts durch S ist die Überweisung in eine Parallelklasse auch angemessen.

Nicht nur das Ermessen, sondern auch die Verhältnismäßigkeit schließt eine bei der Anwendung von Ordnungsmaßnahmen vorgegebene Reihenfolge aus. Es ist jeweils diejenige Maßnahme zu wählen, die geeignet ist, den gewünschten Erfolg zu erreichen, die unter den geeigneten Maßnahmen den Schüler unter Berücksichtigung der Schwere seiner Verfehlung am wenigsten belastet und die nicht außer Verhältnis zum abzuwendenden Schaden steht.

Bei schweren Verstößen wie Drogenhandel in der Schule scheiterte ein schematisches Vorgehen nach der Reihenfolge der vorgesehenen Ordnungsmaßnahmen schon an der Ungeeignetheit solcher Maßnahmen wie des schriftlichen Verweises oder der Überweisung in eine parallele Klasse.

Der Begriff der Verhältnismäßigkeit strukturiert den Abwägungsprozess und fördert eine sorgfältige Abwägung der betroffenen Interessen unter Einbeziehung der Persönlichkeit des betroffenen Schülers und der anderen die Entscheidungssituation prägenden Faktoren. Er wirkt als Filter bei der Auswahl der Entscheidungsalternativen, deren Zahl er begrenzt, ohne in jedem Fall zu einer einzigen richtigen Entscheidung zu führen. Es bleiben immer die Unsicherheit einer Prognose und die pädagogische Wertung eines Verhaltens. Die Rechtsprechung geht von der vollständigen gerichtlichen Überprüfbarkeit der Verhältnismäßigkeit der beschlossenen Maßnahme aus.

4. Verfahren

Folgende Prinzipien sind für das zu einer Ordnungsmaßnahme führende Verfahren von großer Bedeutung: 183

- Anspruch auf rechtliches Gehör als Recht auf Äußerung und als Recht auf Mitteilung entscheidungserheblicher Tatsachen,
- Elternrecht,
- Sachverhaltsaufklärung,
- Zuständigkeiten.

Aufgabe:

Die Zuständigkeit für eine Ordnungsmaßnahme kann beim Schulleiter oder einer Konferenz liegen. In die folgende Darstellung des Ablaufs eines zu einer Ordnungsmaßnahme führenden Verfahrens sind diejenigen Schritte einzufügen, die auf Grund der genannten Prinzipien notwendiger Bestandteil des Verfahrens bei einer von einer Konferenz auszusprechenden Ordnungsmaßnahme sind.

1. Prüfen, ob erzieherische Maßnahmen erfolgversprechend sind.
2. Für die Verhängung der in Erwägung gezogenen Ordnungsmaßnahme zuständigen Vorsitzenden der vermutlich zuständigen Konferenz informieren.
3. Beschluss über die Ordnungsmaßnahme.
4. Schriftliche Mitteilung an die Eltern oder den volljährigen Schüler.
5. Der Konferenzvorsitzende ermittelt selbst den Sachverhalt oder beauftragt damit eine andere Person.
6. Der betroffene Schüler und eventuelle Zeugen sind zu befragen.
7. Die zuständige Konferenz muss ordnungsgemäß einberufen werden. Der Schüler und seine Eltern sind über das vorgeworfene Fehlverhalten zu informieren. Sie sind je nach Landesregelung auf bestimmte Widerspruchsrechte, z. B. die Teilnahme von Elternvertretern an der Konferenz, oder andere Rechte wie auf die Teilnahmemöglichkeit eines Lehrers oder Schülers des Vertrauens hinzuweisen.
8. Aus dem Anspruch auf rechtliches Gehör und dem Elternrecht ergibt sich, dass der Schüler und bei nicht volljährigen Schülern auch die Eltern vor der Entscheidung über die Ordnungsmaßnahme durch das zuständige Organ der Schule gehört werden müssen. Sie haben das Recht, vor der Entscheidung eine abschließende Stellungnahme abzugeben.
9. Der Beschluss über die Verhängung einer Ordnungsmaßnahme ist den Eltern oder dem volljährigen Schüler schriftlich mitzuteilen.
10. Die Mitteilung ist vom Schulleiter oder dessen Stellvertreter zu unterschreiben.

Die vollständige Übersicht über die wichtigsten Verfahrensschritte besteht aus den folgenden Abschnitten:

- Erzieherische Maßnahmen prüfen.
- Falls erzieherische Maßnahmen einzelner Lehrer nicht erfolgversprechend sind: Verfahrenseröffnung, ggf. erneute und genaue Feststellung des Sachverhalts.
- Einberufung der Konferenz mit Einladung der Eltern und des Schülers einschließlich der Mitteilung des Sachverhalts und ggf. der Hinweise auf bestimmte Widerspruchsrechte oder sonstige Rechte.

- Anhörung des Schülers und der Eltern
- Beweisaufnahme
- Abschließende Stellungnahme des Schülers, der Eltern, ggf. weiterer Personen wie eines Lehrers des Vertrauens oder eines Vertreters der Schülerschaft
- Beratung
- Beschluss
- Schriftliche Mitteilung des Beschlusses.

Eine gewisse Vereinfachung und Flexibilität des Verfahrens ermöglichen die gleichlautenden Vorschriften der Verwaltungsverfahrensgesetze der Länder. § 10 VwVfG des Bundes regelt, dass das Verwaltungsverfahren nicht an bestimmte Formen gebunden ist, soweit keine besonderen Rechtsvorschriften für die Form des Verfahrens bestehen. Das Verfahren ist gemäß § 10 VwVfG einfach und zweckmäßig durchzuführen.

Die Schulgesetze der Länder enthalten keine Vorschriften für die **184**
Form des Verfahrens zur Ermittlung des Sachverhalts. Es hängt daher vor allem von der Schwere der beabsichtigten Ordnungsmaßnahme und der Komplexität des Sachverhaltes ab, ob bei den Befragungen des Schülers und der Zeugen nach der Entscheidung über die Verfahrenseröffnung ein schriftliches Protokoll geführt wird, das die Aussagen in wörtlicher Rede festhält.

Wird das Recht auf rechtliches Gehör verletzt, indem die Anhörung **185**
des Schülers oder der Eltern unterlassen wird, kann dieser Verfahrensfehler gemäß § 45 Absatz 1 Nr. 3 VwVfG des Bundes und der entsprechenden Regelungen der Verwaltungsverfahrensgesetze der Länder, die vorsehen, dass eine unterlassene Anhörung nachgeholt werden kann, geheilt werden. Das Gleiche gilt für eine fehlende Begründung, die nachträglich gegeben werden kann, und für die fehlende Mitwirkung einer Konferenz oder anderen Behörde.

5. Fälle und Lösungen

F Die Tätlichkeit **186**

Zwei Schüler haben vor Beginn des Sportunterrichts in der Umkleidekabine eine körperliche Auseinandersetzung. Vorausgegangen war eine Bemerkung des Schülers N., dass er im Haar des Schülers S. Läuse meinte gesehen zu haben. Der genaue Verlauf der körperlichen Auseinandersetzung, bei der es nicht zu erheblichen Folgen kam, ließ sich nicht mehr rekonstruieren, es steht aber fest, dass S. die Tätlichkeiten begonnen hat. Gegen beide Schüler wurde ein schriftlicher Verweis ausgesprochen. Zusätzlich wurde ihnen aufgegeben, die schulinterne Mediation zu besuchen und es wurde ihnen ein Antiaggressionstraining empfohlen.

Fallfrage:
Darf gegen N. ein schriftlicher Verweis ausgesprochen werden, obwohl er die körperliche Auseinandersetzung nicht begonnen hat und keine strafbare Körperverletzung vorliegt?
Darf gegen S. ein schriftlicher Verweis ausgesprochen werden, obwohl er provoziert worden ist und keine strafbare Körperverletzung vorliegt?

Eine Ordnungsmaßnahme setzt kein strafbares Verhalten voraus. Sie soll eine geordnete Unterrichts- und Erziehungsarbeit ermöglichen und alle am Schulleben Beteiligten schützen. Es widerspricht dem Bildungs- und Erziehungsauftrag, Konflikte durch körperliche Auseinandersetzungen auszutragen. Ein auf körperliche Gewalt reagierender Schüler ist daher verpflichtet, auszuweichen, um so eine Situation zu entschärfen, die zu einer Eskalation führen kann.

„Daraus folgt, dass ein Schüler, der an einer körperlichen Auseinandersetzung beteiligt war, bei einem Verhalten, das bei strafrechtlicher Beurteilung gegebenenfalls noch als Notwehr zu beurteilen wäre, nicht zwingend vor einer schulischen Ordnungsmaßnahme geschützt ist. … Er (Schüler S.) war an einer vermeidbaren körperlichen Auseinandersetzung mit seinem Mitschüler N. beteiligt, ohne für sich in Anspruch nehmen zu können, dass sein Verhalten in jeder Hinsicht als notwendige Verteidigungshandlung geboten war. Es ist nicht entscheidungserheblich, wie sich die körperliche Auseinandersetzung im weiteren Verlauf im Einzelnen vollzog. Soweit der Schüler N. hierbei das Maß des zu seiner (vermeintlichen) Verteidigung Gebotenen überschritten haben sollte, änderte dies nichts daran, dass dem Schüler der Vorwurf gemacht werden durfte, den Streit, als er noch beherrschbar war, nicht vermieden zu haben.

Das erkennende Gericht hat in Fällen der vorliegenden Art wiederholt darauf hingewiesen, dass die ordnungsgemäße Unterrichts- und Erziehungsarbeit der Schule voraussetzt, dass die Schüler die in § 3 Schulgesetz beschriebenen elementaren Bildungs- und Erziehungsziele nicht nur akzeptieren, sondern dass sie auch bereit sind, an deren Umsetzung mitzuwirken. Hierzu gehört insbesondere zu lernen, aktives soziales Handeln zu entwickeln, aufrichtig und selbstkritisch zu sein und das als richtig und notwendig Erkannte selbstbewusst zu tun, Konflikte zu erkennen, vernünftig und gewaltfrei zu lösen, sie aber auch zu ertragen, die Beziehungen zu anderen Menschen in Respekt, Gleichberechtigung und gewaltfreier Verständigung zu gestalten, Fairness, Toleranz, Teamgeist und Leistungsbereitschaft zu entwickeln. Das eine auf die Verwirklichung dieser Ziele ausgerichtete Unterrichts- und

Erziehungsarbeit auch Ordnungsmaßnahmen gegen Schüler erforderlich machen kann, die zwar nicht „gewalttätig“ auftreten, aber – wie hier – gleichwohl durch ihr Verhalten zeigen, dass sie nicht bereit sind, das Notwendige dazu beizutragen, die Eskalation eines Streits zu einer handgreiflichen Auseinandersetzung zu verhindern, dürfte nicht zu bestreiten sein.“ (Verwaltungsgericht Berlin, Az.: 3 K 320.13; SchulRecht 9-10/2014, S. 143 ff.)

Mit dieser Entscheidung wird Schülern nicht ein Notwehrrecht gegen Angriffe von Mitschülern generell abgesprochen, sondern ein Beitrag zur Vermeidung körperlicher Auseinandersetzungen verlangt, wenn ein solches Verhalten zumutbar ist. Das ist es insbesondere, wenn keine Gefahr für die eigene körperliche Unversehrtheit entsteht und die Schüler selbst – im vorliegenden Fall der Schüler N. durch die Provokation und der Schüler S. durch den Beginn der Tätlichkeiten – zur Entstehung der Konfliktsituation beigetragen haben.

F Die Erniedrigung **187**

Ein Schüler filmte mit seinem Handy aus ca. 10-15 m Entfernung, wie zwei Mitschüler den Schüler M. nach dem Sportunterricht vor der Sporthalle von zwei Seiten geschubst, gegen den Oberkörper gestoßen und ins Gesicht geschlagen haben. Der Schüler und eine weitere Person begleiteten den körperlichen Angriff mit Lachen. Nachdem eine Person den Tätern zurief, sie mögen aufhören, entgegnete der Schüler während des Filmens laut „Macht doch weiter!“. Das Video hat der Schüler anderen vor der Chemiestunde gezeigt. Es wurde auf ein anderes Handy überspielt und bei YouTube unter dem Titel „O. und P. verschlägern M.“ ins Internet gestellt. Der Schüler behauptet, er habe 50 m entfernt gestanden, habe nicht gefilmt und die Äußerung „Macht doch weiter“ habe sich auf eine andere Begebenheit bezogen.

Fallfrage:
Wäre ein mehrtägiger Unterrichtsausschluss verhältnismäßig?

Rechtslage:

Die Behauptung des Schülers, er habe 50 m entfernt gestanden, nicht gefilmt und die Äußerung „Macht doch weiter“ habe sich auf eine andere Begebenheit bezogen, wirken unglaubwürdig und konstruiert. „Das Vorbringen kann insoweit nur als eine Schutzbehauptung gewertet werden. In der Gesamtschau und vor dem Hintergrund des vorliegenden Filmmaterials stellen sich die hier abgegebenen „Erklärungsversuche“ des Schülers für das Gericht insgesamt als unverständlich dar.

Dass eine auf die Verwirklichung der Erziehungsziele ausgerichtete Unterrichts- und Erziehungsarbeit erheblich beeinträchtigt wird, wenn ein Schüler die einem Mitschüler durch grundlose Gewaltanwendung zugefügte Erniedrigung durch Anfeuern unterstützt, sie filmisch „ausschlachtet", indem er den darüber gefertigten Film anderen vorführt und sich an dessen Verbreitung im Internet beteiligt, wenn er dadurch das Persönlichkeitsrecht und die seelische Integrität des Mitschülers verletzt und wenn er die mit der Verbreitung des Films ausgelösten immer wiederkehrenden Erniedrigungen fördert, bedarf im Grunde keiner weiteren Erörterung. Damit gibt der Schüler nicht nur zu erkennen, dass er sich selbst der auf Gewaltlosigkeit und verantwortungsbewusstes, soziales Handeln ausgerichteten Unterrichts- und Erziehungsarbeit gegenüber nicht aufgeschlossen erweist, sondern dass er auch deren Verwirklichung in Bezug auf seine Mitschüler erschwert.

Bliebe derartiges Fehlverhalten sanktionslos, würde die Schule – die allerdings insoweit stets auch der zusätzlichen Unterstützung durch die Eltern bedarf – die zur Vermittlung der genannten Ziele erforderliche Glaubwürdigkeit und Durchsetzungsfähigkeit einbüßen. Der Schulfrieden kann deshalb nur bewahrt werden, wenn die Schule auf derartiges Verhalten für alle Schüler erkennbar und deutlich reagiert, weshalb sich der Unterrichtsausschluss auch seinem Umfang nach als angemessen erweist." (Verwaltungsgericht Freiburg, Az.: 2 K 229/10, S. 87 f.; SchulRecht 5-6/2015, S. 87 f.)

Das Gericht hat keinerlei Zweifel an dem mehrtägigen Unterrichtsausschluss geäußert. Es ist nicht die Aufgabe eines Gerichts, die Zulässigkeit weiterreichender Ordnungsmaßnahmen zu prüfen oder bestimmte erzieherische Einwirkungen anzuregen. Die Ergänzung des mehrtägigen Unterrichtsausschlusses durch geeignete erzieherische Einwirkungen wäre sicherlich rechtlich unproblematisch. Die Kombination des mehrtägigen Unterrichtsausschlusses mit einer Androhung der Entlassung wäre mit hoher Wahrscheinlichkeit wegen des gravierenden Verstoßes gegen wichtige Erziehungsziele und des tiefen Eingriffs in das Persönlichkeitsrecht des betroffenen Schülers ebenfalls rechtmäßig gewesen.

188 **F** **Die Beleidigung der Referendarin**

Ein Schüler einer achten Klasse verbreitete im Internet über eine Referendarin beleidigende Äußerungen. Unter anderem bezeichnete er sie als „Schlampe" und äußerte „... da kommt ein deutscher Panzer und fährt sie um". Der Schüler glaubte, die Einträge seien nur in seinem Freundeskreis zu lesen gewesen. Er entschuldigte sich persönlich und löschte alle Einträge.

Fallfrage:
Wäre die Androhung der Entlassung verhältnismäßig?

Rechtslage:

Zweifel an der Rechtmäßigkeit einer Ordnungsmaßnahme könnten sich daraus ergeben, dass das Fehlverhalten im privaten Bereich des Schülers gezeigt wurde. Entscheidend ist aber nicht der zeitliche und räumliche Zusammenhang mit der Schule, sondern der innere Zusammenhang, der hier durch die Beleidigung einer Referendarin besteht. Der Schüler kennt die Referendarin nur aus der Schule, bezieht sich auf sie als Lehrerin und äußert sich gegenüber Mitschülern. Es handelt sich daher um schulisches Fehlverhalten. **189**

Der Schüler verletzt die Persönlichkeitsrechte der Referendarin und gefährdet das vertrauensvolle Verhältnis zwischen Schülern und Lehrern. „Die Geltung der Persönlichkeitsrechte der Lehrkräfte insbesondere im außerschulischen, durch den Begriff der Privatsphäre gekennzeichneten persönlichen Bereich, stellt eine Grenze dar, die von Schülern nicht überschritten werden darf. … Schmähungen einer Lehrkraft verletzen deren Persönlichkeitsrechte, untergraben ihre Autorität und schaden dem Ansehen der Schule. … Nachdem der Schüler mehrfach beleidigende und herabsetzende Äußerungen über eine Lehrerin im Internet von sich gegeben hat, sieht das Gericht auch unter dem Aspekt, dass er sich entschuldigt hat, keinen Verstoß gegen den Grundsatz der Verhältnismäßigkeit, denn die Androhung der Entlassung ist geeignet, ihn künftig von einem derartigen Fehlverhalten abzubringen. Die Maßnahme ist auch erforderlich und angemessen, um ihm vor Augen zu führen, dass es sich um eine gravierende, das Persönlichkeitsrecht der Lehrerin verletzende Verfehlung handelt, und dass ein solches Verhalten nicht hinnehmbare Auswirkungen auf das Zusammenleben in der Schulgemeinschaft hat. Gegen andere beteiligte Mitschüler ist die Schule in gleicher Weise eingeschritten. Der Schüler hat es selbst in der Hand, sich künftig so zu verhalten, dass es zu der angedrohten Entlassung nicht kommt." (Verwaltungsgericht Bayreuth, Az.: B 3 K 08.1019; SchulRecht 9-10/2014, S. 145 f.)

F **Angriff auf eine Mitschülerin** **190**

Ein fünfzehnjähriger Schüler der Klasse 9 schlug und trat zusammen mit Mitschülern in einer Unterrichtspause auf eine vierzehnjährige Mitschülerin ein und schleifte das am Boden liegende Mädchen vor den Augen der anderen Mitschüler durch den Klassenraum. Nach seiner Aussage hatte die Schülerin ihm in der ersten Pause des Unterrichtstages bei

einer Schneeballschlacht einen Stein ins Gesicht geworfen und ihm leichte Verletzungen in Form einer Hautverfärbung und zweier winziger Schnittwunden beigebracht. Der Vorfall war Gegenstand eines klärenden Gesprächs zwischen dem Schüler, verschiedenen Lehrkräften und der Mitschülerin. Bei der Schülerin wurden neben einem Hämatom im Bereich des rechten Oberarms Druck- und Klopfschmerz über der Brust- und Halswirbelsäule festgestellt und eine Wirbelsäulenprellung diagnostiziert.
Der Schüler behauptet, er sei an dem Vorfall nur insoweit beteiligt gewesen, als er die Mitschülerin „zweimal mit leichter Faust auf den Rücken" geschlagen bzw. „zwei- bis dreimal mit der Faust in den Rücken gehauen" habe, während die anderen Schüler unabhängig von ihm das Mädchen gehauen und geschubst hätten. Es hätte auch keinen gemeinsamen Tatplan gegeben.

Fallfrage:
Kann der Schüler an eine andere Schule überwiesen werden?

Rechtslage:

Die Tat des Schülers ist keine im Affekt erfolgte Reaktion, sondern eine völlig überzogene Vergeltungsaktion. Die Behauptung, er habe sich an dem Angriff auf die Mitschülerin nur in geringem Umfang beteiligt, ist vom Gericht (Verwaltungsgericht Berlin, Az.: 3 L 328.14; SchulRecht 11-12/2015, S. 157 ff.) als nicht glaubwürdig zurückgewiesen worden.

Vor einer Überweisung in eine andere Schule muss im Regelfall nach den gesetzlichen Vorgaben der Länder eine Androhung erfolgen. Eine sofortige Überweisung in eine andere Schule erfordert einen atypischen Fall. „Ein atypischer Fall liegt dann vor, wenn die Pflichtwidrigkeit nach ihrer Art und Schwere sowie den Gesamtumständen ihrer Begehung die gleiche Ahndung verlangt wie (sonst nur) längerfristiges oder wiederholtes Fehlverhalten und gleichzeitig das pädagogische Bedürfnis, den Schüler durch eine empfindliche Ordnungsmaßnahme zu beeindrucken, ebenso unabweisbar macht wie ein angesichts einer Androhung dieser Ordnungsmaßnahme fortgesetztes oder wiederholtes Fehlverhalten. Das mit der Ordnungsmaßnahme verfolgte pädagogische Bedürfnis kann durchaus darin bestehen, andere Schüler von vergleichbarem Verhalten abzuhalten (Generalprävention), so dass der Aspekt der erzieherischen Einwirkung auf den zu disziplinierenden Schüler (Spezialprävention) zurücktreten kann. Daran ist insbesondere bei Fällen schwerer Eingriffe in Rechtsgüter Einzelner oder der Allgemeinheit zu denken, bei denen der Betreffende wissen muss, dass die

Aufrechterhaltung der Schulordnung seine Entfernung von der Schule unabweislich macht und damit vermuten lässt, dass ausdrückliche Androhungen ihn nicht beeindrucken.

Das Fehlverhalten (des Schülers in diesem Fall) begründet einen solchen Ausnahmetatbestand. Sein zielgerichtetes gewalttätiges Vorgehen sowie die fehlende Einsichtsfähigkeit in seine Tat sind geeignet, das in ihn gesetzte Vertrauen in schwerwiegender Weise zu enttäuschen und dadurch die Grundlage für die Unterrichts- und Erziehungsarbeit erheblich zu erschüttern. … Bliebe ein derartiges Fehlverhalten sanktionslos, würde die Schule die zur Vermittlung der (Bildungs- und Erziehungsziele) erforderliche Glaubwürdigkeit und Durchsetzungsfähigkeit einbüßen. Schon aus diesem Grund kam eine weniger einschneidende Maßnahme nicht in Betracht." (VG Berlin, a.a.O.)

IX. Die Schulmitwirkung

1. Verfassungsrechtliche und gesetzliche Grenzen

191 Die Regelungen der Bundesländer zur Schulmitwirkung weichen inhaltlich und terminologisch stärker voneinander ab als die Regelungen anderer schulischer Bereiche. Die folgende Darstellung konzentriert sich daher auf Grundlegendes und Gemeinsames.

F **Grundlegende Beschlüsse**

Eine Konferenz, der Eltern-, Schüler- und Lehrervertreter unter Vorsitz des Schulleiters angehören, beschließt eine Schulordnung, in der das Tragen von Kappen und Mützen während des Unterrichts, eine einheitliche Schulkleidung und die Wegnahme von Smartphones und anderer elektronischer Geräte geregelt wird. Bei der Wegnahme der Smartphones gibt es eine abgestufte Regelung. Bei der ersten unerlaubten Benutzung in der Schule darf das Gerät für einen Tag, bei der zweiten für zwei Tage, bei der dritten für drei Tage und darüber hinaus für eine Woche festgehalten werden.

Außerdem werden Kriterien für die Aufnahme von Schülern und die Einrichtung einer für alle Schüler der Jahrgangsstufen 7 und 8 verbindlichen und benoteten einstündigen Arbeitsgemeinschaft „Kulturen der Welt" beschlossen, um das Verständnis für die Geschichte und Gegenwart der Kulturen zu verbessern.

Fallfrage:

Wie ist die Rechtmäßigkeit dieser Beschlüsse insbesondere im Hinblick auf folgende Begriffe einzuschätzen:
- gesetzliche Grundlage,
- Grundrechte,
- individuelle und kollektive Rechte,
- Verhältnismäßigkeit,
- Gruppenzwang,
- Demokratie,
- Verantwortung,
- Entscheidungsfreiheit der Lehrer?

Rechtslage:

192 Konferenzen besitzen keine umfassende Zuständigkeit in schulischen Angelegenheiten, sondern dürfen nur Beschlüsse fassen, wenn sie über eine gesetzlich vorgegebene Zuständigkeit verfügen. Dürfen Konferenzen sich mit allen wichtigen Angelegenheiten der Schule be-

schäftigen, handelt es sich lediglich um eine Beratungskompetenz und nicht um eine Entscheidungskompetenz.

Eine Konferenz kann ihre eigenen Zuständigkeiten nicht erweitern. So dürfte eine Konferenz keine Kriterien beschließen, die bei der Aufnahme von Schülern zu berücksichtigen sind, wenn eine solche Zuständigkeit nicht ausdrücklich im Gesetz vorgesehen ist. Darüber hinaus stellt die Aufnahmeentscheidung einen tiefgreifenden Eingriff in die Grundrechte der Eltern und Schüler dar. Sie bedarf daher einer gesetzlichen Grundlage.

Einige Zuständigkeiten sind sehr weit formuliert. So kann die Schulkonferenz ein Schulprogramm oder eine Schulordnung beschließen. Darin liegt aber keine uferlose Ausweitung ihrer Zuständigkeiten, da die gesetzlichen und verfassungsrechtlichen Rahmenbedingungen zu beachten sind. Wollte eine Schulkonferenz etwa die Aufnahmekriterien für Schüler zu einem Bestandteil des Schulprogramms machen, scheiterte ein solcher Beschluss an den Vorgaben in den gesetzlichen Bestimmungen für die Aufnahme, die eine Zuständigkeit des Schulleiters für die Aufnahmeentscheidung vorsehen und häufig auch Entscheidungskriterien enthalten.

Auch bei Zuständigkeit einer Konferenz sind gesetzliche Vorgaben zu beachten. Sie darf daher beispielsweise die gesetzlich vorgesehenen Ordnungsmaßnahmen nicht verändern oder den Katalog der Ordnungsmaßnahmen nicht erweitern oder verringern.

Die erzieherischen Einwirkungen sind im Gegensatz zu den Ordnungsmaßnahmen nicht abschließend gesetzlich aufgezählt. Die Konferenz darf daher in einer Schulordnung erzieherische Einwirkungen vorsehen, die das Gesetz nicht ausdrücklich erwähnt. Außerdem darf sie im Gesetz verwendete Begriffe wie „Fehlverhalten" inhaltlich präzisieren.

Sollte an einer Schule Unklarheit darüber bestehen, ob das Tragen **193**
von Mützen und Kapuzen im Unterricht von Lehrern untersagt werden darf, könnte die Schulkonferenz durch ein ausdrückliches Verbot in der Schulordnung für Klarheit und Rechtssicherheit sorgen. Sie könnte sich dabei auf ihren Erziehungsauftrag, die allgemein üblichen sozialen Verhaltensweisen und die klare Unterscheidung und Unterscheidbarkeit von Freizeit und Schule berufen. Da es sich nicht um eine rechtlich zwangsläufige und gar nicht anders denkbare Regelung – wie sie etwa bei dem überflüssigen Verbot von Tätlichkeiten unter Schülern vorläge –, sondern um eine rechtlich mögliche Regelung handelte, wäre ein Konferenzbeschluss rechtmäßig und sinnvoll.

194 Die Möglichkeit, störende Gegenstände, zu denen auch Smartphones gehören können, vorübergehend wegzunehmen, bietet das Gesetz. Es handelt sich bei dem Beschluss der Schulkonferenz aber nicht lediglich um eine Präzisierung des Gesetzes, sondern um einen Verstoß gegen das Prinzip der Verhältnismäßigkeit, da der Konferenzbeschluss nicht nur klarstellt, dass auch Smartphones zu den störenden Gegenständen gehören und im Unterricht nicht benutzt oder eingeschaltet werden dürfen, sondern zum einen ein schematisches Vorgehen fordert, da er die Dauer der Wegnahme nicht von der Schwere des Verstoßes abhängig macht, und zum anderen den Begriff „vorübergehend" in unzulässiger Weise zu weit definiert, indem auch die Wegnahme für eine Woche für zulässig erklärt wird.

Konferenzbeschlüsse dürfen nicht gegen gesetzliche Regelungen verstoßen, sie müssen allgemeine Rechtsbegriffe und Rechtsprinzipien wie die Verhältnismäßigkeit beachten und sich innerhalb der verfassungsrechtlichen Grenzen halten.

195 Es genügt nicht, dass ein Konferenzbeschluss nicht gegen gesetzliche Normen verstößt. Er muss sich auch auf eine vorhandene Rechtsgrundlage beziehen. Ein Konferenzbeschluss ist nur rechtmäßig, wenn eine Zuständigkeit der Konferenz im Gesetz verankert ist und die Konferenz sich im Rahmen der Gesetze und der Verfassung hält.

Die Einführung einer verpflichtenden Arbeitsgemeinschaft mit Leistungsbeurteilung könnte schon daran scheitern, dass die Konferenz für die Einrichtung von Arbeitsgemeinschaften nicht zuständig ist. Sollte ihre Zuständigkeit gegeben sein, dürfte sie eine freiwillige Arbeitsgemeinschaft einrichten, aber nicht unter der Bezeichnung Arbeitsgemeinschaft einen für alle Schüler bestimmter Jahrgangsstufen verbindlichen Unterricht mit Notengebung einführen. Alle wesentlichen Entscheidungen im Schulwesen, zu denen auch die Einführung neuer Fächer gehört, müssen vom Gesetzgeber getroffen werden. (Avenarius, S. 36) Keine Konferenz darf daher für Schüler verbindliche Unterrichtsfächer – unter welcher Bezeichnung auch immer – einführen.

196 Bei einer einheitlichen Schulkleidung ist juristisch umstritten, ob der Gesetzgeber sie vorschreiben dürfte, da sie einen weitreichenden Eingriff in die Persönlichkeitsrechte der Schüler darstellt. Auch wenn man der Auffassung ist, der Gesetzgeber dürfe eine einheitliche Schulkleidung einführen, darf eine Konferenz das nicht tun, da es sich um eine wesentliche, die Grundrechte berührende Entscheidungen handelt, die allenfalls der Gesetzgeber treffen darf. Die Schulgesetze, die eine einheitliche Schulkleidung überhaupt erwähnen, gestatten daher auch nur eine rechtlich unverbindliche Empfehlung durch die Konferenz.

Der Fall wirft grundlegende Probleme der Selbständigkeit von Schulen und der Beteiligung von Eltern und Schülern an wichtigen, die Schule betreffenden Entscheidungen auf.

Artikel 7 Absatz 1 GG stellt das Schulwesen unter die Aufsicht des **197**
Staates. Die Bundesrepublik Deutschland ist nach Artikel 20 Absatz 1 GG ein demokratischer Bundesstaat. Die verfassungsmäßige Ordnung der Länder muss nach Artikel 28 Absatz 1 Satz 1 GG den Grundsätzen des demokratischen Rechtsstaates entsprechen. Eine Forderung nach weitgehenden Mitbestimmungsrechten, die mit dem Demokratieprinzip des Grundgesetzes begründet wird, übersieht, dass das Grundgesetz vom Leitbild einer parlamentarisch-repräsentativen Demokratie ausgeht, die eine gruppenunmittelbare Willensbildung durch die Betroffenen stark einschränkt.

Grenzen der Selbständigkeit der Schulen und der Mitbestimmung **198**
der Eltern und Schüler ergeben sich auch aus der erforderlichen Wahrung der Einheitlichkeit des Schulwesens in wichtigen Bereichen. So kann eine schulische Konferenz zum Beispiel nicht ohne staatliche Vorgaben über den Fächerkanon entscheiden, da die Vergleichbarkeit der schulischen Bildungsgänge und Abschlüsse gefährdet würde. Die Ausgestaltung des Schulwesens berührt zudem nicht nur die Interessen der unmittelbar betroffenen Lehrer, Eltern und Schüler, sondern die Interessen aller Bürger. Solche die Allgemeinheit betreffenden Entscheidungen dürfen aber nicht von bestimmten Gruppen, sondern müssen vom Staat getroffen werden. Die Besetzung von Schulleiterstellen muss durch ein von der staatlichen Schulaufsicht verantwortetes und an den verfassungsrechtlichen Vorgaben der Eignung, Befähigung und fachlichen Leistung ausgerichtetes Verfahren erfolgen. Die Wahl des Schulleiters durch die Schulkonferenz, wie sie in Nordrhein-Westfalen vorgeschrieben war, entfaltete daher keine rechtlich verbindliche Wirkung. (OVG NRW, Az.: 6 B 370/08, Beschluss vom 23. 4. 2008) Die Ernennung von Schulleitern auf Zeit hat das Bundesverfassungsgericht (2 BvL 11/07; SchulRecht 9–10/2008, S. 103 f.) für verfassungswidrig erklärt und damit die Orientierung des öffentlichen Dienstes an Recht und Gesetz gegenüber allen anderen Einflüssen betont.

Die verfassungsrechtlichen Grenzen der schulischen Mitbestimmung entziehen aber nur grundlegende Entscheidungen der Kompetenz der Lehrer, Eltern und Schüler. Die meisten der in der Schule zu treffenden Entscheidungen sind nicht von so fundamentaler Bedeutung, dass die Entscheidungskompetenz einer Konferenz gegen den Grundsatz der repräsentativen Demokratie oder die Wahrung der Einheitlichkeit des Bildungswesens und der Interessen der Allgemeinheit verstieße.

Unproblematisch sind Entscheidungen, die allein die Schule und die Beteiligten des Schulverhältnisses betreffen, wie die Festlegung von Beginn und Ende des Unterrichts, die Verteilung des Unterrichts auf fünf oder sechs Wochentage, allgemeine Grundsätze für außerunterrichtliche Veranstaltungen und die Gestaltung des Unterrichts. (Niehues/Rux, Rdnr. 854) Wenn der Gesetzgeber Grundsätze festgelegt und Leitentscheidungen getroffen hat, kann die konkrete Ausfüllung den Entscheidungsgremien der Schule überlassen bleiben. *(→ Niehues/Rux, RdNr. 855)* So wird auch eine Berücksichtigung der an der jeweiligen Schule gegebenen Verhältnisse möglich.

199 Konferenzen müssen aber für die jeweilige Beschlussfassung aufgrund eines Gesetzes oder einer Vorschrift zuständig sein, und sie müssen sich im Rahmen ihrer jeweiligen Regelungsbefugnis halten, also beispielsweise zwischen Beratungskompetenzen, Einzelfallbeschlüssen, Grundsatz- oder Richtlinienbeschlüssen sorgfältig unterscheiden (zur Problematik siehe „Die Fachkonferenz" SchulRecht 2/2002, S. 34 und „Die weitreichenden Konferenzbeschlüsse" SchulRecht 3/2002, S. 56).

Allerdings unterliegt eine Entscheidungskompetenz etwa in Fragen der Unterrichtszeiten, der außerschulischen Veranstaltungen, der Unterrichtsmethoden oder der Auswahl der Unterrichtsinhalte im Rahmen der Richtlinien, Beschränkungen durch die dem einzelnen Lehrer, Schüler und Erziehungsberechtigten zustehenden Rechte. Die Übertragung weitreichender Mitbestimmungsrechte auf Gruppengremien greift unmittelbar in die Freiheit der einzelnen, von schulischem Handeln betroffenen Personen ein. Die sich aus den Grundrechten ergebenden Ansprüche der Eltern und Schüler gegenüber der Schule können nicht durch Konferenzbeschlüsse beschränkt oder gar aufgehoben werden. Das gilt z. B. für die Teilnahme an freiwilligen Arbeitsgemeinschaften, über die ausschließlich die Eltern und volljährigen Schüler entscheiden, ohne an Konferenzbeschlüsse gebunden zu sein. Keine Konferenz kann Schüler verpflichten, an Arbeitsgemeinschaften außerhalb des planmäßigen Unterrichts teilzunehmen. Die Staatsaufsicht nach Artikel 7 Absatz 1 GG und das Prinzip der repräsentativen Demokratie nach Artikel 20 Absatz 1 GG sowie die Individualgrundrechte der Eltern, Schüler und Lehrer begrenzen die Entscheidungskompetenzen schulischer Gremien.

Es sollte auch bedacht werden, dass Gremien im Gegensatz zu Einzelpersonen nur schwer zur Verantwortung zu ziehen sind. Zusätzlich zu diesen rechtlichen Argumenten sprechen auch bestimmte tatsächliche Umstände von Gremienentscheidungen gegen eine vorschnelle

Übertragung von Zuständigkeiten auf Gremien. So kann die Gefahr zufälliger oder von Einzelpersonen oder Gruppen herbeigeführter Entscheidungen groß sein und eine kompetente Problemerörterung und -lösung kann ab einer gewissen Gruppengröße schwierig oder sogar unmöglich werden. Andererseits steht es außer Frage, dass bestimmte Entscheidungen wie etwa die Rahmenbedingungen von Klassenfahrten oder das Angebot freiwilliger Arbeitsgemeinschaften sinnvollerweise überhaupt nur von Konferenzen oder anderen übergeordneten Instanzen getroffen werden können.

Die genannten rechtlichen und tatsächlichen Gesichtspunkte sollten auch bedacht werden bei Schulprogrammen und anderen weit- **200**
reichenden Beschlüssen im Rahmen der erweiterten Selbstständigkeit der Schulen (grundlegend dazu: → *Hermann Avenarius: Die Staatlichkeit der öffentlichen Schule als Maßstab und Grenze einer autonomen Schule". In: SchulRecht 5/2001, S. 99–102)*. Besteht die Eingriffsmöglichkeit der Schulaufsicht uneingeschränkt fort, kann es sich um ein Modell verstärkter Kontrolle und verminderter Entscheidungsspielräume für alle am Schulleben Beteiligten handeln. Wird die Kontrolle durch die Schulaufsicht rechtlich und faktisch reduziert, könnte die Schule unter den Einfluss der jeweils stärksten oder im Umgang mit Gremien geschicktesten Gruppe an der jeweiligen Schule geraten. Das Ziel der Bemühungen um eine verstärkte Eigenständigkeit der Schulen, die Erhöhung der Motivation und des Interesses aller Beteiligten an ihrer Schule, könnte durch solche Entwicklungen schnell verfehlt werden.

Es gilt daher bei der Schulmitwirkung ein ausgewogenes Verhältnis zwischen notwendigen gesetzlichen Vorgaben, aufsichtlicher Kontrolle, Schulleitungskompetenzen, Gremienzuständigkeiten, pädagogischer Freiheit der Lehrer sowie der Respektierung des Elternrechts und der Rechte der Schüler herzustellen. Außerdem muss der Staat seine Verpflichtung erfüllen, ein leistungsfähiges und sozial gerechtes Schulwesen zu schaffen, die sich aus dem Sozialstaatsgebot und den Grundrechten der Schüler auf gleiche Chancen bei der freien Entfaltung ihrer Persönlichkeit und der freien Wahl der Ausbildungsstätte ergibt. *(→ Avenarius, SchulRecht 5/2001, S. 101)*

2. Entscheidungsbefugnisse der Schulkonferenz

Die Rechtswidrigkeit einer Zuständigkeit der Schulkonferenz für **201**
verbindliche Entscheidungen über sämtliche Unterrichtsinhalte ergibt sich aus der Befugnis und Verpflichtung des Staates, Unterrichtsinhalte festzulegen und aus der Rechtsstellung des Lehrers, der grundsätzlich

seinen Unterricht selbst gestaltet und dabei keinem Weisungsrecht der Eltern und Schüler unterliegen kann.

Soweit eine gewisse Vereinheitlichung von Unterrichtsinhalten auf der Grundlage der Richtlinien und Lehrpläne erforderlich ist, ist die Fachkonferenz das kompetente Gremium.

202 An der pädagogischen Selbstverantwortung des Lehrers scheitert auch die Entscheidungskompetenz der Schulkonferenz zur verbindlichen Festlegung auf die ausschließliche Verwendung bestimmter Unterrichtsmethoden. Die Begrenzung der Entscheidungskompetenz der Konferenzen durch die pädagogische Selbstverantwortung der Lehrer bringen Schulgesetze unter anderem durch Formulierungen zum Ausdruck wie „die pädagogische Verantwortung des einzelnen Lehrers bleibt unberührt", „Konferenzen haben die pädagogische Verantwortlichkeit des einzelnen Lehrers zu achten" und „Die Konferenzbeschlüsse dürfen die Freiheit und Verantwortung der Lehrer bei der Gestaltung des Unterrichts und der Erziehung nicht unzumutbar einschränken". Fehlen derartige Formulierungen, ist ein Rückgriff auf die im Allgemeinen gewährte pädagogische Freiheit der Lehrer möglich, die allerdings häufig durch die ausdrückliche Bezugnahme auf die Verbindlichkeit von Konferenzbeschlüssen eingeschränkt wird. Mit der Eigenverantwortlichen Schule gewinnen Konferenzentscheidungen an Bedeutung und wird die pädagogische Freiheit enger begrenzt.

In jedem Fall können Konferenzen Vorgaben für die Auswahl der Unterrichtsinhalte und die Methodenwahl beschließen und Grundsatzbeschlüsse fassen, falls eine entsprechende gesetzliche Grundlage vorhanden ist.

Soweit der Schulkonferenz Entscheidungsbefugnisse eingeräumt werden, handelt es sich häufig um Entscheidungen über Grundsätze und Vorschläge. Die Einzelfallentscheidungen treffen jeweils der Schulleiter oder die Lehrer.

203 **F** **Die Teilnahmepflicht**

Eine Lehrerin wird zum Mitglied einer Konferenz gewählt, die über Ordnungsmaßnahmen zu entscheiden hat. Sie lehnt die Wahl ab.

Fallfragen:
Muss die Lehrerin die Wahl annehmen?
Müssen Lehrer generell jede Wahl in der Schule annehmen?

Die Tätigkeit in den Mitwirkungsgremien gehört zu den dienstlichen Aufgaben der Lehrer. Das ist entweder in den Schulgesetzen oder Dienstordnungen ausdrücklich geregelt oder ergibt sich daraus, dass es sich um schulische Organe handelt, deren Funktionsfähigkeit die Mitwirkung von Lehrern erfordert.

Regelungen, die es Eltern- und Schülervertretern ermöglichen, ihr Mandat niederzulegen, gibt es für Lehrer nicht. Es ergäbe aber keinen Sinn, Lehrern die Möglichkeit, ihr Mandat niederzulegen, nicht einzuräumen, wenn Lehrer durch Verweigerung der Annahme ihrer Wahl jegliche Mitwirkungspflicht in einem schulischen Gremium von vornherein verhindern könnten (Verwaltungsgericht Düsseldorf, Az.: 2 L 725/10; SchulRecht 7-8/2011, S. 88): „Die Lehrkräfte nehmen die Arbeit in den schulischen Gremien hauptamtlich wahr. … Sie dürfen nicht unentschuldigt oder ohne Erlaubnis den Sitzungen fernbleiben."

Gibt es an Schulen einen Lehrerrat, der die Schulleitung in Angele- **204**
genheiten der Lehrer vertritt und auf Wunsch in dienstlichen Angelegenheiten vermittelt, sind Lehrer weder verpflichtet, für den Lehrerrat zu kandidieren, noch eine Wahl anzunehmen. Eine solche Verpflichtung widerspräche den Aufgaben eines Gremiums, das dienstliche Interessen der Lehrer vertreten und in einigen Fällen an die Stelle des Personalrates treten soll.

3. Beanstandungspflicht des Schulleiters, schulaufsichtliche Kontrolle und Klagebefugnis der Konferenzen

Die Schulgesetze der Länder sehen eine Beanstandungspflicht des **205**
Schulleiters bei Konferenzbeschlüssen vor, die er für rechtswidrig hält. Abweichungen gibt es bei den Fristen und anderen Einzelheiten des Verfahrens, allen Vorschriften ist aber gemeinsam, dass die Konferenz erneut zu beschließen hat und die Schulaufsicht letztlich die Entscheidung über die Rechtmäßigkeit des Beschlusses trifft.

Hält die Schulaufsichtsbehörde den Beschluss einer Konferenz, **206**
die Organ der unmittelbaren Willensbildung der Schule ist – z.B. der Schul- oder Lehrerkonferenz – für rechtswidrig, weist sie den Schulleiter oder die Konferenz an, den Beschluss nicht auszuführen, oder einen rechtmäßigen Beschluss zu fassen.

Mit Rechtsbehelfen können gegen diese Weisung nicht die einzelnen **207**
Mitglieder der Konferenz, sondern nur die Konferenz in ihrer Gesamtheit vorgehen. Dazu führt das Oberverwaltungsgericht Lüneburg aus *(→ Az.: V OVG B 18/76 (Nds.); SPE 370, Nr.8 und SPE a.F. I A VIII S.11–11c, hier: S. 11 c):* „Einzelne Mitglieder der Gesamtkonferenz sind nicht befugt, an Stelle der Gesamtkonferenz oder des Schulleiters zu handeln und gegen die Weisung der Schulaufsichtsbehörde vorzugehen – ebensowenig wie einzelne Angehörige eines Kollektivorgans das Recht

haben, sich zum Sprecher der Gesamtheit zu machen und gerichtliche Schritte an Stelle der Gesamtheit einzuleiten. Den Mitgliedern solcher Organe oder organähnlichen Gremien stehen Entscheidungsbefugnisse mit Außenwirkung nur in Verbindung mit den übrigen Mitgliedern zu; durch Eingriffe von außen wird nur die jeweilige Gesamtheit unmittelbar betroffen … Die Entscheidung, ob die Weisung der Schulaufsichtsbehörde, die einen Beschluss der Gesamtkonferenz beanstandet, hingenommen oder mit den zulässigen Rechtsbehelfen bekämpft werden soll, obliegt der Gesamtkonferenz, nicht einzelnen Mitgliedern dieses Gremiums."

5. Eltern- und Schülervertretung

208 Die Eltern- und Schülervertretungen sind keine unmittelbaren Organe der Willensbildung der Schule, da sie keine für schulisches Handeln verbindlichen Beschlüsse fassen können. Sie dienen aber der Mitwirkung der Eltern und Schüler in der Schule. Dem Schulleiter steht kein Beanstandungsrecht mit aufschiebender Wirkung gegen Beschlüsse der Eltern- und Schülervertretung zu, er kann aber beide Gremien, an deren Sitzung er möglichst teilnehmen sollte, auf eventuelle Bedenken gegen die Rechtmäßigkeit eines Beschlusses hinweisen und ggf. die Schulaufsicht informieren.

Während Elternvertretungen in den meisten Ländern vorwiegend eine beratende und empfehlende Aufgabe und ein Antragsrecht an die Schulkonferenz haben, bedürfen bestimmte Beschlüsse der Schulkonferenz in Hessen, Rheinland-Pfalz und Schleswig-Holstein der Zustimmung der Elternvertretung. Wird kein Einvernehmen erzielt, entscheidet die Schulaufsicht.

Auch bei Eltern- und Schülervertretungen ist die Ambivalenz jeder „Demokratisierung" zu bedenken: Einerseits können eigene Rechte durch Gremien effektiver oder überhaupt nur durch Gremien zur Geltung gebracht werden. Andererseits können Gremienbeschlüsse in Rechte einzelner eingreifen. Dazu bedürfen sie einer gesetzlichen Grundlage und dürfen insbesondere verfassungsrechtliche Grenzen nicht überschreiten. Nicht zu rechtfertigende Eingriffe in Grundrechte der Eltern und Schüler können nicht durch den Hinweis legitimiert werden, auch Vertreter der Eltern und Schüler hätten der Entscheidung zugestimmt. *(→ Niehues/Rux, RdNr. 866)* Besondere Zurückhaltung haben Schüler- und Elternvertretungen sich bei allgemeinpolitischen Äußerungen aufzuerlegen.

209 Allerdings können schul- und allgemeinpolitisches Mandat nicht immer klar getrennt werden, zumal die Schülervertretung in einigen

Bundesländern auch ausdrücklich zur politischen Bildung der Schüler beitragen soll. Angesichts der sich erst entwickelnden politischen Urteilsfähigkeit der Schüler und der altersbedingten Neigung zu extremen Äußerungen sollten keine zu strengen Anforderungen an die Äußerungen der Schülervertretung gestellt werden. Andererseits bietet das Gespräch über den Zusammenhang von Zwangsmitgliedschaft in einem Schulorgan und allgemeinpolitischen Stellungnahmen eine gute Gelegenheit, das Gespür der Schüler für die Rechte und Freiheiten des einzelnen Schülers und der Eigenart eines freiheitlichen Staates, die Kompetenzen verschiedener staatlicher Ebenen und Institutionen differenziert zu gestalten und abzustufen, zu entwickeln und zu fördern. Dabei sollte den Schülern insbesondere bewusst werden, dass die Wahrnehmung des allgemeinpolitischen Mandates durch die Schülervertretung die Grundrechte der einzelnen Schüler verletzt.

Dazu führt das Bundesverwaltungsgericht im Falle der Studentenvertretungen aus (BVerwGE 59, S. 231 [BVerwG 13.12.1979 – BVerwG 7 C 58.78] – 241, hier: S. 238 f.): „Das Abwehrrecht gegen staatlichen Organisationszwang aus Artikel 2 Absatz 1 GG ist nicht nur darauf angelegt, den einzelnen vor Mitgliedschaft in „unnötigen" Verbänden zu bewahren. Es bewirkt auch, dass einem legitimen Zwangsverband ... nicht Angelegenheiten übertragen werden dürfen, deren Erledigung nicht zum Verbandszweck werden darf, ... wenn ein Widerstreit der in der Verbandsbildung betätigten öffentlichen Gewalt mit dem allgemeinen Freiheitsrecht der Verbandsmitglieder vermieden werden soll ... Ein durch Gesetz erteilter Auftrag der Studentenschaft, zu beliebigen Fragen der Politik Stellung zu nehmen, allgemeinpolitische Forderungen zu erheben ... verstieße gegen Artikel 2 Absatz 1 GG ... Sie hätte damit eine Aufgabe, für die unter ihren Mitgliedern keine auf der Gleichgestimmtheit der Interessen beruhende ... Konsensbereitschaft vermutet werden kann. Was der Studentenschaft jedoch im Hinblick auf die grundrechtlich geschützte Freiheitssphäre ihrer Mitglieder schon von Verfassungswegen nicht zugestanden werden kann, darf sie auch aus eigener Machtvollkommenheit nicht praktizieren."

6. Fälle und Lösungen

F Tagesordnung einer Gesamtlehrerkonferenz 210

Vier Lehrer beantragen als Mitglieder der Gesamtlehrerkonferenz die Aufnahme der folgenden Tagesordnungspunkte in die Tagesordnung der nächsten Gesamtlehrerkonferenz:

1) die Terminierung der ersten Konferenz des Schuljahres, die Festlegung der zeitlichen Dauer dieser Konferenz sowie die Verpflichtung

der Schulleitung, wichtige Informationen vorab zuzusenden. Der Termin lag bisher in der letzten Ferienwoche.
2) Festlegung des zeitlichen Ablaufs am letzten Schultag vor den Sommer- und den Weihnachtsferien, vor allem Festlegung des Schulabschlusses, aber auch Unterricht im Klassenverband oder in anderer Form, gemeinsame Feier mit allen Schülern.
3) Festlegung der Vorbereitungsgruppen für Fest- und Ausflugsorganisation, zum Beispiel Pensionärs- und Lehrerausflug.
4) Verrechnung von Mehrarbeitsunterrichtsstunden mit dem Deputat.
5) Entscheidung über die Verwendung der vom Kollegium mitgeteilten E-Mail-Adressen.

Der Schulleiter lehnt die Aufnahme dieser Tagesordnungspunkte ab: Die Terminierung der Konferenz entspreche den Wünschen der Schulaufsicht. Den zeitlichen Ablauf vor den Ferien lege die Schulleitung fest. Soziale Angelegenheiten wie Vorbereitungsgruppen für Fest- und Ausflugsorganisation, die nichts mit dem Unterricht zu tun hätten, könnten in einer Personalversammlung oder in informeller Form besprochen werden. Bei rechtlichen Bedenken gegen die Verwendung von E-Mail-Adressen könnten sich die Betroffenen an die Schulaufsicht wenden, das sei keine Angelegenheit der Lehrerkonferenz.

Fallfrage:
Welche dieser Tagesordnungspunkte muss der Schulleiter auf die Tagesordnung setzen, bei welchen kann er eine Aufnahme ablehnen?

Rechtslage:

Vor der Klärung der Frage, welche Tagesordnungspunkte auf die Tagesordnung gesetzt werden müssen, ist zu klären, ob einzelne Lehrer oder die Mehrheit der Konferenzmitglieder ihr Anliegen nur in Form einer Beschwerde an die Schulaufsicht herantragen oder ob sie auch eine gerichtliche Klage erheben können. „Die Gesamtlehrerkonferenz fasst für den Schulleiter bindende Beschlüsse und unterliegt bei der Aufgabenerfüllung keinen Weisungen. Damit hat der Gesetzgeber … die Möglichkeit von Willens- und Interessenkonflikten akzeptiert und damit ausnahmsweise die gerichtliche Austragung von Kompetenzkonflikten ermöglicht. Diese Klagebefugnis erstreckt sich, soweit die Frage der Tagesordnung im Streit steht, auch auf die einzelnen an der Schule selbstständig unterrichtenden Lehrer, welche die Gesamtlehrerkonferenz bilden.“ (Verwaltungsgericht Freiburg, Az.: 2 K 1359/09; SchulRecht 11-12/2011, S. 131 ff.)

Schulleiter haben das Recht und die Pflicht, rechtswidrige Beschlüsse von Konferenzen zu beanstanden. Im vorliegenden Fall beanstandet der Schulleiter aber nicht einen von der Konferenz gefassten Beschluss, sondern er verweigert die Aufnahme eines Tagesordnungspunktes und unterbindet damit die Beratung und Beschlussfassung von vornherein. Das kann ihm nicht unter Verweis auf sein Beanstandungsrecht verweigert werden. „Die Existenz eines derartigen Beanstandungsrechts (mit damit einhergehender Beanstandungspflicht) besagt jedoch im Umkehrschluss nicht, dass der Schulleiter auch den besonderen Rechtsmangel fehlender Zuständigkeit der Gesamtlehrerkonferenz ausschließlich nach Ergehen eines – per se rechtswidrigen – Beschlusses geltend machen dürfte. Beide Prüfungsmöglichkeiten können vielmehr sinnvoll nebeneinanderstehen. Eine solche – eingeschränkte – präventive Kontrollbefugnis des Schulleiters führt auch nicht zu einer unzulässigen Umgehung der Weisungsfreiheit oder Beschneidung der organisatorischen Verselbstständigung der Gesamtlehrerkonferenz; vielmehr ergibt sich bereits aus der Bindung der Gesamtlehrerkonferenz an Rechtsvorschriften, dass diese kein rechtlich schutzwürdiges Interesse daran hat, sich mit Themen zu befassen, die in die alleinige Zuständigkeit eines anderen Organs fallen." (VG Freiburg, a.a.O.)

Der Schulleiter hat daher zu prüfen, ob die Konferenz zuständig und die Behandlung eines Tagesordnungspunktes rechtmäßig ist. Dieses Prüfungsrecht bezieht sich aber nur auf die Rechtmäßigkeit und nicht auf die Zweckmäßigkeit der Behandlung eines Tagesordnungspunktes oder eines Antrages. Es muss auch sichergestellt sein, dass ein Schulleiter nicht in Zweifelsfällen eine Behandlung in der Lehrerkonferenz von vornherein verhindern kann.

„Die Möglichkeit (und Verpflichtung) des Schulleiters, Anträge zur Tagesordnung abzulehnen, ist allerdings beschränkt auf solche Anträge, die unter keinem denkbaren Gesichtspunkt in die Zuständigkeit der Gesamtlehrerkonferenz fallen. Der Schulleiter ist nämlich kein präventives Kontrollorgan für Beschlüsse der Gesamtlehrerkonferenz in dem Sinne, dass es ihm zustünde, bei einem nur möglichen Verstoß der zur Beratung und Abstimmung anstehenden Beschlüsse gegen Rechtsvorschriften ihre Behandlung in der Gesamtlehrerkonferenz zu verhindern." (VG Freiburg, a.a.O.)

Einer Behandlung durch die Gesamtlehrerkonferenz von vornherein entzogen sind unter anderem personale und soziale Angelegenheiten der Lehrer im Sinne des Landesbeamtengesetzes und des Landespersonalvertretungsgesetzes, Zeugnis- oder Versetzungsentscheidungen, Ordnungsmaßnahmen sowie allgemeinpolitische Themen. Bereits die Erörterung derartiger Fragen durch die Konferenz wäre unzulässig.

Die Aufnahme eines Tagesordnungspunktes ist keine Ermessensentscheidung des Schulleiters. Grundsätzlich ist er verpflichtet, alle vor

Versand der Tagesordnung eingegangenen Anträge aufzunehmen. Ist eine Zuständigkeit der Gesamtlehrerkonferenz unter keinem denkbaren Gesichtspunkt gegeben, ist der Schulleiter verpflichtet, den Antrag auf Aufnahme des Tagesordnungspunktes abzulehnen.

Bei der Frage, ob ein Tagesordnungspunkt aufgenommen wird, ist nicht zu entscheiden, ob die Konferenz einen Beschluss fassen kann und welchen Inhalt dieser Beschluss haben darf, sondern es ist nur zu klären, ob die Konferenz sich überhaupt mit dem Tagesordnungspunkt beschäftigen darf. „Für die Frage der Terminierung der Eröffnungskonferenz hat die Gesamtlehrerkonferenz eine Befassungskompetenz; dieser Punkt hätte daher auf die Tagesordnung gesetzt werden müssen. … Das Gericht vermag der Argumentation der Lehrer – die Gesamtlehrerkonferenz sei qua Natur der Sache befugt, über die eigenen Sitzungstermine zu entscheiden – nicht zu folgen. Vielmehr spricht Überwiegendes dafür, dass der Schulleiter, der als Vorsitzender der Gesamtlehrerkonferenz die Sitzungen vorbereitet und einberuft, bereits aus Zweckmäßigkeitsgründen auch berechtigt sein muss, den konkreten Termin hierfür festzulegen … Allerdings kommt der Gesamtlehrerkonferenz dessen ungeachtet die Kompetenz zu, sich über allgemeine Grundsätze für die Terminierung von Konferenzen zu verständigen und den Schulleiter über die Ergebnisse der Beratung – ohne entsprechende Bindungswirkung – in Kenntnis zu setzen.“ (VG Freiburg, a.a.O.)

Auch im Hinblick auf den zeitlichen Ablauf am letzten Schultag vor den Sommerferien, vor den Weihnachtsferien und zum Kalenderjahresanfang haben die Klagen Erfolg, „denn der Gesamtlehrerkonferenz steht jedenfalls eine Befassungskompetenz für diesen Komplex zu. … Die Regelung des Schulschlusses vor den Ferien ist nicht dem rein verwaltungsinternen Bereich zuzuordnen; diese Frage betrifft vielmehr Angelegenheiten der Schule, in die auch didaktisch-pädagogische Fragestellungen einfließen. Vor diesem Hintergrund besteht eine Befassung der Gesamtlehrerkonferenz für diesen Punkt unter dem Blickwinkel der Unterstützung des Schulleiters. … Sollten die Lehrer mit ihrem Antrag allerdings das Ziel verfolgen, in diesem Punkt eine den Schulleiter bindende Entscheidung treffen zu können, seien sie darauf hingewiesen, dass eine derartige Entscheidungskompetenz der Gesamtlehrerkonferenz jedenfalls für die reine Frage der Festlegung des Unterrichtsendes auf etwa 11:20 Uhr nicht bestehen dürfte; die letztliche Entscheidungskompetenz dürfte vielmehr beim Schulleiter liegen.

Nur ergänzend sei bemerkt, dass für den Fall, dass es den Lehrern, wie erstmals in der mündlichen Verhandlung angesprochen wurde, in erster Linie darum gehen sollte zu klären, wie die letzten Schultage für die Schüler inhaltlich gestaltet werden (Unterricht im Klassenverband durch Fach- oder Klassenlehrer, gemeinsame Feier mit allen Schülern, Auftritt der Schülerband in der Feier etc.), im Hinblick auf den dann gegebenen engen Zusammenhang mit der didaktischen und pädagogischen Arbeit mit den Kindern möglicherweise eine weitergehende Zuständigkeit der Gesamtlehrerkonferenz zu bejahen wäre. …

Eine originäre Zuständigkeit der Gesamtlehrerkonferenz für die Gruppeneinteilung für Fest- und Ausflugsorganisation scheidet schon allein aufgrund des fehlenden Zusammenhangs mit der erzieherischen Arbeit mit den Schülern und der fehlenden wesentlichen Bedeutung für die Schule aus. Insbesondere handelt es sich insoweit nicht um eine Aufstellung der Grundsätze über die Durchführung von besonderen Schulveranstaltungen oder von außerunterrichtlichen Veranstaltungen, da hierunter Schulfeste bzw. Klassenfahrten, Schullandheimaufenthalte – nur Veranstaltungen unter Beteiligung von Schülern fallen. … Abgesehen davon handelt es sich bei der Organisation von Lehrer- und Ehemaligentreffen nicht um Angelegenheiten der Schule als Erziehungs- und Bildungsanstalt im weitesten Sinne; dass es sich bei den Teilnehmern an den Treffen um (ehemalige) Mitglieder des Lehrerkollegiums der Schule handelt, folglich ein äußerer Zusammenhang mit der Schule besteht, genügt nicht. …

Bei der Verrechnung von Mehrarbeitsunterrichtsstunden erfolgte die Ablehnung durch den Schulleiter zurecht. … Dies ergibt sich daraus, dass etwa Besoldungsfragen keinen direkten Bezug zum Erziehungs- und Bildungsauftrag der Schule haben, sondern das entsprechende verordnungsrechtliche Regelwerke und Erlasse existieren, so dass für Erörterungen durch die Gesamtlehrerkonferenz ersichtlich kein Raum ist.

Schließlich hat der Schulleiter den Antrag auf Aufnahme des Tagesordnungspunktes Verwendung der E-Mail-Adressen der Kollegen zu Recht abgelehnt. Es handelt sich bei der Verwendung der E-Mail-Adressen durch den Schulleiter zur Weiterleitung dienstlicher Informationen um eine reine Verwaltungsmaßnahme, für die allein der Schulleiter zuständig ist. Ihm obliegt es daher auch, im Fall des Missbrauchs der E-Mail-Adressen für private Zwecke die entsprechenden Maßnahmen zu treffen.“ (VG Freiburg, a.a.O.)

Bei den Zuständigkeiten der Gesamtlehrerkonferenz ist zu unterscheiden zwischen Aufgabenbereichen, in denen sie originäre Entscheidungskompetenzen hat, Aufgabenbereichen, die von der Konferenz ohne verbindliche Beschlussfassung erörtert werden können, um den Schulleiter bei der ihm zustehenden Entscheidung beratend zu unterstützen, und Angelegenheiten, die einer Befassung durch die Konferenz entzogen sind. Originäre Entscheidungskompetenzen können beispielsweise beim Beschluss eines Schulprogrammes oder einer Schulordnung bestehen. Eine Beratungskompetenz kann bei allen grundsätzlichen Angelegenheiten der Schule gegeben sein. Einer Beratung und Beschlussfassung durch schulische Konferenzen entzogen wären allgemeinpolitische Fragen wie der Umgang der Kommune und des Staates mit den Steuereinnahmen. Bei Tagesordnungspunkten, mit denen die Konferenz sich weder beratend noch entscheidend befassen darf, darf und muss der Schulleiter die Aufnahme in die Tagesordnung verweigern.

211 **F** **Die spendable Konferenz**

Die Konferenz der Lehrer, Eltern und Schüler einer Schule beschließt, für im Unterricht eingesetzte Kopien bei den Eltern Geld einzusammeln. Am Ende des Schuljahres ergibt die Abrechnung einen Überschuss. Die Konferenz beschließt daraufhin, den Überschuss einer gemeinnützigen Organisation zu spenden.

Fallfragen:
- Darf die Konferenz einen solchen Beschluss fassen?
- Ändert sich die Rechtslage, wenn die Verwendung etwaiger Überschüsse als Spende von vornherein angekündigt worden wäre?

Lösungshinweise:

Rechtsgrundlage für die Spende können nicht die Konferenzbeschlüsse sein, sondern die Konferenzbeschlüsse selbst bedürfen einer Rechtsgrundlage, da Konferenzen Beschlüsse nur im Rahmen ihrer gesetzlichen Zuständigkeiten fassen dürfen. Die Prüfung der Zuständigkeit ist keine lästige juristische Formalität, sondern ein wichtiges Mittel zur Verhinderung von Machtmissbrauch, da Zuständigkeitsregelungen immer auch den Zweck der Machtbegrenzung durch Verteilung von Entscheidungsbefugnissen verfolgen.

Eine Regelung in den Schulgesetzen, die Konferenzen ausdrücklich ermächtigen würde, aus schulischen Mitteln Spenden an Dritte vorzunehmen, existiert in keinem Bundesland. Es finden sich aber häufig Formulierungen wie „die Konferenz entscheidet über die Verwendung der der Schule zur Verfügung gestellten Mittel." Diese Formulierungen beziehen sich auf die vom Schulträger zur Verfügung gestellten Mittel und meinen selbstverständlich ausschließlich eine Verwendung zu schulischen Zwecken, da Mitwirkungsentscheidungen sich immer nur auf Angelegenheiten der jeweiligen Schule beziehen können. Die

Grenzen der Mitwirkung sind auch dann zu beachten, wenn es sich nicht um vom Schulträger, sondern um von Eltern aufgebrachte Mittel handelt.

Neben den Grenzen der Mitwirkung ist im vorliegenden Fall zu beachten, dass die Eltern die Gelder für einen bestimmten, genau festgelegten Zweck gezahlt haben. Diese Mittel wurden der Schule nicht zur freien Verwendung überlassen, sondern ausschließlich zum Zwecke der Deckung der Kopierkosten. Ein Überschuss darf daher auch nur zweckgebunden verwendet werden, etwa zur Minderung der Kopierkosten des kommenden Schuljahrs.

Wäre den Eltern die Verwendung der Überschüsse in Form einer Spende vorher angekündigt worden, wäre dieser Beschluss ebenfalls rechtswidrig, da hier ein schulischer und ein außerschulischer Zweck miteinander verbunden werden. Diese Verbindung läuft auf die Erhebung einer „Zwangsspende" hinaus und verstößt gegen die vorgeschriebene Freiwilligkeit von Sammlungen in der Schule. Im Übrigen bedürfen freiwillige Geldsammlungen für außerschulische Zwecke darüber hinaus je nach Gesetzes- und Vorschriftenlage der Länder einer ausdrücklichen Genehmigung durch die Schulaufsicht.

X. Rechtsschutz

1. Gewährung des Rechtsschutzes

212 **F** **Fall 1: Die Garderobe**
Lehrerin L fordert Schüler S auf, seine Jacke an einen Haken im Flur zu hängen, da keine Jacken oder Mäntel mit in den Klassenraum gebracht werden dürfen. S weigert sich, da seine Jacke sehr teuer sei, außerdem behindere sie niemanden. L besteht auf der Befolgung ihrer Aufforderung.

Fall 2: Die Klassenarbeiten
Lehrer L hat die vorgeschriebene Höchstzahl von drei Klassenarbeiten schreiben lassen. Da er die Klasse zu Beginn des Schuljahres übernommen hat und da er meint, noch kein klares Bild vom Leistungsstand der Klasse zu haben, kündigt er eine vierte Klassenarbeit an. Schüler S, der zwei der drei ersten Arbeiten „befriedigend" und die dritte „mangelhaft" geschrieben hat, weigert sich, die Arbeit zu schreiben.

Fall 3: Der Schläger
Schüler S hat wiederholt Mitschüler tätlich angegriffen. Er gerät in seiner Klasse immer mehr in eine Außenseiterrolle, die seine Neigung zu gewalttätigen Handlungen weiter verstärkt. Die Lehrerkonferenz beschließt, den S in die parallele Klasse zu überweisen. S ist mit dieser Entscheidung nicht einverstanden. Er erklärt: „Ich laufe nicht weg. Denen werde ich es schon zeigen!"

Fallfrage:
- Soll den Schülern ein Rechtsanspruch zustehen, die geschilderten Maßnahmen durch ein Gericht überprüfen zu lassen?

Lösungshinweise:

Eine Verneinung der gerichtlichen Überprüfbarkeit in allen drei Fällen stieße zumindest im dritten Fall auf Bedenken, da die Überweisung in eine parallele Klasse für den betroffenen Schüler eine erhebliche Belastung darstellt. Das Argument, eine Klage werde vermutlich keine Aussicht auf Erfolg haben, verkennt, dass das Bestehen einer Klagemöglichkeit und die Erfolgsaussichten einer Klage deutlich unterschieden werden müssen.

Die Bejahung der gerichtlichen Überprüfbarkeit in allen drei Fällen erscheint zumindest im ersten Fall merkwürdig, da der Aufforderung, Jacken und Mäntel im Flur aufzuhängen, wohl keine Bedeutung zukommt, die es rechtfertigt, Richter mit der Entscheidung dieser Frage zu befassen. Das gilt auch dann, wenn die sachliche Begründung dieser Anordnung umstritten sein sollte.

Entscheidende Kriterien für die Eröffnung einer gerichtlichen Klagemöglichkeit sind die tatsächliche Belastungswirkung durch die schulische Maßnahme und die Veränderung der rechtlichen Position des Schülers.

Im ersten Fall liegt weder eine nennenswerte tatsächliche Belastung vor, noch verändert sich die rechtliche Position des Schülers. Im dritten Fall wird S durch den erzwungenen Klassenwechsel tatsächlich nicht unerheblich belastet, da er sich auf neue Personen und eine neue Situation einstellen muss, und seine rechtliche Position ändert sich, da er das Recht zur Unterrichtsteilnahme in der bisherigen Klasse verliert und verpflichtet wird, am Unterricht einer anderen Klasse teilzunehmen.

Im zweiten Fall liegt eine gewisse tatsächliche Belastung durch das Schreiben einer weiteren Klassenarbeit vor. Eine unmittelbare Änderung der rechtlichen Position der Schüler tritt nicht ein, kann sich aber später durch den Einfluss der Klassenarbeitsnote auf die Zeugnisnote und damit die Versetzungsentscheidung ergeben.

2. Formen schulischen Handelns

Wie könnte man das Bestehen bzw. Nichtbestehen einer Klagemöglichkeit jeweils begründen? Juristisch werden drei Formen des schulischen Handelns unterschieden:

Die allgemeinen und einfachen Organisationsformen des laufenden Schulbetriebs

„Allgemein" bedeutet, dass die Maßnahme sich nicht ausschließlich **213**
an einen bestimmten Schüler richtet, sondern grundsätzlich alle Schüler betrifft. Das Merkmal „einfach" schließt Maßnahmen von erheblicher rechtlicher Bedeutung aus. Der Zusatz „des laufenden Schulbetriebs" verhindert die Einbeziehung schulorganisatorischer Maßnahmen wie Errichtung, Änderung und Auflösung von Schulen. Zu den allgemeinen und einfachen Organisationsformen des laufenden Schulbetriebs gehören z. B. die Festlegung der Sitzordnung, die Einteilung des Tafeldienstes und das Verbot, Jacken und Mäntel in den Klassenraum zu bringen.

Der Erlass von Verwaltungsakten

Verwaltungsakt wird schulisches Handeln genannt, das wesentliche **214**
Rechte und Pflichten der Schüler regelt. § 35 Satz 1 des Verwaltungsverfahrensgesetzes definiert den Verwaltungsakt als hoheitliche Maß-

nahme einer Behörde zur Regelung eines Einzelfalles auf dem Gebiet des öffentlichen Rechts, die auf unmittelbare Rechtswirkung nach außen gerichtet ist. Die Maßnahme muss also eine Rechtswirkung haben, die in der unmittelbaren Begründung, Änderung oder Aufhebung von Rechten und Pflichten der Schüler besteht.

- Verwaltungsakte sind alle Maßnahmen der Schule, die das Rechtsverhältnis zwischen Schule und Schüler regeln. Dazu gehören:
- die Aufnahme in die Schule und deren Ablehnung,
- die Zuerkennung eines Abschlusses,
- die Überweisung an eine andere Schulform,
- die Versetzung und die Nichtversetzung,
- die Ordnungsmaßnahmen (in Fall 3 ist die Entscheidung der Lehrerkonferenz ein Verwaltungsakt).

Diese Aufzählung ist nicht abschließend. Bei jeder schulischen Maßnahme muss geprüft werden, ob sie die Rechtsposition der Schüler gegenüber der Schule wesentlich berührt oder ob sie auf einen tatsächlichen Erfolg gerichtet ist.

Das schlicht-hoheitliche Handeln

215 Das schlicht-hoheitliche Handeln ist nicht auf eine unmittelbare Rechtswirkung gerichtet, sondern auf einen tatsächlichen Erfolg. Der Unterricht, der dem schlicht-hoheitlichen Handeln zugerechnet wird, verändert nicht unmittelbar die Rechtsposition der Schüler gegenüber der Schule. Der Unterricht ist auf den tatsächlichen Erfolg der Vermittlung von Kenntnissen und Fähigkeiten gerichtet. Eine Zensur für eine mündliche oder schriftliche Leistung verändert nicht unmittelbar die Rechte und Pflichten des Schülers, sondern gibt lediglich Auskunft über den Leistungsstand. Das Schreiben der Klassenarbeit in Fall 2 ist schlicht-hoheitliches Handeln, da es auf einen tatsächlichen Erfolg und nicht auf eine unmittelbare Rechtswirkung gerichtet ist.

216 F **Fehlstunden auf dem Zeugnis**

Eltern fordern die Korrektur eines Zeugnisses, in welchem ein Fehltag, an dem ihr Sohn nicht zur Schule gegangen ist, da sie zuhause den Welthumanistentag gefeiert haben, als unentschuldigt ausgewiesen ist. Ihr Beurlaubungsantrag war von der Klassenlehrerin abgelehnt worden.

Fallfrage:
Handelt es sich bei der Eintragung von unentschuldigten Fehlzeiten auf einem Zeugnis und der Ablehnung des Beurlaubungsantrages um Verwaltungsakte?

Rechtslage:

Die Eintragung von Fehlzeiten auf einem Zeugnis ist nicht als Verwaltungsakt zu qualifizieren, da diese Eintragung keine selbstständige Rechtsfolge begründet. Die Nennung von entschuldigten und unentschuldigten Fehlzeiten auf einem Zeugnis ist lediglich eine Information über tatsächliche Anwesenheitszeiten. (VG Berlin, Az.: 3 K 1020.11; SchulRecht 3-4/2016, S. 42 f.) Die Angabe der Fehlzeiten hat über diese Informationsfunktion hinaus für den Schüler keine Rechtsfolgen. Etwas anderes gilt, wenn sich diese Angaben auf einem Abschluss- oder Bewerbungszeugnis finden, da sie dann für die Erfolgsaussichten, einen Ausbildungsplatz zu erhalten, von Bedeutung sein und bei jeder zukünftigen Verwendung des Zeugnisses eine belastende Wirkung haben können. In diesem Fall bestünde eine Klagemöglichkeit entweder, weil die Eintragung als Verwaltungsakt zu qualifizieren wäre oder weil eine Klagemöglichkeit sich auch begründen ließe, wenn die Eintragung als schlicht-hoheitliches Handeln angesehen würde.

Die Ablehnung des Beurlaubungsantrages durch die Klassenlehrerin ist ein Verwaltungsakt, da sie wesentliche Rechte und Pflichten, nämlich die Verpflichtung zur Unterrichtsteilnahme, betrifft. Durch eine Beurlaubung oder deren Ablehnung werden unmittelbar Rechte und Pflichten des Schülers geändert.

F Die Erziehungsmaßnahme 217

Wegen eines Fehlverhaltens wird ein Schüler verpflichtet, einen Aufsatz zu verfassen, diesen bei der Schulleitung abzugeben und ihn vor der Klasse vorzutragen.

Fallfrage:
Welcher verwaltungsrechtlichen Handlungsform ist diese Erziehungsmaßnahme zuzurechnen?

Rechtslage:

Ordnungsmaßnahmen sind Verwaltungsakte, da sie erhebliche Eingriffe in Rechte der Schüler darstellen, die Schüler tatsächlich nicht unwesentlich belasten und eventuell sogar von Bedeutung für den weiteren Bildungs- und Lebensweg eines Schülers sein können. Die Verpflichtung eines Schülers, aus erzieherischen Gründen einen Aufsatz zu verfassen und ihn vor der Klasse vorzutragen, ist eine Erziehungsmaßnahme, da sie sich nicht im Katalog der Ordnungsmaßnahmen findet und den Schüler weder in rechtlicher noch in tatsächlicher Hinsicht erheblich belastet. „Ihr kommt kein vergleichbar schweres Gewicht zu und sie stellt deshalb keinen Verwaltungsakt dar. Maßnahmen, durch die Schüler lediglich im Bereich der erzieherischen Einwirkung zurechtgewiesen werden, wie zum Beispiel die Eintragung in das Klassenbuch, die Weisung eines Lehrers an seine Schüler, den von ihnen verschmutzten Schulraum zu säubern, die Anordnung des „Nachsitzens" oder die Auferlegung einer Strafarbeit, greifen nicht regelnd in den Rechtskreis des Schülers ein." (VG Berlin, Az.: 3 L 1.14; SchulRecht 3-4/2016, S. 47 ff.)

3. Formen des Rechtsschutzes

218 Zieht man die Konsequenzen für den Rechtsschutz aus dieser Einteilung des schulischen Handelns, sollte das Ausmaß des Rechtsschutzes der Schwere des Eingriffs in die Rechte des Schülers entsprechen.

Bei den allgemeinen und einfachen Regelungen des laufenden Schulbetriebs wirkte der Versuch, einen Eingriff in Rechte des Schülers zu konstruieren, etwa durch den Hinweis auf die in Artikel 2 Absatz 1 GG verbürgte allgemeine Handlungsfreiheit, in die durch die Anordnung, die Jacke im Flur aufzuhängen, eingegriffen werde, im Verhältnis zur Bedeutung der Anordnung völlig unangemessen. Ein gerichtlicher Rechtsschutz gegen diese allgemeinen und einfachen organisatorischen Maßnahmen des laufenden Schulbetriebs ist daher grundsätzlich nicht gegeben.

219 Der Schüler kann sich gegen solche Anordnungen allenfalls mit einer Beschwerde beim Schulleiter und der Schulaufsicht wehren. Eine Ablehnung der Beschwerde ist aber genauso wenig gerichtlich angreifbar wie die ursprüngliche Entscheidung.

Dem Nachteil der rechtlich schwachen Wirkung einer Beschwerde – die sich tatsächlich aber häufig als durchaus wirkungsvoll erweist – steht der Vorteil der geringen Voraussetzungen, die an eine Beschwerde gestellt werden, gegenüber. Eine Beschwerde kann formlos, also auch mündlich erhoben werden, und sie ist an keine Frist gebunden. Eine Ablehnung jeglichen gerichtlichen Schutzes gegen schlicht-hoheitliches Handeln der Schule widerspräche der tatsächlichen Bedeutung dieses Handelns, das mit dem Unterricht immerhin den Kern der schulischen Tätigkeit ausmacht, und wäre kaum zu rechtfertigen, wenn wie in Fall 2 offensichtlich gegen rechtliche Vorschriften verstoßen wird.

220 Voraussetzung für eine Unterlassungsklage, mit der das Unterlassen schlicht-hoheitlichen Handelns begehrt wird, ist lediglich, dass der Kläger geltend macht, in seinen Rechten durch dieses Handeln verletzt zu sein. Es gibt keine Fristen für die Klageerhebung, und es muss kein Vorverfahren stattfinden.

Im Fall 2 kann nicht die Klasse als solche klagen, sondern einzelne Schüler müssen darlegen, dass sie durch das Schreiben der Klassenarbeit in ihren Rechten verletzt sein könnten. Da die vorgeschriebene Beschränkung der Zahl der Klassenarbeiten auch dem Schutz der Schüler vor einer Überforderung dient, dürfte ein solcher Nachweis gelingen.

Der damit theoretisch gewährte Rechtsschutz wird tatsächlich durch 221
den langen Zeitraum, der zwischen Erhebung der Klage und Entscheidung des Gerichts liegt, entwertet. Zu einem schnellen Rechtsschutz führt der Antrag auf Erlass einer einstweiligen Anordnung durch das Gericht. Gemäß § 123 Absatz 1 Satz 1 Verwaltungsgerichtsordnung trifft das Gericht eine einstweilige Anordnung, „... wenn die Gefahr besteht, dass durch eine Veränderung des bestehenden Zustandes die Verwirklichung eines Rechts des Antragstellers vereitelt oder wesentlich erschwert werden könnte". Die Verwirklichung eines Rechts kann nur vereitelt oder erschwert werden, wenn dem Antragsteller dieses Recht zusteht. Das Gericht prüft daher in erster Linie, ob die Rechtslage mit hoher Wahrscheinlichkeit zu Gunsten des Antragstellers spricht.

Geht man davon aus, die in Fall 2 angenommene Festlegung der Höchstzahl der Klassenarbeiten sei ohne Einschränkung erfolgt, ergibt schon eine kurze Prüfung, dass das Schreiben einer vierten Klassenarbeit rechtswidrig ist. Ein Schüler der Klasse könnte daher erfolgreich eine einstweilige Anordnung beantragen.

Als Verwaltungsakte werden alle schulischen Handlungen einge- 222
stuft, die besonders tief in Rechte der Schüler eingreifen. Den effektiven, kurzfristigen Rechtsschutz wie beim schlicht-hoheitlichen Handeln nur durch einen Antrag bei Gericht zu ermöglichen, wäre daher bei belastenden Maßnahmen nicht angemessen.

Mit dem Widerspruch steht ein Rechtsbehelf zur Verfügung, der der 223
Klage gegen einen Verwaltungsakt vorausgeht und durch seine aufschiebende Wirkung die sofortige, vorläufige Abwehr des Eingriffs in Rechte ermöglicht. Auf der Grundlage des § 80 Abs. 2 Satz 1 Nr. 3 VwGO können die Landesgesetzgeber die aufschiebende Wirkung des Widerspruchs beseitigen (so beispielsweise für alle oder die meisten Ordnungsmaßnahmen geschehen in Baden-Württemberg, Nordrhein-Westfalen und dem Saarland). Die Durchführung eines Widerspruchsverfahrens ist vor der Erhebung einer Klage gesetzlich vorgeschrieben, um der Behörde die Möglichkeit zu geben, ihre Entscheidung noch einmal zu überprüfen und um die Zahl der Klagen zu begrenzen.

Der Widerspruch muss innerhalb eines Monats eingelegt werden. Sollte es die Schule versäumt haben, den Verwaltungsakt mit einer Rechtsbehelfsbelehrung zu versehen, beträgt die Widerspruchsfrist ein

Jahr. Nach dem Ablauf der Widerspruchsfrist kann der Bürger auch nicht mehr mit einer Klage gegen den Verwaltungsakt vorgehen, da auch ein rechtswidriger Verwaltungsakt nach dem Ablauf der Frist bestandskräftig wird.

224 War der Bürger ohne Verschulden daran gehindert, die Frist einzuhalten, kann er Wiedereinsetzung in den vorigen Stand beantragen. Dieser Antrag ist aber an strenge Voraussetzungen gebunden.

Dem Schüler bietet die aufschiebende Wirkung des Widerspruchs, falls diese nicht durch ein Landesgesetz ausgeschlossen ist, schnellen Schutz vor einer schulischen Maßnahme. Legen die Eltern des S im Fall 3 Widerspruch ein, verhindern sie damit zunächst die Überweisung an die parallele Klasse. Auch die Klage, mit der bei Zurückweisung des Widerspruchs durch die Schule und die Schulaufsicht die Aufhebung des Verwaltungsaktes begehrt wird (Anfechtungsklage), hat aufschiebende Wirkung. Ist die aufschiebende Wirkung eines Widerspruchs oder einer Klage landesgesetzlich beseitigt, können Schüler und Eltern beim Verwaltungsgericht in einem Eilverfahren die Wiederherstellung der aufschiebenden Wirkung beantragen.

225 Durch die aufschiebende Wirkung des Widerspruchs und der Anfechtungsklage befindet sich die Behörde in der gleichen Position, in der sich der Bürger ohne die Möglichkeit, eine einstweilige Anordnung zu beantragen, bei der Klage gegen oder auf schlicht-hoheitliches Handeln befände: Die lange Zeit bis zum Urteil des Verwaltungsgerichtes führt zur tatsächlichen Entwertung der gesetzlich eingeräumten Handlungsmöglichkeiten. Wenn das Verwaltungsgericht nach ein oder zwei Jahren die Überweisung des S an die parallele Klasse für rechtswidrig erklärt, dürfte sich die bei Erlass der Ordnungsmaßnahme bestehende Sachlage längst geändert haben und haben die Mitschüler des S dessen aggressives und gewalttätiges Verhalten trotz der Ordnungsmaßnahme weiter erdulden müssen.

226 Die Behörde kann daher die aufschiebende Wirkung des Widerspruchs beseitigen, indem sie die sofortige Vollziehung anordnet. Ebenso wie die einstweilige Anordnung ist auch die sofortige Vollziehung an besondere Voraussetzungen gebunden. Sie darf nur im öffentlichen Interesse oder im überwiegenden Interesse eines Beteiligten angeordnet werden. Die sofortige Vollziehung der Überweisung des S an die parallele Klasse ließe sich mit dem Schutz der Mitschüler begründen, deren Interesse an körperlicher Unversehrtheit und angstfreiem Schulbesuch das Interesse des S am Verbleib in der bisherigen Klasse deutlich überwiegt. Hält S die sofortige Vollziehung für ungerechtfertigt, kann er bei Gericht die Wiederherstellung der aufschiebenden Wirkung beantragen.

Auch wenn die Mehrstufigkeit der Rechtsbehelfe, bei der jede Seite auf rechtliche Schritte der anderen Seite wiederum mit rechtlichen Mitteln antworten kann, zunächst den Verdacht juristischer Beschäftigungstherapie weckt, führt eine genauere Betrachtung zu der Erkenntnis, dass es sich um ein differenziertes Instrumentarium handelt, das die Berücksichtigung der Interessen aller Beteiligten und eine angemessene Rechtsgüterabwägung ermöglicht.

Diesen Abwägungsprozess verdeutlichen die Ausführungen des **227** Verwaltungsgerichtshofes Baden-Württemberg zum Antrag einer Schülerin auf Wiederherstellung der aufschiebenden Wirkung ihres Widerspruchs, nachdem die Lehrerkonferenz dem zeitweiligen Ausschluss der Schülerin vom Unterricht wegen der Teilnahme an einem Unterrichtsboykott und der Störung des Unterrichts anderer Kassen beschlossen und die sofortige Vollziehung angeordnet hatte *(→ Az.: IV 564/73; SPE a. F. S. II D H S. 31–31 b, hier: S. 31 f.)*: „Die aufschiebende Wirkung eines gegen den zeitweiligen Ausschluss vom Unterricht gerichteten Rechtsmittels ist aber wiederherzustellen, wenn nach dem Ergebnis einer Interessenabwägung das Interesse des Schülers an der aufschiebenden Wirkung das durch die Schule repräsentierte öffentliche Interesse an dem sofortigen Vollzug überwiegt. Als Maßstab dieser Interessenabwägung kann der Grundsatz des § 80 Absatz 4 VwGO herangezogen werden, wonach der Vollzug des angefochtenen Verwaltungsaktes ausgesetzt werden soll, wenn ernstliche Zweifel an dessen Rechtmäßigkeit bestehen oder wenn die Vollziehung für den Betroffenen eine unbillige, nicht durch überwiegende öffentliche Interessen gebotene Härte zur Folge hätte.“

„Es ist… nicht ersichtlich, dass die sofortige Vollziehung der angefochtenen Maßnahme für die Antragstellerin eine unbillige, nicht durch überwiegende öffentliche Interessen gebotene Härte zur Folge hätte. Der zeitweilige Ausschluss vom Unterricht trifft die Antragstellerin weder in der Vorbereitung auf die Reifeprüfung noch unmittelbar vor der Versetzung. Sie hat auch nicht vorgetragen, dass sie diese Maßnahme, z.B. wegen längerer krankheitsbedingter Abwesenheit vom Unterricht besonders hart träfe oder dass ihre Versetzung gefährdet sei und sie aus diesem Grund keinen Unterricht versäumen dürfe. Auf der anderen Seite besteht ein starkes öffentliches Interesse an dem sofortigen Vollzug der angefochtenen Maßnahme. Es ist zu erkennen, dass die Gesamtlehrerkonferenz … ein abschreckendes Beispiel setzen und dadurch einen durch länger anhaltende politische Agitation an der Schule eingetretenen Verfall der Schuldisziplin Einhalt gebieten wollte. Ein durch den Verlauf des Verwaltungsstreitverfahrens bedingter zeitlicher Aufschub der Maßnahme müsste deren Erfolg vereiteln und die Gefahr neuer Störungen des Unterrichtsbetriebes erheblich vergrößern". (a.a.O., S.31 b)

228 **F Die Unterrichtsteilnahme I**

Die Schülerin S wird nicht von der achten in die neunte Klasse versetzt. S legt fristgerecht innerhalb eines Monats Widerspruch gegen die Nichtversetzung ein, da sich einige Lehrer bei der Abstimmung über die Nichtversetzung der Stimme enthalten hätten, obwohl die Schulgesetze des Landes eine Stimmenthaltung bei Entscheidungen über die Versetzung für unzulässig erklärten. Dem Widerspruch wird von der in den letzten Tagen der Sommerferien zusammengetretenen Versetzungskonferenz nicht stattgegeben. Er wird daher an die nächsthöhere Behörde weitergeleitet. S will zu Beginn des neuen Schuljahres unter Berufung auf die aufschiebende Wirkung ihres Widerspruchs am Unterricht der neunten Klasse teilnehmen.

Fallfragen:
- Welchen rechtlichen Charakter – allgemeine und einfache Organisationsform, schlicht-hoheitliches Handeln, Verwaltungsakt – hat die Nichtversetzung?
- Hat der Widerspruch der S aufschiebende Wirkung in der Weise, dass S bis zu einer endgültigen Entscheidung am Unterricht der neunten Klasse teilnehmen darf?

Rechtslage:

Die Nichtversetzung berührt unmittelbar das Rechtsverhältnis zwischen der Schule und S. Sie greift tief in Rechte der S ein. Die Versetzung ist daher ein Verwaltungsakt.

S muss Widerspruch einlegen, wenn sie gegen den Verwaltungsakt klagen will, da das Widerspruchsverfahren als Vorverfahren bei Klagen gegen Verwaltungsakte gesetzlich vorgeschrieben ist. Die mit dem Widerspruch verbundene aufschiebende Wirkung soll Eingriffe in Rechte der S bis zur Entscheidung des Gerichts verhindern. Sie soll dem Schüler aber keine Rechte verschaffen, die ihm selbst bei einer Gerichtsentscheidung zu seinen Gunsten nicht zustünden. Die erfolgreiche Anfechtungsklage beseitigt lediglich den angefochtenen Verwaltungsakt. Sie ersetzt ihn nicht durch einen neuen Verwaltungsakt.

Wird der Klage der S stattgegeben, weil die Abstimmung über die Nichtversetzungsentscheidung gegen gesetzliche Vorschriften verstieß und damit rechtswidrig war, bedeutet ein solches Urteil nicht, dass die S versetzt werden muss. Die Konferenz hat vielmehr unter Beachtung der gesetzlichen Regelung der Abstimmung erneut zu entscheiden. Es ist keineswegs sicher, dass sie dann die Versetzung der S beschließt. Da der Schüler durch den Widerspruch nicht mehr erhalten darf, als ihm bei einer erfolgreichen Anfechtung des Verwaltungsaktes zustünde, gilt der Grundsatz: Der Widerspruch gegen die Nichtversetzung hat keine aufschiebende Wirkung. Er begründet kein Teilnahmerecht am Unterricht der nächsthöheren Klasse. „Eine Feststellung der aufschiebenden Wirkung … kann hier nicht ausgesprochen werden; denn die Schülerin wendet sich nicht gegen einen Verwaltungsakt, der in ihren Rechtskreis eingegriffen hätte, was für die begehrte Feststellung der aufschiebenden Wirkung erforderlich wäre. Soweit sich die Schülerin gegen die ausgesprochene Nichtversetzung wendet, handelt es sich zwar um einen Verwaltungsakt, dieser greift aber nicht in ihren Rechtskreis ein, sondern lehnt vielmehr eine Erweiterung ihres Rechtskreises ab. Denn bei der Versetzung handelt es sich nicht um eine mit jedem Schuljahreswechsel automatisch aus dem Gesetz folgende Rechtsposition, in die durch die Nichtversetzungsentscheidung der Versetzungskonferenz bzw. durch das Zeugnis, in dem die Nichtversetzung vermerkt ist, eingegriffen wird, sondern um einen gewährenden Verwaltungsakt, wobei vorläufiger Rechtsschutz nur im einstweiligen Anordnungsverfahren in Betracht kommt." (VG Köln, Az.: 10 L 2907/96; SchulRecht 6–8/2003, S.118)

F Die Unterrichtsteilnahme II 229

Die Schülerin S wird nicht von der achten in die neunte Klasse versetzt. Sie legt fristgerecht innerhalb eines Monats Widerspruch gegen die Nichtversetzung ein, da die Konferenz die Note „mangelhaft" in der freiwilligen Arbeitsgemeinschaft „Chinesisch" für versetzungsrelevant gehalten hat. Ohne diesen eindeutigen Verstoß gegen die Versetzungsordnung wäre sie versetzt worden. S will zu Beginn des neuen Schuljahres am Unterricht der neunten Klasse teilnehmen.

Fallfragen:
- Warum führen die Rechtsfolgen der Anfechtungsklage und des Widerspruchs nicht zu einer befriedigenden Lösung?
- Welche Rechtsfolgen müsste ein Rechtsbehelf haben, der zu einer befriedigenden Lösung führen würde?
- Ist ein Rechtsbehelf mit der erwünschten Rechtsfolge bekannt?

Lösung:

Mit einer erfolgreichen Anfechtungsklage könnte S die Aufhebung der Nichtversetzungsentscheidung erreichen, aber nicht die Versetzung, obwohl es im geschilderten Fall nur eine rechtmäßige Entscheidung, die Versetzung der S, gibt, wenn die Note der Arbeitsgemeinschaft unberücksichtigt bleibt. Selbst wenn der Widerspruch in diesem Falle eine aufschiebende Wirkung hätte, führte er ebensowenig wie die Anfechtungsklage zu der einzig rechtmäßigen Entscheidung, der Versetzung, da der Widerspruch ebenso wie die Anfechtungsklage Eingriffe in Rechte vorübergehend oder dauerhaft abwehren kann, aber keine Rechte verleiht.

Der Rechtsbehelf müsste der S vorübergehend oder dauerhaft einen Rechtsanspruch auf einen Verwaltungsakt geben.

Die einstweilige Anordnung wehrt schlicht-hoheitliches Verwaltungshandeln ab oder gibt einen Anspruch auf schlicht-hoheitliches Verwaltungshandeln. Ihre Anwendung bei der Abwehr von Verwaltungsakten brächte dem Kläger Nachteile, da die aufschiebende Wirkung des Widerspruchs eintritt, ohne dass besondere Voraussetzungen erfüllt sein müssen, während die einstweilige Anordnung voraussetzt, dass die Verwirklichung eines Rechts des Antragstellers vereitelt oder wesentlich erschwert werden könnte.

Die Anwendung der einstweiligen Anordnung bei einem Anspruch des Klägers auf Erlass eines Verwaltungsaktes brächte ihm dagegen Vorteile, da sie im Gegensatz zum Widerspruch einen vorläufigen Anspruch auf Erlass des Verwaltungsaktes verleiht.

Neben der Anfechtungsklage, mit der der Kläger die Aufhebung eines Verwaltungsaktes erreichen kann, gibt es die Verpflichtungsklage, mit der er den Erlass eines Verwaltungsaktes durchsetzen kann. Auch der Verpflichtungsklage muss ein Widerspruchsverfahren vorausgehen. Der Widerspruch hat aber keine aufschiebende Wirkung, da eine solche Wirkung dem Kläger keinen Vorteil brächte. Der Kläger, der überzeugt ist, offensichtlich im Recht zu sein, kann eine einstweilige Anordnung beantragen, die die Behörde zum Erlass des Verwaltungsaktes verpflichtet.

S müsste ihren Anspruch auf Versetzung durch Einlegen eines Widerspruchs verfolgen, bei dessen Ablehnung sie eine Verpflichtungsklage auf Erlass des Verwaltungsaktes erheben kann. Sie kann mit dem Antrag auf Erlass einer einstweiligen Anordnung die vorläufige Teilnahme am Unterricht der neunten Klasse zu Beginn des neuen Schuljahres zu erreichen suchen.

Wichtigste Voraussetzung für den Erlass einer einstweiligen Anordnung ist gemäß § 123 VwGO, dass die einstweilige Anordnung nötig erscheint, um wesentliche Nachteile vom Antragsteller abzuwenden. Außerdem muss die Klage offensichtlich erfolgversprechend sein.

Im geschilderten Fall liegt ein eindeutiger Verstoß gegen die Versetzungsordnung vor. S wäre ohne diesen Verstoß versetzt worden. Er wird daher mit einem Antrag auf Erlass einer einstweiligen Anordnung Erfolg haben.

4. Umfang des Rechtsschutzes

Ausgangspunkt der Überlegungen zum Rechtsschutz war die Zu- 230
ordnung des schulischen Handelns
- zu den allgemeinen und einfachen Regelungen des laufenden Schulbetriebs, gegen die nicht mit förmlichen Rechtsbehelfen, sondern allenfalls mit der form- und fristlosen Beschwerde vorgegangen werden kann,
- zum schlicht-hoheitlichen Handeln, gegen das man sich mit der Leistungs- oder Unterlassungsklage wehren kann,
- oder zu den Verwaltungsakten, deren Rechtmäßigkeit mit der Anfechtungs- oder Verpflichtungsklage überprüft wird.

Die Grenzen zwischen diesen rechtlichen Kategorien sind nicht starr und eindeutig festgelegt, sondern müssen in jedem Einzelfall gezogen werden. Entscheidende Gesichtspunkte sind dabei die Regelungswirkung durch eine Veränderung der rechtlichen Beziehung zwischen Schule und Schüler und das Ausmaß des Eingriffs in Rechte der Schüler.

So berühren rein innerschulische Organisationsentscheidungen wie die Klassenbildung oder die Entscheidung, aufgrund gestiegener Schülerzahlen eine weitere Parallelklasse einzurichten und eine bisherige Klasse zu teilen, weder das Persönlichkeitsrecht der betroffenen Schüler noch das Erziehungsrecht der Eltern. (VG Darmstadt, Az.: 7 G 1581/03(3); SchulRecht 3/2004, S. 65 f.) Allerdings können innerschulische Organisationsmaßnahmen wie die Zuordnung der Schüler zu bestimmten Klassen gerichtlich angreifbar oder erzwingbar sein, wenn feststeht, dass z. B. die Unterrichtung durch einen bestimmten Lehrer einen Schüler in seinem Grundrecht auf körperliche Unversehrtheit in schwerwiegender Weise verletzt. *(OVG NW, → Az.: 19 B 765/95; SPE 902 Nr.4)* In einem solchen Fall ist sogar der Wechsel eines Schülers auf eine andere Schule gerichtlich durchsetzbar. (VG Braunschweig, Az.: 6 B 448/00; SchulRecht 11–12/2001, S. 203) An die Erfüllung dieser Voraussetzungen sind strenge Anforderungen zu stellen, und der Schulleiter – nicht das Gericht – kann im Falle des Klassenwechsels entscheiden, ob der Schüler oder der Lehrer die Klasse wechseln muss, um den Konflikt zu lösen. (OVG NRW a.a.O.) Ist nicht das Verhältnis zwischen Schüler und Lehrer, sondern das zwischen Lehrer und Eltern durch ständige Beschwerden und Vorwürfe der Eltern schwer gestört oder sogar völlig zerrüttet, ist ein von der Schule herbeigeführter Wechsel des Schülers in eine Parallelklasse zur Aufrechterhaltung des Schulfriedens denkbar (OVG Bremen, Az.: OVG 2 B 305/02; SchulRecht 2/2003, S. 28–31) Eine solche Entscheidung ist keine Ordnungsmaßnahme, aber Verwaltungsakt.

Dieses Ergebnis verdeutlicht, dass die Entscheidung über die Gewährung von Rechtsschutz nicht schematisch erfolgt, sondern nach sorgfältiger Beurteilung einer konkreten Situation. Es wird auch den unter Umständen erheblichen psychischen Beeinträchtigungen gerecht, die vom schikanösen Verhalten eines Lehrers für den Schüler oder von Eltern für den Lehrer ausgehen können.

Die sich seit den 70er Jahren vollziehende ständige Ausdehnung des Rechtsschutzes weckt aber auch grundsätzliche Bedenken. Sie lässt außer Acht, dass der möglichst umfassende rechtliche Schutz der Interessen einzelner Schüler das Gemeinschaftsgefüge der Schule schädigen kann, da er bei Eltern, Schülern und Lehrern die Bereitschaft und Fähigkeit, Konflikte im persönlichen Gespräch und gemeinschaftsbezogen auszutragen und auszuhalten, vermindert. Zwar sollten die Beteiligten bei Meinungsverschiedenheiten zwischen Erziehungsberechtigten oder Schülern und Lehrern versuchen, diese zunächst im Wege einer Aussprache beizulegen, die Fixierung auf die rechtliche Durchsetzung eines individuellen Anspruchsdenkens stellt aber häufig den Erfolg und manchmal sogar das Zustandekommen eines solchen Gesprächs infrage. Das Gespräch wird nicht als Gelegenheit zu einer einvernehmlichen Einigung, sondern als Gelegenheit zur Darlegung des eigenen Standpunktes unter Androhung einer Klage verstanden.

Ein zu weitgehender Rechtsschutz erschwert die Erziehungsaufgabe der Schule, da Voraussetzungen und Ziele der Erziehung – *wie* Gesprächsbereitschaft, Einfühlungsvermögen, Kompromissbereitschaft, Höflichkeit, Respekt, Selbstbeherrschung, Solidarität und Fairness durch ein individuelles Anspruchsdenken verdrängt werden können, welches das Verhältnis zwischen Schülern und Lehrern ebenso erkalten lässt wie die Solidarität unter den Schülern.

Solche Entwicklungen sind weder ausschließlich dem Recht noch der Pädagogik zuzuschreiben. Sie sind auch weder mit ausschließlich rechtlichen noch mit ausschließlich pädagogischen Mitteln zu verhindern. Die Verwaltungsjuristen sollten die angesprochenen Eigenarten und Ziele schulischer Erziehung, die auch die Rechtskultur beeinflussen, zum Anlass nehmen, über vertretbare Einschränkungen des Rechtsschutzes im schulischen Bereich nachzudenken, die Pädagogen dagegen bei der Kritik an der Verrechtlichung der Schule bedenken, dass die Selbstentfaltung der Schüler am wirkungsvollsten in einer rechtsstaatlichen Grundsätzen entsprechenden Schule gefördert werden kann, und sie sollten sich fragen, ob die schulische Erziehung ihren Beitrag zur Vermittlung des verantwortungsvollen Umgangs mit individuellen Rechten und Ansprüchen sowie des notwendigen Pflicht- und Gemeinschaftsbewusstseins im notwendigen Umfang geleistet hat.

5. Rechtsschutz im Beamtenverhältnis

a) Weisungsrecht und Ausführungspflicht

F **Die Pausenaufsicht** 231

Schulleiter S fordert Lehrerin L auf, die Pausenaufsicht auf dem Schulhof zu übernehmen, da die eingeteilte Kollegin sich nicht wohl fühle. L, die sich schon seit längerer Zeit von S schikaniert fühlt, weist darauf hin, dass sie Bedenken gegen die Rechtmäßigkeit der Anordnung habe, da sie eine willkürliche Ungleichbehandlung darstelle. Sie habe in den vergangenen Wochen mehrmals Aufsicht und Vertretungsunterricht übernehmen müssen, obwohl diese Aufgaben auch anderen Kollegen hätten übertragen werden können. S möge seiner Pflicht zur Gleichbehandlung entsprechend eine andere Kollegin anweisen, die Aufsicht zu übernehmen. S bestätigt seine Anordnung. L weigert sich, die Aufsicht zu übernehmen.

Fallfragen:
- Welche Rechtsgüter sind bei einer Beurteilung des Verhaltens der L abzuwägen?
- Zu welcher Entscheidung über die Rechtmäßigkeit des Verhaltens der L führt die Rechtsgüterabwägung?

Lösung:

Unterstellt man den von L vorgetragenen Sachverhalt als zutreffend, hat der Schulleiter gegen den Anspruch der L auf Gleichbehandlung und auch gegen seine Fürsorgepflicht verstoßen.

Falls L die Aufsicht nicht übernimmt, entstehen Gefahren für die Gesundheit der Schüler. Dass der Schulleiter diesen Gefahren durch die Übertragung der Aufsicht auf eine andere Kollegin begegnen wird, falls L bei ihrer Weigerung bleibt, berührt die Rechtswidrigkeit der Weigerung der L nicht.

Die Abwägung des Anspruchs der L auf eine willkürfreie Gleichbehandlung und des Anspruchs der Schüler auf Abwehr gesundheitlicher Gefahren führt zu einem eindeutigen Vorrang des Anspruchs der Schüler, zumal der Eingriff in die Rechte der L nicht besonders schwerwiegend ist.

Die L muss daher die Weisung ihres Vorgesetzten befolgen. Ihre Weigerung ist rechtswidrig. Der Beamte darf sich grundsätzlich nicht weigern, Anordnungen auszuführen. Der Grundsatz, dass der Beamte Weisungen zu befolgen hat, auch wenn sie ihn in seinen Rechten verletzen, ist einer Regelung, die auf eine Rechtsgüterabwägung im Einzelfall abstellt, vorzuziehen, da sie eine vorläufige, aber klare Entscheidung in Konfliktsituationen trifft, die Funktionsfähigkeit des öffentlichen Dienstes sichert und den in der Schule in der Regel betroffenen Ansprüchen der Schüler Vorrang vor den Ansprüchen der Lehrer verleiht. Diese Regel kann lediglich dann nicht gelten, wenn das dem Beamten aufgetragene Verhalten strafbar oder ordnungswidrig und die Strafbarkeit oder Ordnungswidrigkeit für ihn erkennbar ist oder das ihm aufgetragene Verhalten die Würde des Menschen verletzt (§ 36 Abs. 2 Satz 3 BeamtStG).

Will der Beamte sich gegen dienstliche Weisungen wehren, kann er sich außergerichtlicher und gerichtlicher Rechtsbehelfe bedienen.

b) Außergerichtliche Rechtsbehelfe

232 Beamte können Anträge und Beschwerden vorbringen. Beide Rechtsbehelfe sind form- und fristlos. Mit einem Antrag will der Beamte erreichen, dass eine bestimmte Maßnahme ergriffen wird, mit einer Beschwerde wendet er sich gegen eine durchgeführte Maßnahme. Will die Lehrerin L im obigen Fall gegen die Weisung, die Aufsicht zu übernehmen, vorgehen, kann sie sich beschweren, ohne an Fristen oder Formen gebunden zu sein. Bei Beschwerden ist der Dienstweg einzuhalten. Lediglich im Falle einer Dienstaufsichtsbeschwerde, die sich gegen das persönliche Verhalten des Vorgesetzten und nicht lediglich gegen den Inhalt einer Weisung richtet, kann der Vorgesetzte übergangen werden.

Die Lehrerin wendet sich nicht lediglich gegen eine unzweckmäßige Weisung, sondern unterstellt eine Schikaneabsicht. Sie kann die Beschwerde daher unmittelbar beim nächsthöheren Vorgesetzten einlegen.

233 Sie kann sich außerdem mit einer Beschwerde an den Personalrat wenden, ohne an den Dienstweg gebunden zu sein.

c) Gerichtliche Rechtsbehelfe

234 Wird die Beschwerde der L wegen der ihrer Auffassung nach schikanösen Übertragung der Aufsichtspflicht zurückgewiesen, könnte L

erwägen, sich mit einer Klage gegen diese Weisung zu wenden. Das weitere Vorgehen hängt dann von der Rechtsnatur der Weisung ab.

Greift die Weisung tief in eigene Rechte der L ein und verändert sie die rechtliche Position der L gegenüber ihrem Dienstherrn, handelt es sich um einen Verwaltungsakt. Ist die L dagegen lediglich in ihrer Stellung als weisungsgebundener Amtswalter betroffen, hat die Maßnahme keinen Verwaltungsaktscharakter. „Behördeninterne Maßnahmen sind insbesondere … die an einen Beamten allein in seiner Eigenschaft als Amtsträger und Glied der Verwaltung gerichteten, auf organisationsinterne Wirkung zielenden Weisungen des Dienstherrn und die auf die Art und Weise der dienstlichen Verrichtung bezogenen innerorganisatorischen Maßnahmen der Behörde, in deren Organisation der Beamte eingegliedert ist". (BVerwGE 60, S. 144 [BVerwG 22.05.1980 – BVerwG 2 C 30.78] –154, hier: S. 146)

Die Weisung, die Aufsicht auf dem Schulhof zu übernehmen, ist eine **235** innerbehördliche Maßnahme, welche die L lediglich in ihrer Stellung als weisungsgebundener Amtswalter betrifft. Es handelt sich daher nicht um einen Verwaltungsakt. Verwaltungsakte sind z. B. die Versetzung, die Genehmigung einer Nebentätigkeit, die Festsetzung des Besoldungsdienstalters oder Disziplinarmaßnahmen. Zu den innerbehördlichen Maßnahmen gehören dagegen beispielsweise die Übernahme der Funktion des Klassenlehrers und die Zuweisung eines Stundenplanes.

Ist eine Maßnahme Verwaltungsakt, kann der Beamte gegen diese **236** Maßnahme mit einer verwaltungsgerichtlichen Klage vorgehen oder den Erlass dieser Maßnahme – z. B. die Genehmigung einer Nebentätigkeit – einklagen. Vor der Klage ist ein Widerspruchsverfahren durchzuführen, das bei belastenden Verwaltungsakten eine aufschiebende Wirkung entfaltet, falls diese nicht gesetzlich ausgeschlossen ist, und für das die gleichen Formen und Fristen gelten wie für Widersprüche der Eltern und Schüler gegen Maßnahmen der Schule. In einigen Ländern ist ein Widerspruchsverfahren vor Klagen gegen bestimmte beamtenrechtliche Maßnahmen nicht mehr vorgeschrieben.

Wendet sich der Beamte gegen eine Maßnahme, die kein Verwaltungsakt ist, die ihn also nicht als eine dem Dienstherrn gegenüber mit eigenen Rechten ausgestattete Person berührt, sondern lediglich eine Konkretisierung seiner Dienstpflichten darstellt, gilt zunächst, dass er gegen diese Maßnahme nicht klagen kann, sondern auf das Beschwerderecht verwiesen ist.

Wendet man diesen Grundsatz auf den geschilderten Fall an, kommt **237** man zu dem Ergebnis, dass L sich gegen die als schikanös empfundene Weisung, die Aufsicht zu übernehmen, nicht mit einer Klage wehren kann. Dieses Ergebnis ist aber unbefriedigend. Die Zweifel an der Richtigkeit des Ergebnisses verstärken sich noch, wenn man den Fall erweitert und davon ausgeht, dass der Schulleiter fortfährt, L im Gegensatz zu anderen Kollegen immer wieder mit Aufsichtsaufgaben zu betrauen, ihr einen besonders ungünstigen Stundenplan zu geben und sie ausschließlich in besonders schwierigen Klassen einzusetzen. In einem solchen Fall bedarf die L offensichtlich eines stärkeren Schutzes, als ihn das Beschwerderecht bietet. Beamte können daher auch gegen Weisungen klagen, welche die Fürsorgepflicht des Dienstherrn verletzen. Außerdem können sie gegen innerbehördliche Maßnahmen klagen, die sie in ihren Grundrechten verletzen.

238 Während der Bürger gegen Maßnahmen der Schule, die keine Verwaltungsakte sind, klagen kann, ohne ein Vorverfahren durchführen zu müssen, ist der Beamte verpflichtet, vor einer Klage gleich welcher Art Widerspruch einzulegen und ein Vorverfahren durchzuführen, es sei denn, Ausnahmen von dieser Verpflichtung wären gesetzlich vorgesehen. Der Widerspruch gegen innerbehördliche Maßnahmen hat aber keine aufschiebende Wirkung. Das zwingend vorgeschriebene Vorverfahren eröffnet die Möglichkeit, Streitigkeiten zwischen dem Dienstherrn und seinen Beamten beizulegen, bevor es zu einer das Vertrauensverhältnis möglicherweise stark belastenden gerichtlichen Auseinandersetzung kommt.

Die L kann daher gegen die Weisung des S Widerspruch einlegen. Sie muss die Weisung trotz des Widerspruchs unverzüglich ausführen, da der Widerspruch keine aufschiebende Wirkung entfaltet. Wird ihr Widerspruch zurückgewiesen, kann sie mit der Begründung, die schikanösen Weisungen des S verstießen gegen die Fürsorgepflicht, den Klageweg beschreiten.

239 Waren die Verwaltungsgerichte lange Zeit bei der Gewährung von Rechtsschutz gegen innerbehördliche Maßnahmen zurückhaltend, haben sie den Rechtsschutz in den letzten Jahren begünstigt durch die Vagheit des Begriffs der Fürsorgepflicht und den weiten Anwendungsbereich der Grundrechte sowie durch die Rechtsprechung des Bundesverwaltungsgerichtes ausgeweitet.

Das Bundesverwaltungsgericht geht davon aus (BVerwGE 60, S. 144 [BVerwG 22.05.1980 – BVerwG 2 C 30.78] – 154, hier: S. 148 f.): „Gerichtlicher Rechtsschutz ist auch dann gewährleistet, wenn die öffentliche Gewalt jemanden in anderer Weise als durch einen Verwaltungsakt in seinen Rechten verletzt …

Maßnahmen, die normalerweise … unanfechtbare oder unüberprüfbare Behördeninterna sind … [können noch im Einzelfall] doch als

Verletzung der individuellen Rechtssphäre auswirken und mit dieser Begründung dem Verwaltungsgericht unterbreitet werden … Auch in anderem Zusammenhang hat der erkennende Senat die Frage, ob eine innerbehördliche Organisationsmaßnahme ein Verwaltungsakt sein kann oder nicht, wegen des ohnehin zu gewährenden Rechtsschutzes offen gelassen."

F Die Notenüberprüfung 240

Eine Lehrerin wollte zunächst erreichen, dass die Schulaufsicht davon absieht, die Bewertung der Abiturklausur einer Schülerin zu überprüfen. Nachdem diese Überprüfung erfolgt war, möchte sie erreichen, dass die Schulaufsicht ihr und den Eltern der Schülerin gegenüber ihr vollstes Vertrauen in die untadelige Amtsführung der Lehrerin erklärt, insbesondere hinsichtlich der einwandfreien Sachlichkeit und Objektivität der Notengebung.

Die Lehrerin macht geltend, die diskriminierend-herabsetzenden Umstände der sachlich nicht gerechtfertigten Präventivkontrolle verletzten sie in ihrem amtsbezogenen Persönlichkeitsrecht. Eine solche Verletzung sei durch die Begleitumstände geschehen, nämlich durch die Überprüfung in einer sie ungerecht diskriminierenden, in ihrem Ansehen als sachlich-objektiv bewertende Pädagogin herabsetzenden, ja geradezu beleidigenden Weise.

Fallfrage:
Stellt die schulaufsichtliche Überprüfung der Leistungsbeurteilung einen Verwaltungsakt dar?
Kann Lehrern ein Anspruch auf Abgabe einer Ehrenerklärung durch die Schulaufsicht zustehen?

Rechtslage:

„Die Ankündigung, die Klausurbewertung schulaufsichtlich zu überprüfen, stellte gegenüber der Lehrerin keinen Verwaltungsakt dar. … Eine Anweisung an eine Lehrerin, Klausurbewertungen durch den Schulleiter oder die Schulaufsicht überprüfen zu lassen, ist für sich genommen kein Verwaltungsakt, sondern eine innerdienstliche Weisung. Daran ändert sich nichts, wenn die Begleitumstände aus Sicht der Lehrerin diskriminierend sind. …

Die beamtenrechtliche Fürsorgepflicht verbietet es dem Dienstherrn, 241
einen Beamten durch Kritik an seiner Amtsführung gegenüber Dritten ohne rechtfertigenden Grund bloßzustellen. Das gilt sowohl für nachteilige Tatsachenbehauptungen als auch für missbilligende Werturteile. Im Fall unzulässiger Kritik nach außen kann der Beamte als Erfüllung der noch möglichen Fürsorge beanspruchen, dass der Dienstherr die

Ansehensbeeinträchtigung für die Zukunft durch eine geeignete, nach Form und Adressatenkreis der beeinträchtigenden Äußerung entsprechende Erklärung ausräumt."(OVG Hamburg, Az.: 1 Bs 121/14; Schul-Recht 3-4/2015, S. 43 ff.)

Ein Anspruch des Beamten auf Abgabe einer Ehrenerklärung durch den Dienstherrn kann aber in aller Regel nur durch ein Urteil eines Verwaltungsgerichts und nicht mit einer einstweiligen Anordnung im Verfahren des vorläufigen Rechtsschutzes durchgesetzt werden. Sollte ein Gericht im Verfahren des einstweiligen Rechtsschutzes den Dienstherrn zunächst zur Abgabe einer derartigen Erklärung verpflichten, dann aber in einem anschließenden Urteilsverfahren feststellen, dass der Anspruch nicht besteht, ist es schwer vorstellbar, wie die Erklärung dann zurückgenommen werden soll, ohne dass gerade diese Rücknahme für den Beamten einen negativen Effekt hat. (OVG Hamburg, a.a.O.)

Sollte der Beamte allerdings nicht die Abgabe einer Ehrenerklärung, sondern das Unterlassen der Wiederholung einer als kränkend empfundenen Äußerung fordern, könnte er das im Wege des einstweiligen Rechtsschutzes tun. (OVG Hamburg, a.a.O.)

d) Pädagogische Freiheit und Klagebefugnis

242 Von der in der Rechtsprechung umstrittenen Frage, ob die pädagogische Freiheit Lehrern ein individuelles Recht verleiht, das durch Weisungen Vorgesetzter verletzt werden kann, hängt die Zulässigkeit von Klagen gegen dienstliche Weisungen, z. B. bei der Änderung einer Note durch die Schulaufsicht oder bei der Aufhebung einer erzieherischen Maßnahme, ab.

F Die Notenänderung

Eine Lehrerin klagt auf Feststellung der Rechtswidrigkeit der Abänderung einer von ihr erteilten Note durch die Schulaufsicht.

Rechtslage:

Das Oberverwaltungsgericht Münster weist die Klage als unzulässig ab *(→ Az.: 19 A 2649/87; SPE 480 Nr. 12, S. 8–10):* „Die Klägerin hat kein berechtigtes Interesse an der begehrten Feststellung; sie ist nicht Inhaberin eines (gegebenenfalls einklagbaren) individuellen, ihr als privatem Rechtssubjekt zustehenden Rechts, das ohne diese Feststellung verletzt oder gefährdet sein könnte. Die streitige Aufsichtsmaßnahme der oberen Schulaufsichtsbehörde greift lediglich in eine Position ein, die der Klägerin als Reflex des von ihr wahrgenommenen Amtes einer Lehrerin an einer öffentlichen Schule zukommt. (a.a.O., S. 8)

Die Notwendigkeit einer möglichst effektiven, auch den angesprochenen Bereich pädagogischer Freiheit erfassenden Aufsicht ist eine im Rechtsstaat notwendige Folge der allgemeinen Schulpflicht und weitgehenden Monopolisierung des Schulwesens in staatlicher Hand ... Staatlich verordneter Unterricht und Erziehung in öffentlichen Schulen stellen ein außergewöhnlich umfassendes und tiefgreifendes Einwirken des Staates auf die davon betroffenen Staatsbürger – noch dazu auf die minderjährigen – dar, umfassender, tiefgreifender und folgenreicher als die Wahrnehmung vieler anderer Staatsaufgaben.

Dieser weitgehende Eingriff verträgt sich in einem Rechtsstaat nicht mit einem der Kontrolle durch andere (staatliche) Organe entzogenen Freiraum für den einzelnen Lehrer ... (Aus der Schulbesuchspflicht, d. Verf.) ergibt sich die Notwendigkeit, ... zu gewährleisten, dass möglichst einheitliche Standards gelten und damit Chancengleichheit im schulischen Unterrichts- und Erziehungsprozess besteht. (a.a.O., S. 9) (Die pädagogische Freiheit, d. Verf.) ist dem Lehrer nicht um seiner selbst willen gegeben, sondern allein um der Jugend (Schüler) willen, deren verantwortungsvolle und -bewusste Unterrichtung und Erziehung ihm anvertraut sind; sie soll die situations- und persönlichkeitssowie schulklassenangepasste, kindgerechte Erfüllung der Erziehungsaufgabe als Prozess menschlicher Begegnung sichern.

Daraus folgt, dass sie nicht im Status des Lehrers wurzelt, sondern ausschließlich in seiner Funktion; sie ist allein dem ausgeübten Amt zugeordnet und damit im Kern keine private, sondern lediglich auf den Schulzweck und somit auf das Interesse der Schüler bezogene Freiheit mit gleichsam fiduziarischem Charakter ... die an die Funktion bzw. das Amt anknüpfende Betroffenheit ist nicht der Individualsphäre zugeordnet, aus der heraus allein ein eigenständiges Klagerecht begründet werden könnte.“ (a.a.O., S. 10)

Die Gegenposition zur Auffassung des OVG Münster weist darauf hin: „Nach der neueren Rechtsprechung des Bundesverwaltungsgerichtes sind auch innerorganisatorische Maßnahmen einer Behörde, die sich an einen Beamten in seiner Eigenschaft als Amtsträger und Glied der Verwaltung richten, grundsätzlich der verwaltungsgerichtlichen Kontrolle zugänglich.“ *(VG Berlin, → Az.: VG 7 A 120.86; SPE 480 Nr. 1)*

Im Sinne einer Anerkennung der pädagogischen Freiheit als subjektives Abwehrrecht der Lehrer in den Fällen, in denen die Landesschulgesetze kein uneingeschränktes schulaufsichtliches Weisungsrecht vorsehen, sondern entweder keine abschließende Regelung treffen oder das Weisungsrecht der Schulaufsicht begrenzen, z. B. durch eine Zumutbarkeitsklausel, argumentiert Niehues *(→ RdNr. 518):* „Denn den für die optimale Erfüllung der schulischen Bildungs- und Erziehungsziele notwendigen Freiraum kann es in Wahrheit nur geben, wenn er im Konfliktfall von demjenigen zu verteidigen ist, der ihn mit seinem persönlichen Engagement ausfüllen soll."

6. Fälle und Lösungen

243 **F** **Klage gegen Aufnahme eines anderen Schülers**

Ein Schüler erhob Widerspruch gegen die Aufnahme eines früheren Mitschülers, der zwischenzeitlich die Schule verlassen hatte, in die von ihm besuchte Grundschule und berief sich auf die früheren Konflikte mit dem Mitschüler sowie einen Verstoß gegen die Schulbezirkspflicht, da der Mitschüler seinen tatsächlichen Lebensmittelpunkt bei seiner Mutter in einem anderen Schulbezirk habe. Die Schule teilte mit, der Schüler und der Mitschüler besuchten inzwischen unterschiedliche Parallelklassen, außerdem habe die Schule bereits einige Ordnungsmaßnahmen gegenüber dem Mitschüler verfügt, bis hin zu einem Unterrichtsausschluss.

Fallfrage:
Kann der Schüler gegen die Aufnahme des Mitschülers in die Schule klagen?

Rechtslage:

„Der Schüler ist nicht Adressat der Entscheidung, den Mitschüler (wieder) aufzunehmen, sondern Dritter. Geht es um die Klage eines solchen Dritten, ist zur Bejahung einer Klagebefugnis erforderlich, dass er sich auf eine öffentlich-rechtliche Norm stützen kann, die ihm eine eigene schutzfähige Rechtsposition einräumt. Drittschutz vermitteln jedoch nur solche Vorschriften, die nach dem in ihnen enthaltenen, durch Auslegung zu ermittelnden Entscheidungsprogramm für die Behörde auch der Rücksichtnahme auf Interessen eines individualisierbaren, d.h. sich von der Allgemeinheit unterscheidenden Personenkreises dienen.

Schon der Wortlaut der Bestimmungen zur Aufnahme von Schülern enthält keinen Hinweis auf Drittschutz. Das gilt auch für den Sinnzusammenhang. Denn anderenfalls könnten Mitschüler aller Grundschulen des Landes die Aufnahme eines Schülers, der im Kindergarten „gefährliche Tendenzen" aufgewiesen hat, verhindern und damit einen Konflikt mit dessen Schulpflicht entstehen lassen. Das lässt hinreichend erkennen, dass die Normen des Schulgesetzes alleine dem öffentlichen Interesse (und dabei durchaus auch dem Schutz der Schule und ihrer

Schüler insgesamt) dienen und nicht auch dem Schutz konkreter einzelner Mitschüler.

Schließlich ist auch die faktische Auswirkung einer Aufnahme des Mitschülers auf Rechte des Schülers nicht erkennbar. Denn alleine die Aufnahme eines Schülers in eine Schule kann auch keine Rechte von Mitschülern verletzen, erst das der Aufnahme nachfolgende Verhalten des Aufgenommenen.

Vergleichbares gilt für die Regelungen über die Schulbezirke. Schulbezirke dienen nach einhelliger Auffassung der möglichst gleichmäßigen Kapazitätsauslastung. Schon das spricht gegen den Schutz der Rechte einzelner, denn auch hier beeinträchtigt noch nicht ein etwaiger Bezirksverstoß Rechte von Mitschülern, sondern erst ein nachfolgendes Verhalten des etwa fälschlich aufgenommenen Schülers." (VG Stuttgart, Az.: 12 K 2286/11; SchulRecht 7-8/2012, S. 78)

F Die Kursabschlussnoten 244

Ein Schüler erwarb am Beruflichen Gymnasium die Fachhochschulreife. Gegenwärtig absolviert er eine Ausbildung als Hotelfachmann, für welche die Fachhochschulreife nicht Voraussetzung ist. Er wendet sich gegen die Bewertung seiner Leistungen im Fach Gemeinschaftskunde in der zwölften Jahrgangsstufe. Die Noten der beiden Zeugnisse der zwölften Jahrgangsstufe gehen in das Zeugnis der Fachhochschulreife ein und beeinflussen die Durchschnittsnote.

Fallfrage:
Handelt es sich bei der Note im Fach Gemeinschaftskunde in einem Zeugnis der zwölften Jahrgangsstufe um einen Verwaltungsakt?

Rechtslage:

„Bei diesen Zeugnisnoten handelt es sich um Verwaltungsakte. Rechtlich kommt ihnen ein eigenständiger Regelungsgehalt mit einzelfallbezogener Rechtswirkung zu, weil sie als Bestandteile der beiden Zeugnisse der zwölften Jahrgangsstufe in das Zeugnis der Fachhochschulreife eingehen, Einfluss auf die im Zeugnis der Fachhochschulreife auszuweisende Durchschnittsnote haben und damit für die weitere schulische/berufliche Laufbahn des Schülers von Bedeutung sein können. Die gegebenen tatsächlichen Auswirkungen auf die Freiheit der Berufswahl und Berufsausübung stellen einen Eingriff in den Schutzbereich des Art. 12 Abs. 1 GG (Berufswahlfreiheit) dar.

Dem Rechtsschutzbedürfnis steht nicht entgegen, dass der Schüler 245
zurzeit eine Ausbildung absolviert, zu der er auch ohne die Fachhochschulreife Zugang gefunden hat. Es ist keineswegs auszuschließen, dass

die Kursabschlussnoten und die Durchschnittsnote für seinen weiteren Werdegang noch Bedeutung erlangen werden. (VG Schleswig, Az.: 9 A 68/10; SchulRecht 5-6/2012, S. 59 f.)

246 Die Note im Fach Gemeinschaftskunde auf dem Zeugnis der zwölften Jahrgangsstufe des Beruflichen Gymnasiums ist ein Verwaltungsakt und eine Klage gegen die Einzelnote damit zulässig.

F Die erledigte Überweisung in die parallele Klasse

Ein Schüler einer vierten Klasse einer Grundschule, der bereits häufiger Mitschüler angegriffen hatte, war an einer körperlichen Auseinandersetzung im Klassenraum seiner Klasse beteiligt. Die Klassenkonferenz beschloss ihn für die bis zum Ende des laufenden Schuljahres verbleibenden zehn Unterrichtstage in eine Parallelklasse zu überweisen und die sofortige Vollziehung der Ordnungsmaßnahme anzuordnen. Nach dem Wechsel auf eine weiterführende Schule beantragt der Schüler bei Gericht die Feststellung der Rechtswidrigkeit seiner Überweisung in die parallele Klasse.

Fallfrage:
Ist die Klage des Schülers zulässig?

Rechtslage:

247 „Die Fortsetzungsfeststellungsklage ist nur zulässig, wenn ein Urteil des Verwaltungsgerichts die Stellung des Schülers in rechtlicher, wirtschaftlicher oder ideeller Hinsicht noch konkret verbessern könnte, wenn der Schüler also mit dem angestrebten Urteil in der Sache noch etwas anfangen kann.

In rechtlicher Hinsicht könnte eine gerichtliche Überprüfung der Rechtmäßigkeit der Überweisung in eine Parallelklasse die Position des Schülers nicht mehr verbessern. Mit dem Aufrücken in den fünften Jahrgang einer Schule des Sekundarbereichs I ist das schulrechtliche Verhältnis des Schülers zur Grundschule beendet. Im Übrigen lag das (Schuljahres-)Zeugnis mit der darin enthaltenen Beurteilung des Sozialverhaltens des Schülers bereits vor, als die Konferenz die Ordnungsmaßnahme beschloss. Die von dem Schüler seit seinem Schulwechsel besuchte Realschule hatte auch nicht ihrerseits auf neue Pflichtverletzungen des Schülers in einem Ordnungsmaßnahmenverfahren reagiert und dabei die von der Grundschule ergriffene Ordnungsmaßnahme zum Teil ihrer Entscheidungsgrundlage gemacht. Vielmehr trägt der Schüler selbst vor, dass es bisher in der Realschule keinen diesbezüglichen Vorfall gegeben habe. Weitere rechtliche Auswirkungen auf den weiteren Bildungsweg, die von der Ordnungsmaßnahme einer Versetzung in die Parallelklasse ausgelöst werden könnten, sind weder ersichtlich noch denkbar.

Aus ideellen Gründen, nämlich zum Zweck der Rehabilitation für eine erlittene Verletzung eigener Rechte, kann der Schüler ein Feststellungsinteresse ebenfalls nicht herleiten.

Ein Rehabilitationsinteresse kann nur dann zur Zulässigkeit der Fortsetzungsfeststellungsklage führen, wenn der vor Klageerhebung erledigte Verwaltungsakt nicht nur allgemein, sondern weitreichend in die Grundrechte des Betroffenen eingegriffen hat, was beispielsweise für die Fälle eines Eingriffs des Staates in die Privatsphäre eines Betroffenen angenommen wird.

Demzufolge hat das Verwaltungsgericht in seiner Rechtsprechung ein rechtlich geschütztes Interesse an der Feststellung der Rechtswidrigkeit erledigter Ordnungsmaßnahmen nur dann angenommen, wenn es sich dabei um Maßnahmen gehandelt hat wie die Überweisung an eine andere Schule, den Ausschluss vom Unterricht oder dessen Androhung sowie die Verweisung von allen Schulen oder deren Androhung.

Ein Unterrichtsausschluss kann naturgemäß den Erfolg des indivi- **248**
duellen Bildungswegs eines Kindes oder Jugendlichen beeinflussen, die übrigen genannten Ordnungsmaßnahmen regeln unmittelbar und auf Dauer den persönlichen Bildungsweg des Betroffenen. Diese Ordnungsmaßnahmen gehen somit stets mit Eingriffen der Schule in die Grundrechte von Schülern und ihrer sorgeberechtigten Eltern einher.

Das gilt für die Überweisung in eine Parallelklasse aber nicht. Die **249**
Überweisung eines Schülers in eine Parallelklasse berührt weder das Recht des Schulkindes auf Bildung noch das Recht seiner Erziehungsberechtigten, auf die entscheidenden Schritte in der Schullaufbahn ihres Kindes Einfluss nehmen zu können. Insbesondere vermitteln weder das Recht auf Bildung noch das Erziehungsrecht der Eltern einen Anspruch darauf, dass ein Schüler unter mehreren eingerichteten Schulklassen einer Jahrgangsstufe eine bestimmte (Parallel-)Klasse besucht. Das gilt auch im vorliegenden Fall.

Die von der Klassenkonferenz der Klasse 4 beschlossene Überweisung in die Parallelklasse konnte sich nach ihrem Wirksamwerden nur noch auf einen Zeitraum des Schulbetriebs von etwa zehn Unterrichtstagen auswirken, da zu diesem Zeitpunkt die Zeugnisse und die Schullaufbahnempfehlungen bereits erteilt worden waren und nach dem unbestrittenen Vortrag der Schule im wesentlichen nur noch Projekte und Unterrichtsgänge der vierten Klassen stattfanden, hat die Ordnungsmaßnahme nur die allgemeine Handlungsfreiheit des Schülers berührt, indem sie ihm die Möglichkeit genommen hat, an dem vorgesehenen Unterricht und sonstigen Veranstaltungen zusammen mit den gewohnten Lehrkräften und Mitschülern sowie in dem bisherigen Klassenraum teilzunehmen.

Schließlich kann sich der Schüler auch auf keine fortwirkende Verletzung seines Persönlichkeitsrechts berufen, denn die für die Verwaltung der Schule geltenden Vorschriften über die Aufbewahrung von Schriftgut in Schulen und die Löschung personenbezogener Daten bestimmen für die bei der Schule entstandenen Aktenvorgänge mit dem Schriftgut über die Pflichtwidrigkeit des Schülers und die darauf folgende Ordnungsmaßnahme, eine Aufbewahrungs- und Löschungsfrist von einem Jahr nach Verlassen der Grundschule. Im Übrigen ist weder ersichtlich, noch von dem Schüler dargetan, in welcher Hinsicht sich zum gegenwärtigen Zeitpunkt noch eine Beeinträchtigung seiner Persönlichkeit etwa in Gestalt eines Ansehensverlustes manifestieren könnte. Insbesondere trägt der Schüler gerade nicht vor, dass die jetzt von ihm besuchte Realschule einen inneren Zusammenhang mit der Ordnungsmaßnahme der Grundschule und seinem Verhalten in der weiterführenden Schule sieht." (VG Hannover, Az.: 6 A 397510; SchulRecht 1-2/2013, S. 9 f.)

250 Schüler, die insbesondere nach einem Schulwechsel oder einem anderweitigen Verlassen der Schule die Feststellung der Rechtswidrigkeit einer an der bisherigen Schule ausgesprochenen Ordnungsmaßnahme fordern, müssen konkrete Tatsachen nennen, die den Schluss zulassen, dass sich aus der Ordnungsmaßnahme die Möglichkeit späterer schulischer oder beruflicher Nachteile ergibt. Die schulischen oder beruflichen Nachteile müssen sich dabei nicht konkret abzeichnen, sondern es genügt die abstrakte Möglichkeit ihres Eintritts.

„Für ein Fortsetzungsfeststellungsinteresse genügt jedes nach vernünftigen Erwägungen schutzwürdige Interesse rechtlicher, wirtschaftlicher oder auch ideeller Art. Im Bereich schulischer Maßnahmen bejaht die höchstrichterliche Rechtsprechung ein solches Interesse schon dann, wenn diese den Schüler in seiner Ausbildung und zukünftigen beruflichen Entwicklung benachteiligen kann, insbesondere wenn im Einzelfall nachteilige Auswirkungen der Maßnahme auf die weitere schulische oder berufliche Laufbahn des Schülers nicht ausgeschlossen werden können. Der das Feststellungsinteresse begründende Nachteil muss weder unmittelbar bevorstehen noch sich bereits konkret abzeichnen.

Nach diesem Maßstab setzt das Fortsetzungsfeststellungsinteresse lediglich voraus, dass der von einer erledigten schulischen Maßnahme betroffen gewesene Schüler konkrete Tatsachen zum Fortgang seiner schulischen und/oder beruflichen Laufbahn nach Eintritt des erledigenden Ereignisses mitteilt. Nur so versetzt er das Gericht in die Lage zu beurteilen, ob die genannte abstrakte Benachteiligungsabsicht auch in seinem Einzelfall besteht. Auch die Aussage, es genüge, wenn im Einzelfall nachteilige Auswirkungen der Maßnahme auf die weitere schulische oder berufliche Laufbahn des Schülers nicht ausgeschlossen werden können, bezieht sich ausdrücklich nur auf den zukünftigen Werdegang des Schülers, den auch er selbst naturgemäß nur prognostizieren kann. Sie entbindet ihn nicht von der Mitteilung konkreter Tatsachen zum gegenwärtigen Stand seiner Schullaufbahn, welche den prognostischen Schluss auf das Fortbestehen der genannten abstrakten Möglichkeit zulassen." (OVG Nordrhein-Westfalen, Az.: 19 A 928/10; SchulRecht 3-4/2013, S. 34 f.)

F Klassenfahrt einer Privatschule und Rechtsweg 251

Eltern fordern von einer Schule in freier Trägerschaft die Rückzahlung eines Reisepreises für eine nicht durchgeführte Klassenfahrt. Sie machen ihre Ansprüche beim Verwaltungsgericht geltend.

Fallfragen:
In welchen Fällen müssen Klagen gegen Schulen in freier Trägerschaft vor den Verwaltungsgerichten und in welchen Fällen vor den Zivilgerichten erhoben werden?

Bei Klagen gegen Schulen in freier Trägerschaft „ist der Verwaltungsrechtsweg nur insoweit gegeben, als die Privatschule als Beliehene hoheitliche Aufgaben wahrnimmt. Dies gilt unter anderem bei der Durchführung von Prüfungen und der Vergabe von Abschlüssen, wobei die für entsprechende öffentliche Schulen geltenden Regelungen anzuwenden sind.

Das Rechtsverhältnis der Schüler mit der Privatschule wird durch den sogenannten Beschulungsvertrag begründet. Dieser ist privatrechtlicher Natur, so dass für die hieraus entstehenden Streitigkeiten grundsätzlich der ordentliche Rechtsweg offensteht. Der Anspruch auf Aufnahme in die Privatschule wie auf Abwehr der von dieser ausgehenden (Ordnungs-)Maßnahmen ist auf den Abschluss bzw. die Einhaltung des Schulvertrages auf Grundlage des allgemeinen Vertragsrechts gerichtet und hat privatrechtlichen Charakter. Derartige Rechte sind als „bürgerliche Rechtsstreitigkeiten" vor den ordentlichen Gerichten geltend zu machen.

Nichts anderes gilt für den Fall der Geltendmachung von Ansprüchen aus der Durchführung einer Klassenfahrt, zumal hierbei keine hoheitlichen Funktionen im oben genannten Sinne ausgeübt werden. 252

Erklären sich die Eltern eines Schülers einer Privatschule mit der Teilnahme des Kindes an einer Klassenfahrt einverstanden, bei der Leistungen von Dritten erbracht werden, schließen sie dadurch für ihr Kind einen Reisevertrag mit dem Schulträger. Nur soweit die Privatschule als Beliehene hoheitliche Aufgaben wahrnimmt, ist indes der Verwaltungsrechtsweg gegeben."(VG Regensburg, Az.: 1 K 1921; SchulRecht 1-2/2014, S. 12 f.)

Abkürzungsverzeichnis

a. A.	anderer Auffassung
a.a.O.	am angegebenen Ort
ADO	Allgemeine Dienstordnung
Az	Aktenzeichen
Bay	Bayern
BayEUG	Bayerisches Gesetz über das Erziehungs- und Unterrichtswesen
BBG	Bundesbeamtengesetz
BbgSchulG	Brandenburgisches Schulgesetz
BeamtStG	Beamtenstatusgesetz
BeamtVG	Beamtenversorgungsgesetz
BGB	Bürgerliches Gesetzbuch
BGH	Bundesgerichtshof
BGHZ	Entscheidungen des BGH in Zivilsachen
Brem	Bremen
BRRG	Beamtenrechtsrahmengesetz
BSG	Bundessozialgericht
BSGE	Entscheidungen des Bundessozialgerichts
BT-Drucks.	Bundestagsdrucksache
BVerfG	Bundesverfassungsgericht
BVerfGE	Sammlung der Entscheidungen des BVerfG
BVerwG	Bundesverwaltungsgericht
BVerwGE	Sammlung der Entscheidungen des BVerwG
BW	Baden-Württemberg
d. Verf.	der Verfasser
Gema	Gesellschaft für musikalische Aufführungs- und mechanische Vervielfältigungsrechte
GG	Grundgesetz
Hess	Hessen
Hrsg.	Herausgeber
i.V.m.	in Verbindung mit
KMK	Ständige Konferenz der Kultusminister der Länder in der Bundesrepublik Deutschland
KMK BeschlS.	Sammlung der Beschlüsse der KMK
LAG	Landesarbeitsgericht
LBG	Landesbeamtengesetz
LDO	Lehrerdienstordnung
LG	Landesgericht

LV	Landesverfassung
LVG	Landesverfassungsgericht
NJW	Neue Juristische Wochenschrift
NSchG	Niedersächsisches Schulgesetz
NRW	Nordrhein-Westfalen
OVG	Oberverwaltungsgericht
PSchG	Privatschulgesetz
RdNr.	Randnummer
RVO	Reichsversicherungsordnung
SchG	Schulgesetz
SchlH	Schleswig-Holstein
SchMG	Schulmitwirkungsgesetz
SchOG	Schulordnungsgesetz
SchulG	Schulgesetz
SchuR	SchulRecht Informationsdienst
SchVerfG	Schulverfassungsgesetz
SchVG	Schulverwaltungsgesetz
SGB	Sozialgesetzbuch
SPE	Sammlung schul- und prüfungsrechtlicher Entscheidungen
SPE a. F.; n. F.; 3. F.	SPE alte Folge; neue Folge (ab 1985); 3. Folge (ab 2000)
SRG	Schulreformgesetz
StGB	Strafgesetzbuch
UrhG	Urheberrechtsgesetz
VG	Verwaltungsgericht
VGH	Verwaltungsgerichtshof
VO	Verordnung
VwGO	Verwaltungsgerichtsordnung
VwVfG	Verwaltungsverfahrensgesetz

Hinweise zur schulrechtlichen Literatur

Avenarius, Hermann/Füssel, Hans-Peter: Schulrecht. 8. neubearbeitete Aufl., Carl Link, Köln/Kronach 2010
Dieses Standardwerk des Schulrechts bietet einen ausführlichen Überblick über die bundesweiten Grundlagen des Schulrechts in einer auch juristischen Laien verständlichen Sprache. Die schulrechtliche Literatur und Rechtsprechung sowie Besonderheiten der Länderregelungen sind umfassend aufgearbeitet und in Fußnoten nachgewiesen.

Böhm, Thomas (Hrsg.): SchulRecht. Informationsdienst für Schulleitung und Schulaufsicht. 6mal jährlich, Carl Link, Köln/Kronach
Die Zeitschrift berichtet über aktuelle Gerichtsentscheidungen zum Schulrecht, die erläutert und mit den für die schulische Praxis wichtigen Aussagen wiedergegeben werden. Jede Ausgabe enthält zudem einen schulrechtlichen Fachartikel, eine Beantwortung von Leserfragen („Ratgeber Praxis") und aktuelle bildungspolitische Nachrichten aus Bund und Ländern.

Böhm, Thomas: Aufsicht und Haftung in der Schule. 4. überarbeitete Aufl., Carl Link, Köln/Kronach 2011
Die Anforderungen an eine sichere Aufsicht und Haftungsfragen werden umfassend anhand von Fällen, Beispielen und Zitaten aus der Rechtsprechung dargestellt.

Böhm, Thomas: Erziehungs- und Ordnungsmaßnahmen in der Schule. 4. überarbeitete Aufl., Carl Link, Köln/Kronach 2010
Systematisch und praxisnah werden an zahlreichen Fallbeispielen aus der Rechtsprechung die rechtlich relevanten Aspekte des Themas erörtert.

Böhm, Thomas (Hrsg.): Ergänzbare Sammlung schul- und prüfungsrechtlicher Entscheidungen (SPE) 3. Folge. (Loseblattwerk mit CD-ROM bzw. Onlinewerk). Carl Link, Köln/Kronach
Das Loseblattwerk bietet auf mehreren tausend Seiten Gerichtsentscheidungen zum Schulrecht und universitären Prüfungsrecht seit 1954 im Leitsatz und aktuelle Entscheidungen im Volltext. CD-ROM und Onlinewerk enthalten alle Entscheidungen im Volltext.

Hoegg, Günther: SchulRecht!. 4. Aufl., Beltz, Weinheim 2010
Die bundesweiten schulrechtlichen Grundlagen und Handlungsfelder werden unabhängig von der Rechtslage einzelner Bundesländer dargestellt.

Niehues, Norbert/Rux, Johannes.: Schulrecht. 5. Aufl., Beck, München 2013
Die Lektüre erfordert schulrechtliche Grundkenntnisse. Grundlegende schulrechtliche Fragen werden unter Berücksichtigung der juristischen Literatur und der Rechtsprechung erörtert.

Staupe, Jürgen: Schulrecht von A-Z. 6. Aufl., dtv, München 2007
Die wichtigsten schulrechtlichen Begriffe werden mit Hinweisen auf die Länderregelungen, die Literatur und Rechtsprechung erläutert.

Stichwortverzeichnis

Die **fett gedruckten Zahlen** verweisen auf Randziffern.

Abschlussprüfung **42**
Anhörung Ordnungsmaßnahmen **185**
Androhung der Entlassung **188, 189**
Anfechtungsklage **225, 229**
Attest **144**
Aufsicht
– des Staates **29**
– Erziehungsziel **151**
Aufsichtspflicht
– aktiv **149**
– Beweis **159**
– grobe Fahrlässigkeit **160**
– Haftung **156**
– Körperverletzung **150, 168**
– kontinuierlich **147**
– Normen **146**
– Personenschaden **170**
– präventiv **148**
– Schadensersatz **161, 168**
– Schmerzensgeld **170**
– Übertragung **154, 163**
– Umfang **153**
– volljährige Schüler **152**
Auslegung **12**
– historische **13**
Auslegungsbedürftigkeit **23**
Auslegungsmethoden **4, 8**

Beamte
– Beschwerde **232**
– Klage **236, 237**
– Rechtsschutz **231, 239**
– Verwaltungsakt **234**
– Widerspruch **236, 238**
Befreiung
– Film **46, 47**
– Lektüre **46, 47**
– Schwimmunterricht **67**
Behinderung **70**
Bekenntnisfreiheit **96**
Bekenntnisschulen **96**
Benehmen **17**
Berufswahlfreiheit **62**
Beschwerde **141, 219**
Beamte **232**
Begründung **139**
Beurlaubung Schüler **216**
Beurteilungsspielraum
– Leistungsbewertung **116, 118**
Bildungs- und Erziehungsauftrag **54**
Bildungsweg **36**
Bremer Klausel **32**
Burka **58**

Demonstrationsteilnahme **64**
Dienstaufsicht **106**
Dienstliche Anordnungen **231**
Dienstvorgesetzter **105**
Dyskalkulie **131**

Einschließen Schüler **169**
Einstweilige Anordnung **221**
Einvernehmen **18**
Einzelnote Verwaltungsakt **246**
Eltern
– Elternrecht **34, 44**
– Elternsprechtag **50**
– Elternunfall **167**
– Informationsanspruch **48**
– Informationsrecht **49, 51**

– Wahl Förderschule **75**
Elternvertretung **208**
Entlassung von der Schule **190**
Ergänzungsschulen **80**
Ermessen **18, 173, 146**
– Abwägung **179**
Ermessensmangel **177**
Ermessensmissbrauch **178, 180**
Ersatzschulen **79**
Erzieherische Einwirkungen **172, 174, 175, 217**
– Verwaltungsakt **171**
Erziehung **35**
Erziehungsauftrag Staat **27**
Ethikunterricht **30**

Fachaufsicht **106, 135**
Fahrlässigkeit **158**
Fairness Prüfungen **125**
Fallkategorien **21**
Fehlzeiten **216**
Flüchtlinge
– Schulpflicht **28**
Fortsetzungsfeststellungsklage **247, 250**
Förderbedarf **74**
Förderort **71**
Förderschule
– Überweisung **73**
Fürsorgepflicht **237, 241**

Gebet
– islamisches **65**
Gesetzgebungskompetenz **97**
Gesetzessprache **4**
Gesetzestexte **1**
Gesetzesvorbehalt **99**
Glaubensfreiheit **65**
Gleichbehandlung **61**
Grundrechte **24, 44, 59, 63**
Grundschule **39**
Grundschule privat **81, 91**
G 8 **37**

Haftung Aufsichtspflicht **156**
Handyverbot **60, 194**
Heimunterricht **26**

Individuelle Förderung **140**
Informationsanspruch
– Eltern, Schüler **48**
Inklusion **68**
Integrative Beschulung **69**
Islamkunde **31**

Klassenarbeiten/Klausuren **141**
– Verfahrensfehler **124**
– Randbemerkungen **127**
Körperverletzung Aufsichtspflicht **150**
Kommentare **15**
Konferenzbeschlüsse **108**
Konferenzen
– Beanstandungspflicht **205, 210**
– Demokratie **197**
– Klagebefugnis **207**
– Pädagogische Selbstverantwortung **108, 202**
– Regelungsbefugnis **199**
– Spenden **211**
– Tagesordnung **210**
– Zuständigkeiten **192, 195, 199**
Kopftuch Lehrerin **57**
Körperverletzung **9**
Krankheit Prüfung **121**

Lehrer
– Abmahnung **169**
– Beleidigung **188**
– Haftung **156**
– Körperverletzung **150**
– Pädagogische Freiheit **202**

– Teilnahmepflicht Konferenzen 203
– Toleranz 55
Lehrerkonferenz 210
Lehrerrat 204
Lebensgestaltung-Ethik-Religion 30
Leistungsbewertung 115
– Äußere Prüfungsbedingungen 124
– Beurteilungsspielraum 116, 118
– Bewertungsmaßstäbe 128
– Gerichtliche Überprüfung 116, 118
– Lese- und Rechtschreibschwäche 131
– Ordnungsgemäßes Verfahren 120
– Sachfremde Erwägungen 129
– Schulaufsicht 134, 135, 240
– Täuschung 145
– Zutreffende Tatsachen 119

Muss-Vorschriften 20

Nachteilsausgleich 132
Neutralitätsgebot 25, 45, 52
Nichtversetzung 117, 140, 229
– Widerspruch 228
Norm
– Sinn und Zweck 7, 10
– Wortbedeutung 5
Normenhierarchie 98
Noten
– Fiktiv 138
– Verwaltungsrecht 244, 246
Notenänderung 137, 242
Notenschutz 133

Ordnungsmaßnahmen
– Androhung der Entlassung 188
– Anhörung 185
– Auswahlermessen 175
– Entscheidungsermessen 175
– Ermessen 176
– Erzieherische Einwirkungen 174
– Fortsetzungsfeststellungsinteresse 247, 250
– Generalprävention 181
– Rechtliches Gehör 185
– Sachverhaltsermittlung 184
– Spezialprävention 181
– Schriftlicher Verweis 186
– Tätlichkeit 186
– Überweisung in parallele Klasse 249
– Unterrichtsausschluss 187, 248
– Verfahrensfehler 183
– Verhältnismäßigkeit 182
– Verwaltungsakt 171

Pädagogische Freiheit 101, 113
– Eltern 110
– Grundschulzeugnisse 111, 114
– Klagebefugnis 242
– Konferenzbeschlüsse 108
– Personaleinsatz 112
– Schüler 110
– Schulprogramm 109
– Selbständige Schule 102
– Unterrichtsbesuche 104
– Schutzbereich 103
– Toleranz 56
Personalrat 233
Privatschule
– Bedürfnisprüfung 85
– Bekenntnisschulen 96
– Definition 77
– Einrichtungen 88
– Erziehungsziele 83
– Fächerkanon 92

– Finanzierung **82, 84**
– Freie Schulen **76**
– Genehmigung **86**
– Grundschule **92, 95**
– Gründung **76**
– Klassenfahrt **252**
– Koedukation **82**
– Kündigungsrecht **77, 78**
– Lehrpläne **90**
– Lehrziele **87**
– Schulaufsicht **86**
– Schulbücher **89**
– Pädagogisches Interesse **94**
– Rechtsweg **251**
– Sechsjährige Grundschule **95**
– Sexualerziehung **91**
– Volksschulen **93**
Privatschulfreiheit **76**
Protokoll Prüfung **143**
Prüfer Befangenheit **126**
Prüfungen
– Chancengleichheit **120**
– Fairness **125**
– Krankheit **122**
– Neubewertung **136**
– Schriftlich **127**
Prüfungsbedingungen äußere **124**
Prüfungsfähigkeit **121, 122**
Prüfungsdauer **142**
Prüfungsprotokoll **143**
Prüfungsrücktritt **123**

Recht auf Bildung **41**
Rechtsbegriffe unbestimmte **3**
Rechtschreibreform **100**
Rechtsfolge **2**
Rechtsbehelfsbelehrung **8**
Rechtsnormen
– Formulierung **1**
– Struktur **2**
Rechtsschutz **212**
– Allgemeine Organisationsformen **213**
– Ausdehnung **230**
– Beamtenverhältnis **231**
– Klagebefugnis **243**
– Schlicht-hoheitliches Handeln **215**
– Verwaltungsakte **214**
Rechtsschutzbedürfnis **245**
Rechtsverständnis **14**
Regressanspruch **158**
Religionsfreiheit **47**
Religionsgemeinschaft **31**
Religionsunterricht **30**
Remonstrationspflicht **107**
Rücktritt Prüfung **123**

Schadensersatz
– Aufsichtspflichtverletzung **161, 168, 170**
– Mitverschulden **162**
Schlicht-hoheitliches Handeln **215**
Schmerzensgeld **157**
– Tätlichkeit **165, 168**
Schriftlicher Verweis **186**
Schulaufsicht
– Konferenzen **206**
– Leistungsbewertung **134, 240**
Schulbezirk **38**
Schulbuch **53**
Schule freie Trägerschaft **76**
Schulgebet **66**
Schüler
– Fehlzeiten **216**
– Kleidung **58, 59, 193, 196**
– Volljährigkeit **51**
Schülervertretung **208**
– Allgemeinpolitisches Mandat **209**

Schulkleidung **196**
Schulkonferenz Zuständigkeiten **201**
Schulleiter
– Beanstandungspflicht Konferenzen **205**
Schulorganisation **33, 43**
Schulmitwirkung **191, 198**
Schulpflicht **24, 28**
Schulprogramm **200**
Schulträger
– Förderort **72**
– Verkehrssicherungspflicht **155**
Schulvertrag **78**
Schulwechsel Fortsetzungsfeststellungsinteresse **250**
Schwimmunterricht Befreiung **67**
Selbständigkeit Schulen **198**
Sofortige Vollziehung **226**
Sollvorschriften **19**
Sonderpädagogische Förderung **68**
Standardformulierungen gesetzliche **16**
Subsumtion **4**
Systematische Auslegung **6**

Täuschungsversuch **145**
Tatbestand **2**
Toleranz **25, 45**

Überweisung andere Schule **190**
UN-Behindertenrechtskonvention **70**
Unfall Schulbezogenheit **166**
Unfallversicherung **164**
– Regress **158**
– Schmerzensgeld **157**
Unterlassungsklage **220**
Unterricht ungekürzt **40**
Unterrichtsausfall **40**
Unterrichtsausschluss **187, 248**
Verfahrensfehler Leistungsbeurteilung **120**
Verhältnismäßigkeit Ordnungsmaßnahmen**182**
Verkehrssicherungspflicht **154**
Verpflichtungsklage **229**
Verwaltungsakt **214, 222**
– Beamte **234**
– Einzelnote **244, 245, 246**
– Zeugnis **244**
Verwaltungsvorschriften **22, 98**
Volljährige Schüler Elterninformation **51**
Vorgesetzter **105**

Weisung Vorgesetzter **231, 235**
Weisungsgebundenheit Lehrer **101, 231**
Weltanschauungsschulen **96**
Wesentlichkeitstheorie **99**
Widerspruch **223**
– Begründung **139**
– Nichtversetzung **228**
Wiedereinsetzung in den vorherigen Stand **224**
Wiederherstellung der aufschiebenden Wirkung **227**

Zeugnis Verwaltungsakt **244**